IP 知识产权专题研究书系

LUN ZHUZUOQUAN DE ZHENGDANGXING

论著作权的正当性

陈杰 著

知识产权出版社

全国百佳图书出版单位

图书在版编目（CIP）数据

论著作权的正当性／陈杰著．—北京：知识产权出版社，
2016.5

（知识产权专题研究书系）

ISBN 978 - 7 - 5130 - 4154 - 6

Ⅰ.①论…　Ⅱ.①陈…　Ⅲ.①著作权—研究—中国
Ⅳ.①D923.414

中国版本图书馆 CIP 数据核字（2016）第 078731 号

责任编辑：邓　莹　　　　　　责任校对：韩秀天
封面设计：SUN 工作室　　　　责任出版：刘译文

论著作权的正当性

Lun Zhuzuoquan de Zhengdangxing

陈　杰　著

出版发行：知识产权出版社 有限责任公司	网　　址：http://www.ipph.cn
社　　址：北京市海淀区西外太平庄 55 号	邮　　编：100081
责编电话：010 - 82000860 转 8346	责编邮箱：dengying@cnipr.com
发行电话：010 - 82000860 转 8101/8102	发行传真：010 - 82000893/82005070/82000270
印　　刷：保定市中画美凯印刷有限公司	经　　销：各大网上书店、新华书店及相关专业书店
开　　本：720mm×960mm　1/16	印　　张：15
版　　次：2016 年 5 月第一版	印　　次：2016 年 5 月第一次印刷
字　　数：220 千字	定　　价：46.00 元
ISBN 978 - 7 - 5130 - 4154 - 6	

序：从玄学到科学

哲学包括"世界图景""价值规范"和"思维方式"三重内涵，也就是我们通常所谓的世界观、价值观和方法论。[1] 的确，在理论体系化的道路上，"是什么""为什么""如何认识"的问题一直处于核心地带。对知识产权法的学习和研究亦是如此。现代社会知识产权法日益发达、研究日益丰富，可谓问题多如毛、解答多如沙，但我们仍可以对其进行大致的分类——形而下，解答具体问题，谓之"知识产权法科学"；形而上，研究"知识产权是什么""为什么要保护知识产权""如何认识知识产权"等非具体问题的，玄之又玄，谓之"知识产权法哲学"。如果我们把知识产权法科学简称为"知识产权法学"，知识产权法哲学就可以简称为"知识产权玄学"。知识产权法哲学一般包含以下三个内容。

其一，知识产权是什么？即知识产权世界观。这是人们对知识产权的根本观点，如知识产权的概念界定问题、知识产权的私权属性问题、知识产权的人权意义问题、知识产权的特征问题，等等。对知识产权世界观问题的解答往往既难以完全证实，也难以彻底证伪。以知识产权的概念界定为例，到底商业标识算不算是知识产权的一部分呢？支持者会坚持商业标识与创造成果的共性，如可复制传播、禁止"搭便车"等，同时列举巴黎公约、TRIPS 协议等诸多规定；反对者会坚持商业标识与创造成果的区别，诸如期限、价值来源等，同时会认为商业标识只不过恰好在工商业活动中出现而恰好进入巴黎公约，巴黎公约管理局和伯尔尼公约管理局又恰好合

---

[1] 孙正聿：《哲学导论》，中国人民大学出版社 2000 年版，第 11 页。

并为世界知识产权组织——商业标识作为木马进入了智力成果权，然而这一切毫无体系可言，仅仅是历史的偶然。

其二，为什么要保护知识产权？即知识产权价值观，也就是知识产权的正当性问题。主流理论为劳动说、人格说、激励说和刘春田教授新近提出的"创造说"。❶ 近年来对知识产权正当性的研究可谓"过江之鲫"，观点也各有不同。与其说，一种观点能把另一种观点从根本上驳倒，不如说萝卜青菜，各有所爱。但知识产权的正当性问题的解答会最终反映到知识产权制度的构建上。例如采纳人格理论的《德国著作权法》认为，著作权首先是人格权，所以著作权只能由自然人作者原始取得，同时不得转让、不得放弃，只能许可；而采纳激励理论的版权体系中，法人作者可以原始取得著作权，转让放弃也无较多限制。

其三，如何认识知识产权？即知识产权方法论。这是人们研究知识产权问题的出发点，也是一种知识产权元理论，包括知识产权理论各要素之间的关系、前提假设、理论模型等。拙著《知识产权法学方法论》是知识产权法学领域中第一本方法论专著，对现有的各种研究方法进行反思，并提出知识概念分析法、知识功能分析法、知识要素分析法三大分析方法作为探究各种知识产权问题的基本视角，❷ 为知识产权领域中的方法论研究开了一个头。但尚属肤浅，自不待言，只是抛砖引玉而已。

知识产权法哲学的研究虽然不以直接解决某项具体问题为目标，却是建构知识产权法科学大厦的脚手架和奠基石，是知识产权理论演进的开路先锋，直接关系到知识产权法学理论的大厦能否建构起来，以及建构起来以后的稳固性如何。知识产权法哲学和知识产权法科学之间就是一种"道"和"技"的关系。王安石《登飞来峰》诗中云："飞来山上千寻塔，闻说鸡鸣见日升。不畏浮云遮望眼，只缘身在最高层。"研究知识产权法哲学，掌握了"知识产权之道"，就能够身处理论体系的最高峰，自然就不

---

❶ 刘春田："知识产权制度是创造者获取经济独立的权利宪章"，载《知识产权》2010 年第 6 期，第 18 页。

❷ 王坤：《知识产权法学方法论》，华中科技大学出版社 2016 年版，第 22 页。

畏浮云遮眼，不为各种层出不穷的知识产权现象烦恼。反之，不能掌握知识产权之道，只知晓一些"技"，长期在山脚山腰处徘徊，跟着感觉走，看到一点新事物就感到困惑，总会有浮云蔽日、长安不见的惆怅。

世界观、价值观和方法论占据着知识产权法哲学问题的核心。当我们踏入知识产权法哲学的领域，会发现太多争议和不同，甚至对一个问题的理解也各有差异，而要寻求一个具有共识性的答案则难上加难。即使如此，近年来仍有不少学人"前仆后继"地踏入这个领域。究其原因，主要是由于这些问题属于知识产权之道，是一些理论制高点，也是确立理论范式的前奏，只有关注和研究知识产权法哲学，才能够使得整个知识产权法学成为一种"学问"，脱离实践，超越经验，成为理论，形成体系。由此，知识产权法哲学研究对每个心怀"体系化情结"的学人都具有难以抗拒的"魔力"。

而在世界观、价值观和方法论三个内容中，学界研究最多、成果最多、结论最杂的部分当属价值观，即知识产权正当性的理论。为什么要保护知识产权的问题？经常是知识产权初学者和知识产权普法首先解答的疑惑。只要知识产权理论体系一天没有建构起来，只要整个知识产权法学还处于上下脱节、左右不通、内外失调的阶段，知识产权价值观研究就不会过时。

细细数来，目前，对知识产权价值观问题的解答能有数十种之多，一人一把号，各吹各的调，但并没有任何一种结论能够完成体系建构的历史使命。如何得出一个与众不同的结论？这是个很有难度的问题。不过好在不论是劳动理论、人格理论还是激励理论都有令人不满之处，这为陈杰博士的探索留下了空间。如果将所有知识产权价值观的理论区分为自然权利和功利主义两大类别，我们会发现陈杰博士采纳了折中说，对看起来完全不可能折中的两类观点"执两用中"。这是一个非常聪明的做法。瞎子摸象，得出的结论各具有片面的真理性。所谓"横看成岭侧成峰，远近高低各不同"，看的是同一座庐山，只是所处的位置不同，看到的结果或为岭，或为峰，如此而已。因此，"岭派"不能否定"峰派"，"峰派"也无需排斥"岭派"。视角不同,得到的结果自然不同。❶ 倘若能够将看到的不同结果综合起来,即使身处庐山之中,窥到庐山真面也并非难事。

方法是理论的出处。陈杰博士在本书中列举的研究方法可谓五花八门,有历史—逻辑、陌生化—境遇、隐喻—模型、去概念、经济分析、知识进化论、美学—文论等。博士论文申请答辩时有教授评价为"显摆",可谓"一语中的"。不过,知识产权法学到目前为止,仍然是一门没啥学问的学科,还处于前科学时代,没有形成理论范式。既然如此,我们就无法在大师们的羽翼下以收敛式思维从事常规科学的解谜工作,就只能以更为冒险的心态,勇于提出新问题、采用新方法、搜集新材料、提出新观点,向不可能的事物挑战,明知其不可为而为之,不怕标新立异,不畏必然失败的命运,宁可因新颖而荒谬,绝不为因循而守旧。由此而论,本书采纳的方法以及由此对于著作权价值观问题的解答,言他人所未言,多有独到之处。

作为一个同样有着浓重"体系化情结"的人,能够为陈杰博士的这本书作序,也是荣幸。希望本书的出版能对著作权相关问题的理论研究、对知识产权法哲学的理论研究有所裨益。另外,从理论自身存在状态上看,一定要脱离常识,超越经验,否则就不成其为理论。但从理论的效用上看,则需要能够联系现实,指导实践,产生效果。换句话说,理论研究要先上天,成为玄学,而后再入地,演化为科学。作为师兄,看到陈杰博士的研究已经严重脱离实践,已经飞上天,也是欣喜。希望他能够从知识产权法哲学领域踏入知识产权法科学领域,从玄学到科学,尽快入地,用本书建构的价值论系统地阐释著作权法上的各种制度和现象,最终发挥理论指导实践的功效。

浙江省社会科学院研究员

王 坤

2016 年 1 月 5 日于杭州

---

❶ 易中天曾提及,他讲先秦诸子百家争鸣,每次讲完,都会有人问,请问你今天讲的,哪一种最好?易中天认为,这就是典型的"执"。执于迷不悟,各种学说都有道理,因为看问题的立场、方法、角度不同。易中天:《中国智慧》,上海文艺出版社 2011 年版,第 192 页。

摘　要

　　知识产权法哲学的核心问题是知识产权的正当性。不同类型的知识产权是否具有相同的正当性事由是需要证明的。其在未证明之前只能被默认为不同。目前现有的知识产权正当性理论所隐喻的是著作权的正当性。

　　现有的著作权的正当性理论主要有劳动理论、人格理论和功利主义三类。劳动理论可以细分为洛克理论的直接适用、劳动报酬说、增量说和创造说等几种；人格理论可以细分为康德的主体行为说、拉丁（Radin）的人格观点、人格权说和自由意志说等观点；功利主义则可以细分为经济激励理论和社会规划理论。各种著作权的正当性理论都可以成功解释一部分知识产权的问题，但又各有缺陷。

　　不同的著作权正当性的理论存在相互竞争的关系，通过证伪的方式可以进行优胜劣汰。全文提出两种证伪的方法，一为作品的属性；一为著作权的"古近之问"。

　　作品的属性即作品观，可以包括摹仿说、表现说、再现说、文本说、读者说、产品说等诸多观点。著作权是基于作品而产生的权利，其选择了一定的作品观。著作权所选择的作品观只能是表达说和产品说。通过什么依据在不同的作品观中进行选择和取舍呢？劳动理论和人格理论等著作权正当性的理论都不能回答这种选择的依据问题。

　　作品自古即有，著作权却是近代社会的产物。这说明，著作权的存在必定和古代社会与近代社会的区别有着密切的关系。但是，目前各种著作权正当性的理论是超越时代、超越民族而论述的。这意味着，依据目前的各种理论，不论古代社会还是近代社会都应当存在著作权。这种理论的假设与实然矛盾。所以，目前各种著作权正当性的理论都基本不能回答著作权的"古近之问"。

通过作品观和"古近之问"也可以寻找著作权法正当性的解答路径。著作权对作品属性的选择并不是基于作品本身，而是基于作品上利益的分配的需要。所以，著作权正当性问题的基础不在于作品本身的属性，而在于对作品上利益的分配。作品上的利益可以分为法律所关心的和法律所不问的。就法律所关心的利益又可以进行人格与财产二分。作品上的核心利益是作品上待分配的财产利益，其可以细分为权利、交易和金钱三个层次。

对著作权的"古近之问"的回答，需要从著作权产生、演变的历史中去寻求著作权正当性的依据。而对历史事件的分析则需要假设模型来认知。著作权的历史模型是在历史环境下对作品上可分配的财产利益进行的分析。该模型假设了两个自变量——谷登堡印刷术和出版自由。由于谷登堡印刷术的出现，作品上待分配的财产利益激增从而出现了出版特权制度。由于出版自由的出现，出版特权制度走向灭亡，带来产业秩序的混乱，出现替代性的制度即著作权法律制度。所以，著作权产生之初的正当性在于对产业秩序的维系。

著作权的正当性可以细分为著作权"有无"的正当性与著作权"强弱"的正当性。目前对著作权乃至知识产权正当性的讨论，所隐喻的都只是"有无"的正当性，并试图通过"有无"的正当性来说明目前著作权乃至知识产权"强弱"的问题。这二者应当区分对待。在著作权产生之初只存在有无的正当性问题，目前面临更多的是"强弱"的正当性问题。

著作权"强弱"的正当性可以细分为期限、权项和限制等几个方面。对于这几个方面的强弱的恰当程度的判断不能一概而论，而应该具体问题具体分析。不过大致而言存在以下判断的方法。首先，著作权须强到足以保证产业秩序。其次，著作权带来了社会负担，造成经济剩余的减少，是一种必要的恶。对其强度的维系，仅在其必须范围内。最后，如果著作权的减弱只能有效减少作者收入，而不能有效增加经济剩余，那么制度设计则应更倾向于作者利益的保障。

我国目前处于社会主义初级阶段，此阶段行政权力过大、出版审查严格。大致而言，在该阶段，著作权的正当性也会受到一定程度的削弱。

Abstract

The core issue of intellectual property legal philosophy is the justification of intellectual property. Whether different types of intellectual property rights have the same justification reason is needed to be proved. Before it's proved, its answer must be considered to be different. Today, the metaphor of the justification of intellectual property is the justification of the copyright.

The popular justifications of the copyright include three categories: labor theories, personhood theories and utilitarianisms. In the labor theories, there is the application of Locke's theory, labor-desert, addition theory, creation theory, etc. In the personhood theories, there is Kant's Behavior theory, Radin's theory on personhood, Personality Rights' theory and free will theory, etc. In the utilitarianisms, there is economic incentives theory and social planning theory. Economic incentive theory and social planning theory can be classified into utilitarianisms. All kinds of the justifications can successfully explain parts of the intellectual property rights, while they have their own flaws.

There is competitive relationship between all kinds of the justifications on copyright. They will be survival of the fittest. The way of the fittest is falsification. There are two methods of falsification, the characteristic of works; the copyright Ancient-modern problem.

The characteristic of works and the view of works is a mean. It includes "Imitation", "Expression", "Reappearance", "Text", "Reader" and "Product". Copyright is based on the characteristic of works. The copyright law selects

"Expression" and "Product", while others are abandoned. What is the basis of the selection? Labor theories and personhood theories have no answers.

The works exist since the ancient society, while copyright is a product of the modern society. This shows that the existence of the copyright must have a close relationship with the difference between ancient society and modern society. However, the various copyright justifications ignore times and nationalism. That means: according to the popular theories, copyright should exist in both ancient society and modern society. The assumptions of theories is inconsistent with the copyright history. All kinds of justifications can not answer the copyright Ancient-modern problem.

Via the characteristic of works and the copyright Ancient-modern problem, we can find the way to the justification. The selection of the works' characteristic by copyright law is not based on works themselves, but the needs of benefits' distribution on works. Therefore, the basis of the justification does not lie in the characteristic of works, but the allocation of interest on works. The interests on works can be divided into two categories: the interests regulated by law & the interests ignored by law. The interests regulated by law can be also divided into two categories: property & non-property. The core interests on works is property interests on which is waiting for the allocation. The property interests can be divided into three levels: right, transactions and money.

To solve the copyright Ancient-modern problem, we should inspect the copyright history, such as the generation of copyright, the evolution of copyright, and so on. We should assume historical model to analyze the historical events. The copyright historical model in this article is the analysis of the waiting-for-allocation property interests on works in specific historical environment. In this historical model, there are two Independent variables: Gutenberg's printing & freedom of the press. Because of the Gutenberg's printing, the waiting-for-allocation property interests on works increased sharply, and we entered into the privilege period. Due to the emergence of freedom of the press, the privilege period's dying brought the chaos of the industrial order. Copyright appeared as a substitute. Therefore, at the time copyright appeared, its justification is based on maintaining industrial order.

In this article, the justification of copyright is divided into two parts: choosing between existence and non-existence & choosing between strong protection and weak protection. The metaphor of copyright's justification today is the former one. And the answer to the former is often applied to the latter. This distinction should be made between the two parts. at the time copyright appeared, its justification which based on maintaining industrial order, is only the answer to the former question. While currently what we face more is the latter question.

The latter question can be also divided into several parts: duration, claims, limitations, and so on. The answer to these questions may be different. Generally speaking, there are following ways for judgment. First, copyright must be strong enough to ensure the order of the industry. Second, copyright has brought social burden, resulting in a reduction in economic surplus. It is a necessary evil. So it only woks in the necessary range. Finally, if the weakening of the copyright can only be effective in reducing the income of authors, but not effectively increase the economic surplus, the design of the law should be more inclined to the protection of the interests of the authors.

China is currently in the primary stage of socialism. At this stage, administrative power is too large, and the publication is strictly censored. Broadly speaking, the justification of copyright in china will be weaken in a certain degree.

目　录

导　论

　　二二得四，正确无误，可就是太空泛也太陈腐，我要找到一条线索，通向还不了解的问题之路。

——布施

第一节　选　题

一、选题的内容

　　著作权正当性的选题属于知识产权法哲学的范围。如同法哲学的核心问题是正当性的问题，知识产权法哲学的核心问题是知识产权的正当性问题，即究竟知识产权这一项法律制度是否具有正当性；如果具有正当性，正当性是什么。著作权法是整个知识产权法中的一部分，其正当性问题也可以视为整个知识产权法哲学的一部分。

　　纵观法哲学与知识产权法哲学，二者似乎是毫无关系并行着的理论。法哲学的主要内容涉及自然法、实证主义以及第三条道路等。❶ 而知识产

---

　　❶　详情可参见［德］拉德布鲁赫著，王朴译：《法哲学》，法律出版社 2005 年版；［德］阿图尔·考夫曼著，刘幸义等译：《法律哲学》，法律出版社 2004 年版，第 17 页；［德］阿图尔·考夫曼、温弗里德·哈斯默尔主编，郑永流译：《当代法哲学和法律理论导论》，法律出版社 2002 年版，第 51 页；［德］霍恩著，罗莉译：《法律科学与法哲学导论》，法律出版社 2005 年版，第 157 页。

权法哲学则围绕着劳动理论、人格理论和功利主义三者展开。❶ 知识产权法哲学的称呼中包含"法哲学"三个字，但是与法哲学相联系，则会发现其中大有问题。虽然知识产权法哲学中通常也将劳动理论和人格理论合称为自然权利理论，但是与自然法的理论相比还是有较大的差距。作为自然权利，我们可以认为知识产权是权利人本身所应得，这与自然法的结果近似。但是通过辨析其中的论证过程就知道大大不同。例如，理性自然法的代表人康德，其从人的自由意志得出其法哲学的体系；但在著作权部分却是相对独立的。康德认为作品是作者向读者说的话，出版商是代理作者向读者说话，故盗版之所以不正当在于无权代理。❷ 此种正当性的理论跟其自由意志的法哲学理论虽不能说完全无关，但也关系不大。同时，自然法的思想走向了死胡同，由于其内容无法确定，故仅从形式上苛求正义，这样就出现了"内容不断变化的自然法"。❸ 由于实证主义彻底否定正义的理论，认为不应当考虑正义，则与自然法形成对立。在现代法哲学中为了跳出自然法——实证主义的二元道路，出现了通过程序探求正义的方法，甚至认为程序本身就是正义。在德国学者考夫曼看来，此类观点以罗尔斯和哈贝马斯为代表。❹ 这样正义就彻底成了无内容的形式，只要符合程序即正义。知识产权法哲学却时刻保留着内容。如果仅从形式和程序来探讨正义，因为知识产权没有任何特殊性，那么就不可能存在所谓的知识产权法哲学，只会留下探讨形式和程序正义的法哲学。法哲学的发展就这样否定了知识产权法哲学本身的探讨。同样，知识产权法哲学则因为内容的具体

---

❶ 参见［澳］彼得·德霍斯著，周林译：《知识财产法哲学》，商务印书馆2008年版；［美］罗伯特·P.墨杰斯著，齐筠等译：《新技术时代的知识产权法》，中国政法大学出版社2003年版；冯晓青：《知识产权法哲学》，中国人民公安大学出版社2003年版。

❷ Immanuel Kant, *Von der Unrechtmäßigkeit des Büchernachdrucks*, erstmals erschienen in Berlinische Monatsschrift 5 (1785), Seiten403bis417. 中译本可参考李秋零主编：《康德著作全集（第八卷）》，中国人民大学出版社2010年版，第83页以下。

❸ ［德］拉德布鲁赫著，王朴译：《法哲学》，法律出版社2005年版，第18页。

❹ ［德］阿图尔·考夫曼著，刘幸义等译：《法律哲学》，法律出版社2004年版，第379页以下。

而否定着现代法哲学。所以，从名称上看，知识产权法哲学属于法哲学，但就二者的发展而言，则呈现出相互否定、相互冲突的现状。

不论是古代、近代还是现代法哲学都将法律看成一个整体，认为各种法律背后存在着统一的法哲学理论。然而为什么不同法律规则背后的道理要一样呢？对于此种问题，法哲学作为一个学科沉默着。我们没有任何依据认为，刑法哲学要和民法哲学一致，同样也没有任何依据认为知识产权法哲学要和其他法律规范的法哲学一致。

有一种观点甚为流行："法哲学是哲学的一个分支，而不是法学的子学科。"❶ 但是，20 世纪以来的哲学已经混乱不堪。如果说法哲学是哲学的一部分，那么此种说法将毫无用处。因为现代哲学相互冲突、相互矛盾，已经不成体系，认为法哲学属于一片混沌又有何意义呢？毕竟，如同德国学者霍恩所言，"法哲学已经从普通哲学中分离出来，成为一个独立的、主要由法学家们自己推动的学科"❷。同样，认为知识产权法哲学属于法哲学，进而受到法哲学约束也是一件没有意义的事情。正是因为知识产权法哲学保持着知识产权这一内容，从而走向了背离法哲学发展的道路；正是法哲学放弃其自身的具体内容，而认为在各种法律规范背后有统一的正义或道理可言，从而走向了形式和程序，背离了部门法。

正如同知识产权法哲学否定着法哲学一样，知识产权法哲学也同样面临着自身的否定。因为我们同样没有理由认为，著作权、专利权和商标权的正当性是一致的。在探讨三者的正当性的时候，各种正当性一致是需要证明的。在没有证明的前提下，只能假设三者不一致。故讨论知识产权法哲学，探讨知识产权正当性的问题，首要的是区别对待，即分别探讨著作权的正当性、专利权的正当性以及商标权的正当性。是否一致则是第二个问题。各种正当性的理论越过第二个问题而直接回答第一个问题本身就是

---

❶ ［德］阿图尔·考夫曼、温弗里德·哈斯默尔主编，郑永流译：《当代法哲学和法律理论导论》，法律出版社 2002 年版，第 3 页。

❷ ［德］霍恩著，罗莉译：《法律科学与法哲学导论》，法律出版社 2005 年版，第 241 页。

不恰当的。著作权的对象较为统一，即作品。同时，从历史角度而言，著作权有着相对独立的演变过程。这为探讨著作权的正当性问题提供了可能。所以，对知识产权正当性这一问题的回答需要从著作权的正当性等问题分别入手。本书正是对此问题的回答。

本书所需要回答的问题是：著作权是否具有正当性；如果著作权具有正当性，那么正当性是什么。其实，这两个问题实质为同一个问题。在回答是否具有正当性的问题时，只需要说明其正当性是什么即可回答；倘若无法说明著作权的正当性是什么的问题，也就不能说明著作权是否具有正当性的问题。

二、选题的意义

意义是法学研究过程中常常被涉及的问题，某个问题往往会因为没有回答的意义而被否定，某个答案也往往因为没有问题的意义而被否定。前者的代表是法人的本质是人格否认说、拟制说、组织体说还是有机体说的讨论。❶ 后者的代表则是绝对正确且毫无意义的答案，如德国作者布施的歌谣所言，"二二得四，正确无误，可就是太空泛也太陈腐，我要找到一条线索，通向还不了解的问题之路"。❷ 此外在探讨法学概念的界定时，规范意义常常被涉及。往往通过某个概念的规范意义来界定这一概念的属性和特征。正如我国学者所言，"针对同一个事物，若不限定法律概念的规范意义，我们可以从无数的角度解释该事物的特征"。❸ 故在无数个角度解释某事物时，往往需要借助其规范意义来进行限定。

而意义本身也常常遭受质疑。坊间流传着各种出处不明的小故事：例

---

❶ 王利明主编：《民法》，中国人民大学出版社 2005 年版，第 98 页。

❷ ［德］威廉·布施：《假象与存在》，第 262 页。转引自［英］卡尔·波普尔著，傅季重译：《猜想与反驳——科学知识的增长》，中国美术学院出版社 2003 年版，第 295 页。

❸ 李琛："法的第二性原理与知识产权概念"，载《中国人民大学学报》2004 年第 1 期。

如欧几里得讲授几何学时，有学生问几何学有什么好处？欧几里得给了他一块钱让他走人。再如法拉第发现了电磁感应，却被人诘问，这有什么用？李雨峰教授甚至援引莱辛的话，说出"有用有什么用"的质疑。❶ 各种质疑中以法国学者利奥塔（Jean-Francois Lyotard）的批判最为深入。其认为，伴随着工业革命，科学成为一种生产力，知识逐渐被商品化。科学研究的目的不再是寻求真理，而是性能抑或是效率。在知识商品化的浪潮中，提问不再是"知识是真的吗？"而是"知识有用吗？"❷

学界常常流行着这样的观点，即将规范分为两种：一种是"规定特定行为的应然规范，另一种是描述物与事件之间现实存在的一般关系的实然规范"。❸ 自然科学中，对规律的追问属于实然规范的范畴。而法律规范属于应然规范。真或假这样的特征只适用于实然规范，而不适用于法律这种应然规范。所以，对法学而言，不存在一个求真的过程。这样，仿佛暗示着法学中对"有用"的追求。

我们固然可以找出法学与自然科学的诸多不同，但是法学是否就要放弃"求真"，从而转向求"有用"？本书认为不可，尤其针对正当性这一问题。正当性的问题不同于某一项具体制度的构建、不同于某一个具体概念的阐释。因为制度本身不是目的，概念本身也不是目的。在法学的领域中，制度与概念都是作为工具而存在，制度与概念的目的在于制度与概念之外，故制度与概念的依据需要从制度与概念之外获得。而正当性这一问题本身就是对目的的追问，而不是作为工具而存在。❹ 所以就正当性这一问题的

---

❶ 李雨峰：《枪口下的法律——中国版权史研究》，知识产权出版社 2006 年版，第 3 页。

❷ ［法］让-弗朗索瓦·利奥塔尔著，车槿山译：《后现代状态》，三联书店 1997 年版，第 94 页。

❸ ［德］魏德士著，丁晓春等译：《法理学》，法律出版社 2005 年版，第 46 页。

❹ 在这一点上知识产权法哲学与哲学是一致的。哲学也是无用的，正如美国学者詹姆斯所言，"哲学不能烤面包"。同时，"哲学不是服务于某种目的的工具和手段，哲学本身就是目的"。张志伟主编：《西方哲学导论》，首都经济贸易大学出版社 2005 年版，第 3～4 页。

解答，不存在是否有用的诘问，只存在是否为真的探求。故就对目的的追问而言，真还是假，正当还是不正当处于同一位置。求真不要求用处或意义，正当性的问题亦然。所以，对正当性的追问是不要求用处和意义的。

不要求追问著作权正当性的意义，并不意味着著作权正当性这一问题的探讨没有意义。恰恰相反，著作权法的正当性这一问题具有极其重要的意义。在探讨某一具体问题时，往往溯及正当性作为最终的依据。如认为著作权的正当性在于鼓励创造、促进进步，等等，目前著作权演变的现状是否符合该理论，应当如何应对，类似的表述在学界已十分普遍。美国学者费歇尔也认为各种理论在解决特定问题、鼓励法律形成过程中各方面的对话上具有相当价值。❶ 从此角度来看，著作权的正当性问题已经成为著作权法具体问题讨论的出发点，在整个著作权法律制度中处于核心的位置。

不要求追问著作权正当性的意义，意味着著作权正当性的意义不能影响对著作权正当性的探讨。正如我国有学者所言，"社会现实是第一性的，法是第二性的"。❷ "法律只能从规范目的出发对该事物进行界定。"❸ 所以，不论是法学概念，还是法律制度，必然由其目的和意义来确定其属性和特征。故制度和概念的探讨，必然受到该制度和概念的目的和意义的影响，即概念的意义决定了概念、制度的意义决定了制度。如前所述，著作权正当性问题与此不同，著作权正当性这一问题是作为目的而存在，而不是作为手段而存在，故不是著作权正当性的意义决定了著作权的正当性，而是著作权的正当性决定了著作权正当性的意义。

另外，曾经有过这样一种古老的真理观，真理即与对象事物相符合的陈述。❸ 但是随着现代哲学的发展，仅仅将这种寻求的真理视为客观的并

---

❶ ［美］威廉·费歇尔著，黄海峰译：《知识产权的理论》，见刘春田主编：《中国知识产权评论（第一卷）》，商务印书馆2002年版，第37页。

❷❸ 李琛："法的第二性原理与知识产权概念"，载《中国人民大学学报》2004年第1期。

❸ ［美］帕特里夏·奥坦伯德·约翰逊著，张祥龙等译：《海德格尔》，中华书局2002年版，第49页。

不恰当。正如英国学者波普尔所言，"真理并不是科学唯一的目标"，"我们所需要的并不仅仅是纯粹的真理；我们所寻求的是人们关心的真理"。❶本书所寻求的正当性也是如此。同时，人们的认识必然会带上人自身的痕迹，所有对正当性问题的阐释，都是阐释者的阐释。妄图寻找一种绝对客观的答案，只能是徒劳。更何况任何理解总是历史的、有限的、相对的，是出于解释学情境中的理解。所以，本书对正当性问题的解答，也只能是解答者的解答，也必然伴随着笔者自身的各种局限。

综上，著作权的正当性问题对著作权法的研究具有重要意义。但对著作权正当性的追问是一个"求真"的过程，所以不应当要求其具有意义。著作权正当性这一问题所具备的意义也不能影响对这一问题的探讨。

第二节　研究现状

知识产权法哲学的问题经常被我国学者涉及：一是国外被翻译的相关论述，二是国内一些学者的表述。诸如澳大利亚学者彼得·德霍斯所撰写的《知识财产法哲学》（周林译，商务印书馆 2008 年版），较为系统和权威地介绍了知识产权法哲学的现状及其观点，是该问题相关文献中的代表。

国内学者以知识产权法哲学为问题研究的文献亦不在少数。具有一定影响力的图书有冯晓青教授的《知识产权法哲学》（中国人民公安大学出版社 2003 年版），该文献较为全面地介绍了知识产权法哲学，并提出了作者的一系列观点。李扬教授的《知识产权的合理性、危机及其未来模式》（法律出版社 2003 年版）也对知识产权的正当性有所探讨。龙文懋博士的《知识产权法哲学初论》（人民出版社 2003 年版）讨论了知识产权与物权的区别、知识产权法的范围等问题。胡朝阳博士的《论知识产权的正当性——法理和人权法的视角》（人民出版社 2007 年版）认为知识产权是公

---

❶　[英] 卡尔·波普尔著，傅季重译：《猜想与反驳——科学知识的增长》，中国美术学院出版社 2003 年版，第 294 页。

权、私权和人权的集合体。饶明辉博士的《当代西方知识产权理论的哲学反思》（科学出版社 2008 年版）将马克思主义唯物辩证法中的矛盾论引入知识产权法的解释中。

国内期刊文章方面的文献则更多，诸如冯晓青教授的《财产权经济学理论与知识产权制度的正当性》（《法律科学》2003 年 2 期），认为知识产权制度是促进知识产品的生产、传播和使用的法律制度。从财产权经济学的角度看，知识产权制度的正当性体现在提供产权激励、扭转信息市场的静态和动态失败、纠正消极的外部性问题和消除集体行为等方面。徐瑄教授的《知识产权的正当性——论知识产权法中的对价与衡平》（《中国社会科学》2003 年 4 期）认为知识产权法是人类知识活动规律在法律上的再现。曹新明教授的《知识产权法哲学理论反思——以重构知识产权制度为视角》（《法制与社会发展》2004 年 6 期）对知识产权怀疑论、反知识产权论和知识产权僵化论三股新思潮进行反思，提出权利弱化与利益分享理论。费安玲教授的《论著作权的正当性》（《科技与法律》2004 年 4 期）认为法律的宗旨首先应当定位于对这些原始性利益主体的意志的尊重，这些主体因作品而产生的原始性利益进行确认和保护为知识产权的具体内容。刘铁光博士的《著作权正当性的危机与出路》（《法制与社会发展》2010 年 2 期）认为，在著作权利益集团主导的著作权体制下，著作权成为直接控制消费者的工具以及创作自由与网络技术发展的障碍，从而造成著作权侵权成为一种常态社会现象的危机。张勤教授的《论知识产权的道德基础》（《知识产权》2012 年 1 期）将劳动理论评述为天理道德；将先占评述为社会契约道德。

在博士学位论文方面，也有不少学位论文以此为题目。诸如杨才然博士的《知识产权正义论》（中国人民大学 2006 年博士学位论文）认为，知识产权并非具有神圣不可侵犯的正当性，而是人类在目前社会条件下经过权衡利弊而不得不接受的一种财产权制度。向波博士的《论知识产权的正当性——以利益冲突的考察为基本视角》（中国人民大学 2011 级博士学位论文）将知识产权的正当性问题区分为合道德性、形式合理性和实质合理性；合道德性在于民众的普遍认同；形式合理性在于合逻辑性、合法性和社会效率；实质合理性在于利益冲突与利益平衡。

以上文献仅仅是专门以知识产权法哲学作为问题来研究。除此之外仍有大量的文献涉及知识产权法哲学的问题。具有代表性的有吴汉东教授的《知识产权多维度解读》（北京大学出版社 2008 年版）、《知识产权基本问题研究》（中国人民大学出版社 2009 年版），金海军教授的《知识产权私权论》（中国人民大学出版社 2004 年版），李雨峰教授的《枪口下的法律——中国版权史研究》（知识产权出版社 2006 年版），等等。

正当性问题同样是国外学者所密切关注的问题，诸如美国学者墨杰斯的《知识产权的正当性》（*Justifying Intellectual Property*）。但由于语言的缘故，在我国学界讨论时涉及的较少，误解也较多，对国内学界的影响也较小。相关文献观点纷杂，本书将在正文部分涉及，不在此处详述。

第三节　研究方法

一、方法与结论

在学术研究中，往往有研究方法这一部分，常见的词汇诸如民法方法论、法学方法论，甚至在法学院的课程中也有独立的方法论的课程。德国学者考夫曼对此则批判不已，他认为，将"正义是什么"和"如何认识正义"区分的时代已经过去，"什么"和"如何"实质是不可以区分的。[1]

纵观对正当性探讨的各种文献，正如考夫曼所言，"如何"决定着"什么"，即方法决定着结论。如有学者从社会结构的各个因素探讨知识产权，得出结论：知识产权法是社会各种因素共同作用的结果。[2] 有学者从历史的角度探讨知识产权的正当性，得出结论：知识产权法是历史的产物，

---

[1]　［德］阿图尔·考夫曼著，刘幸义等译：《法律哲学》，法律出版社 2004 年版，第 12 页以下。

[2]　金海军：《知识产权私权论》，中国人民大学出版社 2004 年版，第 12 页。

其本身不具有正当性，而仅仅是一种话语。❶ 有学者从利益冲突的角度探讨知识产权的正当性，得出结论：知识产权法是利益冲突的产物。❷ 此种情况在学界已非常普遍。

方法决定着结论，意味着首先是方法的论证，而不是仅仅意味着强调方法。对于结论而言，方法固然重要。因为当我们追问某个答案时，其论证过程是通过某个方法完成的。正是方法使得某个结论可以自圆其说。但是追问结论之后，为什么不追问方法呢？如果结论的正确来自方法，方法的正确又源自何处呢？学界的论证普遍缺失对方法的证明。本书也只能尽力避免这种缺失。

方法决定着结论，意味着方法与结论的同一。我们固然可以从某个方法得出某个结论，从中找到一个推理的过程。但是此种推理意味着，这个结论已经包含在这个方法之中。如果结论是方法的一部分，那么方法和结论则在一定程度上是同一的。如前所述，从社会结构中各个因素考察著作权法的产生，得出著作权法的产生是社会各因素作用的结果。此种推理过于浅显，方法与结论的同一简直达到了显而易见的地步。

不同的方法/结论之间相互冲突。诸如前文所述的几个方法决定结论的典型。如果从著作权产生过程中各种利益主体的利益诉求和利益冲突来看，那么著作权则成为利益集团的话语和工具；如果从著作权中各种利益分配的结果来看，则著作权成为利益平衡的产物；如果援引美国宪法等规定，则会得出著作权有鼓励创作等目的，并能得出宪法与著作权法的某种关系；如果援引世界人权公约等规定，则会将著作权视为人权。于是在对著作权乃至知识产权的研究中就呈现出这样一种现状。从论文选择的方法和角度可以直接预想到该论文的结论。不同的方法和角度，将会得出不同的结论。如此多的结论有时候是相互冲突的。诸如，自然权利和功利主义的结论和路径不存在

---

❶ 黄海峰：《知识产权的话语与现实——版权、专利与商标史论》，华中科技大学出版社 2011 年版，第 41 页。

❷ 向波：《论知识产权的正当性——以利益冲突的考察为基本视角》，中国人民大学2011 级博士学位论文。

兼容的可能，甚至在自然权利内部，人格理论和劳动理论也相互抵牾。如果将这些相互抵牾的结论都认为是著作权的一个侧面，从而构成著作权乃至知识产权的多维解读，❶ 那么这种论断将面临难以理解的尴尬。

不同的方法/结论之间呈现出竞争的现状。正如英国学者波普尔所言，一系列不同的理论之间存在着竞争的关系，相互竞争着的理论中可以进行优选，被反驳的理论则被淘汰。❷ 本书一方面试图通过各种"方法"对目前的各种正当性理论进行反驳；另一方面，又试图对著作权的正当性问题给予恰当的解释，以完成本书的目标。本书的结构将依据波普尔知识进化的思路，通过证伪来寻求著作权的正当性。本书所采纳的方法如下文所示，包括历史—逻辑、陌生化—境遇、隐喻—模型、去概念、经济分析等方法。其中，前三种方法主要用来反驳各种正当性的理论，后两种方法主要用来表述本书所提出的、待反驳的假说。

二、历史与逻辑

历史和逻辑是知识产权研究乃至法学研究中常用的方法。人们往往通过历史来探求法律制度的缘由；❸ 也往往在反驳他人理论时，指出该理论逻辑上的谬误。二者相较，学界总体上更重视前者。有这样一句话在学界广为流传，"历史研究之一页当抵逻辑分析之一卷"。❹

历史是曾经发生的事。在著作权正当性的探讨中，就对待历史的态度而言，存在着两种截然相反的观点。一种观点认为，历史与著作权正当性

---

❶　吴汉东："关于知识产权本质的多维度解读"，载《中国法学》2006 年第 5 期。

❷　[英] 卡尔·波普尔著，舒伟光等译：《客观知识——一个进化论的研究》，中国美术学院出版社 2003 年版，第 14 页以下。

❸　澳大利亚学者德霍斯认为，追溯历史的缘由至少有三点："首先，一些可以用来分析问题的哲学理论需要以历史为依托。""历史同样也会对知识财产的经济学分析或者逻辑推理分析产生影响。""最后，根据昆廷·斯金纳的政治哲学理论，历史的观点也有助于加深我们对知识财产哲学意义的理解。" [澳] 彼得·德霍斯著，周林译：《知识财产法哲学》，商务印书馆 2008 年版，第 24 页。

❹　New York Trust Co. v. Eisner, 256U. S. 345, 349（1921）.

无关；一种观点认为，著作权的正当性需要从历史中寻找。前一种观点以李雨峰教授为代表，其认为，在讨论著作权的正当性问题时，应该"不去关心版权存在于空间和时间的那些有形的具体条件"。❶ 后一种观点以金海军教授为代表，其认为"知识产权在近代社会的产生是社会结构变迁的结果"。❷ 本书将历史作为著作权正当性问题的助手。通过历史来辨析著作权正当性的各种理论。

　　历史是一种实然，著作权的正当性问题是一种应然。是否可以通过实然来判断应然则成疑问。此问题的答案大致可以分成两种，一种观点认为不能通过实然来判断应然；一种观点认为可以通过实然来判断应然。前者以德国学者拉德布鲁赫为代表，其认为，"应然定理不能运用归纳法从实然事实中得到证明，而只能运用演绎法从另外一些应然定理中推导出来"。❸ "应然原理只能通过其他的应然原理来创立和证明。因此，最初的那个应然原理是无法证明的，是公理的，它并非只是所能解决，应是由信仰来完成的。"❹ 后一种观点以黑格尔、波普等人为代表。例如黑格尔认为，"凡是合乎理性的东西都是现实的，凡是现实的东西都是合乎理性的"。❺ 波普的证伪理论则是通过实然来否定各种假说，最终实现理论的进化。❻ 德国学者冯·李斯特甚至将未来实然和已定应然等量齐观。❼

　　本书赞同后者，即应当通过实然来判断应然。对拉德布鲁赫的反驳如下：其各种抽象的表述，不过是对刑法规则一种隐喻的表达。❽ 表面上，

---

❶　李雨峰：《枪口下的法律——中国版权史研究》，知识产权出版社 2006 年版，第 189 页。

❷　金海军：《知识产权私权论》，中国人民大学出版社 2004 年版，第 12 页。

❸　[德] 拉德布鲁赫著，王朴译：《法哲学》，法律出版社 2005 年版，第 9 页。

❹　同上书，第 10 页。

❺　[德] 黑格尔著，范扬、张企泰译：《法哲学原理》，商务印书馆 2009 年版，第 12 页。

❻　[英] 卡尔·波普尔著，舒伟光等译：《客观知识——一个进化论的研究》，中国美术学院出版社 2003 年版，第 10 页。

❼　[德] 拉德布鲁赫著，王朴译：《法哲学》，法律出版社 2005 年版，第 2 页。

❽　关于隐喻，可详见"隐喻—模型"部分。

拉德布鲁赫在说应然不能通过实然来论证，实际上其在说：甲杀害乙不能证伪禁止杀人的规定。其认为，应然只能通过应然证明，但第一个应然是不能证明的，所以这一个应然只能是信仰。此种观点只有结合西方哲学的传统才能得到完整的解释。西方哲学有两个源头：一为古希腊哲学；一为基督教。前者着重逻辑和推演，而其代表之一的怀疑主义也延续了此种风格。阿格里帕（Agrippa）提出了著名的五大论式。其中第二个论式是"无穷倒退"，即用来证明一个事物的证据自身也是需要证明的，而这个证明也需要进一步的证明，如此将会无穷倒退下去。这样我们将不能拥有一个证明的起点。第四个论式是"假设武断"，即当处于无穷倒退的困境时，便把某个东西当成起点，而这个起点的选择并不能通过论证获得，只能是武断地确定。❶ 将这两个论式与拉德布鲁赫的观点相比较，则会发现，拉德布鲁赫即从各种应然原理开始无穷后退，直到不能证明的第一个应然原理。基督教哲学则以上帝为中心，将一切原因诉诸上帝，从而上帝成为第一因。拉德布鲁赫将应然原理无限溯及至第一因，即上帝。只不过拉德布鲁赫将上帝称为信仰，以期获得更大认同和普遍适用。正是在古希腊哲学和基督教哲学两个背景下，拉德布鲁赫才能得出如是结论。当我们举出大量相反例子的时候，此种无限后退至信仰的论述就将被反驳。例如，功利主义的著作权正当性理论。其认为，著作权制度促进了社会发展或激励了创作等。在理论上，当通过实然的社会发展和创作多少来判断时，就可以判断此种正当性理论的正误。笔者承认，很多情况下不能通过实然来判断应然，但是也有例外。例外的情况是：当应然以实然为目的或以实然为功效时，那么此种应然必然可以通过也必须通过实然来判断。从刑法的角度说，这不是通过实际的犯罪来否定刑法，而是通过刑法实际的效果来否定刑法。此外，即使不以实然为目的或功效的应然也不一定非要追溯至信仰。例如欧几里得几何，其建立在五个公理之上，与信仰无关。而本书正是欲通过历史这一实然来判断著作权正当性这一应然。基本方法是应然不能与

---

❶　汪子嵩等：《希腊哲学史（第 4 卷）》，人民出版社 2010 年版，第 940 页。

实然相违背，即著作权正当性问题的答案不能有悖历史。

与前文所述的实然/应然二分法对应，更加精致的另一种观点是事实/价值二分法。事实/价值二分法认为，事实判断不能推导出价值判断。这种观点最早可以追溯至英国学者休谟。❶ 学界也有将这种事实/价值二分法引入知识产权法研究的先例。❷ 但是目前的研究所回避了事实/价值二分法中一个尖锐的矛盾——历史属于典型的事实问题，正当性问题属于典型的价值问题。如果事实判断不能推导出价值判断，那么历史也就不能作为正当性问题判断的依据。

如果希望历史成为正当性问题的一条途径，那么必须对事实/价值二分法进行反驳。然而对事实/价值二分法的反驳远没有实然/应然二分法的反驳那么容易。但是仍然可以找到至少四种反驳路径。第一条路径是隐喻，将会在后文中涉及。第二条路径来自休谟自身，即对归纳法的质疑：我们不能从过去重复的事例中推导出我们没有经验过的其他事例。❸ 而事实/价值二分法正是如此。由于事实/价值二分法的观点属于不完全归纳得出的结论，其正确性就是值得怀疑的。第三条路径来自现象学的口号"面向事情本身"。❹ 本书所采纳的观点是著作权正当性问题的答案不能有悖于历史。我们应该就该事情自身而言讨论，而不应该抽象至事实判断与价值判断的高度。这是因为抽象至如此高度并不能增加某一结论的说服力。第四条路径则认为，即使抽象至如此高度，作为一个理性的人，也应该认同"价值判断不能与事实判断相悖"的结论。如果"价值判断不能有悖于事实判

---

❶ ［英］休谟著，石碧球译：《人性论（下册）》，中国社会科学出版社2009年版，第320页以下。

❷ 熊文聪：《知识产权法的概念解读——以事实与价值二分法为线索》，中国人民大学2011年博士学位论文。

❸ ［英］休谟著，石碧球译：《人性论（下册）》，中国社会科学出版社2009年版，第64页以下。

❹ Zu den Sachen selbst. 现象学的方法特点或基本原则是"放弃一切偏见、成见、习惯看法，面向事情本身"。张志伟主编：《西方哲学导论》，首都经济贸易大学出版社2005年版，第317页。

断"成立的话，那么与事实判断相违背的价值判断就应该被淘汰，即可以通过事实判断来证伪价值判断。那么事实/价值二分法也就不成立了。

既然著作权正当性问题的答案不能有悖历史，而是否有悖历史，则需要逻辑的帮助。逻辑也是知识产权法学乃至法学理论探讨过程中常常会涉及的方法。在知识产权法的研究过程中，逻辑的方法在一些问题上已经形成了经典的适用。例如辨析智力成果说时，一般认为智力成果的范围不能涵盖商业标记，从而构成智力成果说的致命的缺陷；❶ 再如知识产权人格财产一体性的证伪。❷

一般认为，著作权法律制度是近代社会的产物，古代社会没有著作权。❸ 即古代社会不可能产生著作权法律制度。但是各种著作权正当性的理论，不论是自然权利还是功利主义，都无视古代社会和近代社会的区分。易言之，依照目前流行的各种理论，即使在古代社会，著作权法律制度也具有正当性。但是为何古代社会不能产生著作权呢？本书将此种历史与逻辑的诘问称为著作权的"古近之问"。著作权的古近之问，是任何一个著作权正当性的理论都无法回避的问题，也是本书所称的历史与逻辑方法的集中体现。著作权古近之问的提出和适用，本书将在后文详细阐述。

三、陌生化—境遇

陌生化（defamiliarization），也常被译为"奇特化""反常化"，其源自美学—文论领域，是俄国形式主义的一个关键词。俄国形式主义（Russian Formalism）这一文学理论流派发端于"一战"期间，20 世纪 20 年代盛行于莫斯科、彼得堡等地，五六十年代风靡欧美，成为 20 世纪最重要、最有

---

❶ 刘春田：《知识产权法》，中国人民大学出版社 2009 年版，第 7 页。

❷ 经典表述的大意是：人格权与财产权的本质区别在于对象能否永久地外在于主体。若著作权可以人格财产同一，那么著作权所面临的逻辑困境是"权利的对象如何能够既可永久地外在于主体、又不可永久地外在于主体呢？"李琛："质疑知识产权之'人格财产一体性'"，载《中国社会科学》2004 年第 2 期。

❸ 李琛："关于'中国古代因何无版权'研究的几点反思"，载《法学家》2010 年第 1 期。

影响的文学理论流派之一，乃至 20 世纪各种文学理论都不同程度地受其影响。❶ 代表人物有什克洛夫斯基（Viktor Shklovsky）、雅各布森（Roman Jakobson）等人。

俄国学者什克洛夫斯基首先在《词语的复活》（The Resurrection of the Word，1914）中涉及"陌生化"这一概念，并于《作为手法的艺术》（Art as Technique，1917）一文中详尽地阐述了"陌生化"的理论。其认为：

> 艺术之所以存在，是为了使人恢复对生活的感觉，为了使人感觉到事物，为了使石头成为石头。艺术的目的就是要使人感觉到事物，而不是知道事物。艺术的手法就是要使对象陌生，要使形式变得困难，以增加感觉的难度和时间长度，因为感觉过程本身就是审美的目的，必须设法延长。❷

在形式主义看来，陌生化是所有艺术手法的基本功能，揭示了艺术和日常生活之间的区别。艺术的本质就是日常生活的陌生化。俄国形式主义将其所面临的世界分成了两个部分——日常生活的世界和艺术的世界，二者的关系是陌生化，图 0 - 1 所示。

到目前为止，学界往往将陌生化这一概念局限于美学—文论领域之中，并没有适用到其他领域。将陌生化这一概念用以学术批判，可以认为是本书做出的尝试，是否能够得到学界的认同还有待检验。本书所尝试的途径，就是将俄国形式主义所认定的日常生活和艺术这两个域变更为其他的域，但二者的关系仍然是陌生化的关系。例如，一个成熟的学科往往有着自身

---

❶　参见董学文主编：《西方文学理论史》，北京大学出版社 2005 年版，第 260 页；王一川主编：《西方文论史教程》，北京大学出版社 2009 年版，第 103 页；杨冬：《文学理论——从柏拉图到德里达》，北京大学出版社 2009 年版，第 291 页。

❷　Shklovsky，"Art as Technique". *Russian Formalist Criticism：Four Essays*，translated and with an introduction by Lee T. Lemon and Marion J. Reis. London：University of Nebraska Press，1965. p. 12.

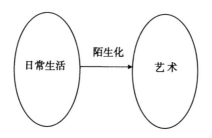

图 0 - 1　艺术的陌生化

的概念、原理和体系，形成与日常生活语言不同的话语，知识产权乃至整个法学领域皆如此。从这个角度而言，知识产权法学与日常生活之间也存在着陌生化的隔阂。而学术研究和探讨往往不局限于现有学科的现状，带来各种新的词汇、新的原理乃至新的领域。从而又构成对一个学科现有知识的陌生化。例如德国学者海德格尔的代表作《存在与时间》将"牵挂""畏""沉沦""用着趁手"等新鲜概念带入哲学领域。❶ 所以，日常生活、学科和学术研究的关系，如图 0 - 2 所示。

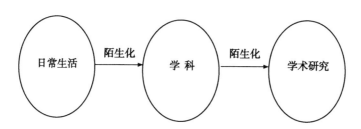

图 0 - 2　学科和学术研究的陌生化

与之相对应，对知识产权法学而言，则如图 0 - 3 所示。

此种陌生化所带来的弊端有两个方面：一是增加了知识产权法律适用的成本；二是增加了学科之间交流的成本。但是其优势也是明显的。日常生活中的语言和概念是模糊不清的，日常生活中的世界是因人而异、杂乱无章的。所以任何一个学科必然需要自身的概念和原理，以实现两个目的：

---

❶　[德] 海德格尔著，陈嘉映等译：《存在与时间》，生活·读书·新知三联书店2006 年版，第 1 页以下。

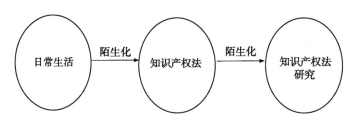

图 0-3　知识产权法及其研究的陌生化

一是实现本学科的体系化；二是形成本学科的语境，使得学科内的交流成为可能。这样就同时造成了这个学科与日常生活之间的陌生化。知识产权法亦然。

这种陌生化的理论得到以下三点启示。

第一，知识产权法学研究不能仅仅是研究现状的陌生化。陌生化是必要的恶。陌生化为知识产权法学研究所必须，但其同时增加了法律适用和法学研究交流的成本。故单纯的陌生化不具有正当性，只有不得已的陌生化才是正当的。陌生化本身不是目的，而是途径，自然有优劣之别。学术研究意欲通过陌生化来实现其他的目的，诸如通过学术上公私法划分此种非日常生活的原理，来实现实践中对私权的保护；❶ 通过符号这一陌生概念的引入，实现知识产权法的体系化。❷

但是学界有一种倾向，即将知识产权法学研究与陌生化二者等同。例如近来有学者将物理学中"熵"的概念引入知识产权法学的研究。❸ 这一概念的引入为知识产权的研究带来了一种陌生化的效果，甚至是整个世界观的改变。但是这种学术研究仅仅是研究现状的陌生化，并没有实现其他的目的。所以这种单纯的陌生化只能增加交流的成本，并不可取。

---

❶　参见王利明主编：《民法》，中国人民大学出版社 2007 年版，第 13 页；梁慧星：《民法总论》，法律出版社 2001 年版，第 31 页；张俊浩主编：《民法学原理》，中国政法大学出版社 2000 年版，第 7 页以下。

❷　李琛：《论知识产权法的体系化》，北京大学出版社 2005 年版，第 124 页以下。

❸　杨雄文：《知识产权熵论重述》，见刘春田主编：《中国知识产权评论（第三卷）》，商务印书馆 2008 年版，第 30 页。

第二，知识产权法学研究不应因为陌生化而增加说服力。依照俄国形式主义文论，陌生化是艺术的本质特征。任何修辞都是一种陌生化的途径。而修辞也往往被认为是说服他人的论辩技巧。❶ 如果各种修辞手法可以在心理上增加读者的认同，那么这个过程同样也是一个陌生化的过程。不可否认，学界同样有一种通过陌生化来增加说服力的研究倾向。

诸如有学者认为，"知识产权制度的建立，从社会动因来说，是科学技术与商品经济发展的结果；从制度构建来说，是法律革命与创新的产物"。❷ 如是概括知识产权与日常生活乃至学界所熟悉的言语并不一致，故其通过陌生化形成一种"理论的深度"。就表述本身而言其具有一定的说服力，但是却经不起推敲。这种类似的表述适用于任何一种与科技、市场经济和法律有关的事物，诸如核能利用、外太空抑或是环境保护方面的法律规范。但是此种不恰当的观点却具有一定的影响，陌生化的表述方式是一方面的原因。再如有的学者所言的"著作权主体性革命"，❸ 其实含义不过是著作权所涉及的民事主体除了作者之外，还包括传播者、消费者等人。

故就学术研究而言，表达形式重在精准，陌生化是不得已之举。文以载道，固然可取；但以文证道，则属不当。

第三，陌生化是知识产权法哲学研究的必由之路。所有的知识产权法哲学理论都是对日常生活的陌生化。劳动理论、人格理论和激励理论这三类典型的知识产权理论都独立地构成了一幅自身对世界的描述。而这些被描述的世界不同于我们日常生活的世界，这些世界之间也各不相同，甚至各自有着自己的话语体系。如果说三类理论对知识产权法的描述有什么相同之处，那么这个相同之处就是"不相同"，即异于日常生活，是对日常

❶　例如比利时学者佩雷尔曼认为，"修辞的产生是说服，它的全部工作就是说服"。[美]波斯纳著，朱苏力译：《超越法律》，中国政法大学出版社2001年版，第574页；[比利时]雷佩尔曼著，许毅力译：《逻辑学与修辞学》，载《世界哲学》1988年第4期。
❷　吴汉东：《知识产权多维度解读》，北京大学出版社2008年版，第168页。
❸　肖尤丹：《历史视野中的著作权模式确立——权利文化与作者主体》，华中科技大学出版社2011年版，第260页。

生活的陌生化。这种陌生化一方面使得知识产权法这一领域独立，另一方面构成对日常生活的背离。如前所述，为了本学科的体系化和学科内的交流，陌生化是知识产权法研究的必由之路。但是陌生化的过程，同时是背离日常生活的过程，所以也常常伴随着与日常生活的各种偏差。法律以调整社会生活为己任，但是这种偏差却可能造成法律规范的不当之处。例如康德认为对盗版的禁止限于言论式的书籍，而艺术品等其他作品则不在此列，因为那些作品并非是作者对读者说的话。❶ 倘若完全依康德陌生化的途径构建著作权法，那么将有太多的作品遗漏在著作权法之外。所以，知识产权的理论是对日常生活的陌生化，同时面临着时时被修正的可能。

境遇，则是一个来自哲学的概念，由德国学者雅斯贝斯引入哲学。所谓境遇，就是通常指人生活于其中的心理、身体、精神和思想环境。❷ 人始终处于各种境遇之中，人的存在始终是特定境遇中的存在。当人脱离熟悉的境遇而进入特殊的境遇（临界境遇）时，会丧失通常以来的精神力量而陷入迷茫，仿佛孤独地面临陌生的环境，如死亡、受难、抗争、负罪等。❸

知识产权法的研究也同样是境遇中的研究。首先，这种研究建立了不同于日常人们所熟悉的境遇。在这个境遇中，学界形成共同视域，实现相互理解和交流。其次，知识产权法的研究同样不断地试图建立不同于研究现状的新的境遇。

可以发现，境遇与陌生化从不同角度实现了对同一事物的描述。二者实质是一样的。故本书将此种方法称为"陌生化—境遇"。

---

❶ Immanuel Kant, Von der Unrechtmäßigkeit des Büchernachdrucks, erstmals erschienen in Berlinische Monatsschrift 5 (1785), Seiten403bis417. 中译本可参考李秋零主编：《康德著作全集（第八卷）》，中国人民大学出版社 2010 年版，第 83 页以下。

❷ ［德］叔斯勒著，鲁路译：《雅斯贝尔斯》，中国人民大学出版社 2008 年版，第 64 页。

❸ ［德］雅斯贝斯著，朱更生译：《卡尔·雅斯贝斯文集》，青海人民出版社 2003 年版，第 9 页。

四、隐喻—模型

隐喻（Metaphor），又称暗喻，是修辞格❶的一种，源自修辞学。在古希腊时期就存在对其的研究，诸如亚里士多德认为，隐喻是"对借来之词的使用""借助其他名字称呼事物"❷ "隐喻最能使用语变得明晰、令人愉快和耳目一新"❸ "隐喻关系不应太远，在使用隐喻来成为那些没有名称的事物时，应当从切近的、属于同一种类的词汇中选字"❹ 等。

20世纪以来，隐喻被引入哲学领域。诸如英国学者 Richards 认为，"当我们使用一个隐喻时，我们对不同的事物有两种思想，这两种思想在相互作用并被一个词或短语所支持"。❺ 美国学者 George Lakoff 和 Mark Johnson 在《我们赖以生活的隐喻》中认为，"隐喻在日常生活中无所不在，不仅仅在语言中，还在思想和行动中。我们赖以思维和行为的概念系统，都是从根本上说是隐喻性质的"。❻ 例如"山脚""雪花"等词汇。法国学者德里达在《白色的神话：哲学文本中的隐喻》中认为，"哲学家是用抽象的观念遮盖了词语原初的感性的本义"。❼ 每一个抽象的概念都隐藏着一个具体的感性的比喻。❽ 例如康德对人可以认知真理的确信源自对牛

---

❶ 修辞格，简称辞格，figure 或 figure of speech 的译文。其属于修辞手段，其含义以替换（substitution）理论和偏离（deviation fron literal statement or common usage）理论为基础，包括比喻、排比、夸张、反讽、拟声、双关等。除修辞格外，还有俚语、庄严词等其他的修辞手段。参见从莱庭、徐鲁亚：《西方修辞学》，上海外语教育出版社 2007 年版，第452 页。

❷ ［古希腊］亚里士多德著，颜一、崔延强译：《修辞术·亚历山大修辞学·论诗》，中国人民大学出版社 2003 年版，第 340 页。

❸ 同上书，第 166 页。

❹ 同上书，第 167 页。

❺ I. A. Richards, *The Philosophy of Rhetoric*, New York：Oxford University Press, 1936, p. 93, 译文参见胡曙中：《西方新修辞学概论》，湘潭大学出版社 2009 年版，第 223 页。

❻ George Lakoff & Mark Johnson, *Metaphors We Live By*, Chicago and London：The University of Chicago Press, 1980, p. 3.

❼ 陆扬：《德里达的幽灵》，武汉大学出版社 2008 年版，第 237 页。

❽ 同上书，第 236 页。

顿力学的隐喻；而波普的知识进化论则可以认为是对相对论等物理学理论的隐喻。

在知识产权学界，我国也有学者试图借鉴隐喻这一方法。诸如有人将"思想的圈地运动""信息封建主义""文化海盗"等词汇作为隐喻在知识产权领域中的运用。❶ 但是此种运用有两处缺陷。第一，隐喻并非政治学的概念。诚然，修辞学发展的源头可以追溯至古希腊的智者学派和辩论传统，修辞学也一直被认为是一种说服他人的手段。❷ 古希腊的演讲也主要发生在议会和陪审团之前，各种修辞术被用来影响公共政策和审判。❸ 但严格地说，包括隐喻在内的各种修辞格只能被认为是与政治有关的概念，而非政治学的概念。第二，该学者对隐喻这一方法的运用仍然处于"说服他人的手段"这一层次，目的仍然是"在国际层面争取对我国有利的知识产权制度变革"。❹ 忽视了隐喻对知识产权理论研究方法论的意义。

而本书将展现此种更为重要的运用方式。此种运用方式，一言以蔽之，则是：目前流行的大量的知识产权正当性的理论——诸如人格理论和劳动理论——是对著作权正当性的隐喻，而与专利法或商标法关系不大。

如前所述，境遇与陌生化在方法论意义上是实质相同的。同样，在方法论意义上，与隐喻实质相同的一个词汇是"模型"。模型，是在法学研究过程中经常运用到的一个方法。例如有学者以著作权法为模型探讨法与人文的关系。❺ 但是，在隐喻和模型这两个词汇的背后所蕴含的学术

---

❶ 梁志文："政治学理论中的隐喻在知识产权制度调适中的运用"，载《政治与法律》2010 年第 7 期，第 63～70 页。

❷ ［古希腊］亚里士多德著，颜一、崔延强译：《修辞术·亚历山大修辞学·论诗》，中国人民大学出版社 2003 年版，第 1 页。

❸ 从莱庭、徐鲁亚：《西方修辞学》，上海外语教育出版社 2007 年版，第 6 页。

❹ 梁志文："政治学理论中的隐喻在知识产权制度调适中的运用"，载《政治与法律》2010 年第 7 期。

❺ 李琛："'法与人文'的方法论意义——以著作权法为模型"，载《中国社会科学》2007 年第 3 期，第 100～113 页。

传统和情感除了避免空洞抽象一致以外，其他都正好相反。隐喻更多地
意味着解构、批判、感性和具体等因素；模型更多地意味着建构、体系
化、理性和具体等因素。就从该方法在本书中所产生的作用来看，其更
倾向于前者。

五、其他方法

除了历史—逻辑、陌生化—境遇、隐喻—模型之外，本书还将运用其
他的一些方法来探讨著作权的正当性的问题。诸如去概念、经济分析、证
伪等方法。

去概念的方法，意味着在本书的讨论中尽量排斥各种已有的概念。诚
然，学界一般将作品、独创性等各种概念作为知识产权法律体系的基石。
概念也是知识产权法学这一学科的建构过程中的必经之路。但是本书所回
答的问题是在概念之前存在的。对知识产权而言，概念不是目的，而是工
具；正当性的问题才是目的性的问题。目的决定工具。正是对正当性问题
的回答决定着概念的规定和制度的设计。所以，面对正当性的问题，是没
有概念可以借助的。虽然本书的论述也会涉及作品等词汇，但是这仅仅是
论述的便利，而非借助作品的概念。此处的作品，与其说是作品这一概念，
不如说是作品这一指代。

经济分析也是一种常用的方法。正如美国学者波斯纳所言，"法的经
济分析的主要贡献之一就是简单化以及提升人们的理解"。❶ 本书在某些地
方出于简单化和易于理解的目的，也会在一定程度上涉及法的经济分析这
一方法。由于此种方法学界也十分熟悉，故此处不再详述。

波普尔知识进化论的观点。❷ 本书认为著作权乃至知识产权的正当性
的理论之间存在着竞争的关系，优胜劣汰。各种竞争性的观点不断地被证

---

❶ ［美］威廉·M. 兰德斯、理查德·A. 波斯纳著，金海军译：《知识产权法的经济
结构》，北京大学出版社 2005 年版，第 12 页。

❷ ［英］卡尔·波普尔著，舒伟光等译：《客观知识——一个进化论的研究》，中国
美术学院出版社 2003 年版，第 14 页。

伪，那些被证伪的观点被淘汰，暂时未被证伪的观点暂时"优胜"，从而实现了著作权乃至知识产权理论的进化。这种方法也常被称为证伪，也是一种学界常用的方法。由于目前学界对此种方法较为熟悉，此处不再详述。

此外，本书为探讨著作权的正当性，还会涉及美学—文论、哲学等领域的研究成果，也可以勉强认为是一种跨学科的方法。

第一章　著作权正当性的现有理论

　　著作品的复述到何种程度成为剽窃？对于这些问题不大好作
出精确规定，因为在法的原则上和法律中没有规定下来。所以剽
窃只能是一个面子问题，并依靠面子来制止它。

——黑格尔

　　本章主要介绍现有的各种著作权正当性的理论，而与此相关的一个问
题是知识产权的正当性。本章将首先讨论二者的关系。

第一节　著作权的正当性与知识产权的正当性

　　与著作权的正当性相比，知识产权的正当性这一表述更为学界所熟悉。
本选题并没有选取知识产权的正当性，而是著作权的正当性，这也可以认
为是本书对知识产权正当性这一问题的一种回答。这种回答则是通过导论
中所提及的隐喻的方法。

　　当我们提及知识产权的正当性时，一般会将各种理论分为三类：劳动
理论、人格理论和功利主义理论。大致而言，劳动理论将知识产权的对象
视为智力劳动的成果，基于劳动报酬而获得对该对象的权利；人格理论将
知识产权的对象视为人格的延长，基于对人格的保护而获得对体现该人格
的对象的权利；功利主义则为了实现社会福利最大化等目标，而赋予民事
主体知识产权。

　　前两种正当性的理论又往往被学界归为"自然权利"的理论，即将知

识产权视为作者等权利主体应该获得的权利，法律仅仅是对此种权利的确认，故法律不能任意剥夺此种权利。而功利主义的观点则将知识产权视为法律的赋予，所以法律同样可以基于社会福利最大化等原因来剥夺知识产权。由此还产生了知识产权是自然权利还是法定权利的讨论。❶

通过观察知识产权的正当性理论，我们可以发现著作权正当性的理论和知识产权正当性的理论如出一辙。不仅如此，还有如下情况。其一，一般认为，对专利而言主要的正当性理论是：发展国家经济论、自然权利论、合同论、发明奖励论、知识产权论等观点。❷ 虽然发展国家经济论可以归入功利主义，自然权利论也在知识产权的正当性理论中有所出现，但总体而言，这与通常所说的知识产权的正当性理论并不一致。而在这几种观点中自然权利论被认为是"根本站不住"的。❸ 其二，商标权的正当性在知识产权的正当性理论中是被完全无视的。而一般所说的"降低消费者搜寻成本"❹ 等功效也仅能勉强归入功利主义之中。大量的关于知识产权正当性的论文中并没有商标权的身影。❺ 其三，三种主要的知识产权理论中，人格理论的解释效力仅仅局限在著作权，不涉及其他的知识产权；劳动理论也主要限于著作权，其对专利权的解释，已经"根本站不住"；只有功利主义的解释力可以延长至专利权，但其又会面临着其他理论的竞争。

---

❶ 学界对该问题有一种倾向，即不顾讨论该问题的目的和意义来讨论该问题，仅仅为了形成一个可以妥协的结论而妥协。诸如有学者会认为，"知识产权即是如此：从权利来源论，它是一种'自然权利'，创造性活动是知识产权产生的'源泉'（source）；从权利依据论，它是一种'法定权利'，法律规定是知识产权产生的'依据'（origin）"。吴汉东："知识产权本质的多维度解读"，载《中国法学》2006 年第 5 期。类似表述还有"知识产权乃是建立在自然权利基础之上的法定权利"。彭学龙："知识产权：自然权利抑或法定之权"，载《电子知识产权》2007 年第 8 期。

❷ 汤宗舜：《专利法教程》，法律出版社 2003 年版，第 10～14 页。

❸ 同上书，第 12 页。

❹ ［美］威廉·M. 兰德斯、理查德·A. 波斯纳著，金海军译：《知识产权法的经济结构》，北京大学出版社 2005 年版，第 217 页。

❺ 参见 Edwin C. Hettinger, *Justifying Intellectual Property*, Philosophy and Public Affairs, Vol. 18, No. 1 (Winter, 1989), pp. 31 – 52; Lawrence C. Becker, *Deserving to Own Intellectual Property*, Chicago-Kent Law Review, Vol68 (1993), pp. 609 – 630. 等等。

基于此，本书认为，表面上我们提及知识产权的正当性理论来为整个知识产权论证，实际上我们是以知识产权中的著作权为模型来说明其中的道理。易言之，知识产权的正当性与著作权的正当性是一种"隐喻"的关系。知识产权的正当性隐喻的是著作权的正当性，而与专利和商标乃至商业秘密等其他的知识产权关系不大。当我们提及知识产权的正当性时，所指的主要是著作权的正当性。

基于知识产权的正当性与著作权的正当性这种隐喻的关系。本书认为，知识产权正当性的提法过于笼统。一般认为知识产权的范围包括著作权、专利、商标、商业秘密等范畴。严格地说，知识产权的正当性这一范畴包括著作权的正当性、专利权的正当性、商标权的正当性、商业秘密保护的正当性以及其他与知识产权相关的不正当竞争行为禁止的正当性等方面。而知识产权的正当性这一提法所包含的一个前提是，这些诸多权利和未上升为权利的法益的正当性理由是一致的。但是，这个前提并没有得到证明，而仅仅通过隐喻的方式，用著作权的正当性这一概念替换了知识产权正当性的概念。这种替换是不恰当的。所以，对于知识产权正当性的讨论，应当还原到这种替换之前，即直接面对知识产权正当性本身。正是因为我们没有充足的理由认为著作权、专利权、商标权乃至相关的不正当竞争的禁止的正当性理由是一致的，所以我们在论证之前只能假设这些正当性理由是不一致的。诸多的正当性理由的论证需要逐个证明。所以，本书所论述的著作权的正当性应该属于知识产权正当性这一宏大范畴之内的一个部分。至于其他知识产权的正当性则不属于本书所关心的内容。

下文将介绍对著作权的正当性这一问题的研究现状。

第二节　劳动理论类

知识产权中的劳动理论首先是和英国学者洛克（John Locke）联系在一起的。本部分对劳动理论这一大类的各种具体理论的评说也必须从洛克开始。尽管目前对洛克理论的质疑之声不绝于耳，但是仍有学者认为洛克理论可以恰当地适用于知识产权。❶ 所以，本部分首先介绍洛克本身的观点，然后介绍在此基础上的几种改进的版本。

一、洛克的观点

洛克的劳动财产权理论被学界视为"整个劳动理论的渊源"。❷ 洛克并没有直接地论证过著作权乃至知识产权的正当性。洛克所论证的是财产权的正当性。只不过，洛克的观点更多地被引用来论证知识产权的正当性。

洛克的观点可以认为是劳动理论的代表，其集中在《政府论（下篇）》。他首先认为，"上帝既将世界给予人类共有，亦给予他们以理性，让他们为了生活和便利的最大好处而加以利用。土地和其中的一切，都是给人们用来维持他们的生存和舒适生活的。土地上所有自然生产的果实和他所养活的兽类，既是自然自发地生产的，就都归人类所共有……这些既是给人类使用的，那就必须要通过某种拨归私用的方式，然后才能对某一个人有用处或者有好处"。❸ 进而认为，"土地和一切低等动物为一切人所共有，但是每人对他自己的人身享有一种所有权，除他以外任何人都没有这种权利。他的身体所从事的劳动和他的双手所进行的工作，我们可以说，是正当的属于他的。所以只要他使任何东西脱离自然所提供的和那个东西所处的状态，他就已经掺进他的劳动，在这上面参加他自己所有的某些东西，因而使它成为他的财产……因为，既然劳动是劳动者的无可争议的所有物，那么对于这一有所增益的东西，除他以外就没有人能够享有权利，

---

❶ 参见易继明："评财产权劳动学说"，载《法学研究》2000 年第 3 期；See Robert P. Merges，Justifying Intellectual Property，Harvard University Press，Cambridge，Massachusetts，London，England，2011，p. 32. 等文献。

❷ ［美］威廉·费歇尔著，黄海峰译：《知识产权的理论》，载刘春田主编：《中国知识产权评论（第一卷）》，商务印书馆 2002 年版，第 23 页。其实，这种将财产与劳动相联系的观点可以追溯至阿奎那甚至是更早的学者。诸如阿奎那将土地的所有权和灌溉相联系。参见［爱尔兰］凯利著，王笑红译：《西方法律思想简史》，法律出版社 2002 年版，第 143 页。

❸ ［英］洛克著，叶启芳、瞿菊农译：《政府论（下篇）》，商务印书馆 1964 年版，第 17 页。

至少在还保留足够的同样好的东西给其他人所共有的情况下，事情如此"。❶ 最后得出了其观点，"谁把橡树下拾得的橡实或树林的树上摘下的苹果果腹时，谁就确已把它们拨归己用……我的劳动使它们脱离原来所处的共有状态，确定了我对它们的财产权"。❷

一般认为，洛克的劳动财产权理论中存在两个限制性的条件，❸ 第一个条件是前文中所说的"保留足够的同样好的东西给其他人所共有"；另一个条件是不浪费——洛克认为，"上帝创造的东西不是供人们糟蹋或败坏的"。❹ 所以，"谁能在一件东西败坏之前尽量用它来供生活所需，谁就可以在那个限度内以他的劳动在这件东西上确定他的财产权；超过这个限度就不是他的份所应得，就归他人所有"。❺

这样，正如有的学者所总结，洛克的劳动财产权理论可以归结为"历代学生耳熟能详"❻ 的几点：（1）上帝赐予土地和低等生物为人类共有；（2）每人对其人身享有所有权；（3）每人的劳动属于其自己；（4）通过劳动使得东西脱离共有状态从而获得其所有权；（5）足够多且同样好；（6）不浪费。❼

相较于物权和债权，洛克的理论往往被认为更适用于知识产权。例如

❶　[英] 洛克著，叶启芳、瞿菊农译：《政府论（下篇）》，商务印书馆 1964 年版，第 18 页。

❷　同上书，第 19 页。

❸　李雨峰："版权的正当性——从洛克的财产权思想谈起"，载《暨南学报（哲学社会科学版）》2006 年第 2 期；See Edwin C. Hettinger, *Justifying Intellectual Property*, Philosophy and Public Affairs, Vol. 18, No. 1 (Winter, 1989), p. 44.

❹　[英] 洛克著，叶启芳、瞿菊农译：《政府论（下篇）》，商务印书馆 1964 年版，第 20 页。

❺　同上。

❻　[美] 贾斯汀·休斯著，杨才然、张萍译：《知识产权哲学》，见刘春田主编：《中国知识产权评论（第二卷）》，商务印书馆 2006 年版，第 14 页。

❼　[澳] 彼得·德霍斯著，周林译：《知识财产法哲学》，商务印书馆 2008 年版，第 54 页；冯晓青：《知识产权法哲学》，中国人民公安大学出版社 2003 年版，第 22~23 页。

美国学者休斯（Justin Hughes）认为：（1）思想/表达的产生需要劳动；❶（2）公有领域的存在，使得"'足够多并同样好'的条件似乎只适用于知识产权制度"；❷（3）"很多知识产权制度既不体现也不需要满足非浪费条件。"❸ 所以，即使在知识产权不满足非浪费条件时仍可以适用洛克的理论。而美国学者墨杰斯（Robert P. Merges）则将理由归纳为三点：（1）脱离公有领域的知识产权和脱离自人类共有状态的财产权在逻辑上是一致的；（2）劳动在知识产权和其财产权的正当性的论证和边界的确定是一致的；（3）洛克在其《人类理解论》（*An Essay Concerning Human Understanding*）中将其自身的作品描述为劳动。❹ 此外，也有学者将洛克的劳动理论与知识产权相联系的现状归因为"思想体系上的正统性"。❺

学界对劳动理论的理解，都是从洛克出发的，可以说是集中关注着洛克的只言片语。例如"足够多且同样好""不浪费"这两个限制性条件；劳动的界定及其与共有物的混合程度等。下文将分别论述。

1. 足够多且同样好

这一限制性条件要求：一个人通过劳动获得所有权时，需要"保留足够多同样好的东西给其他人所共有"。对有体物的占有存在天然的排他性，尤其在现代社会，一个人将公有领域之物私有之后，很难说可以保证"足够多且同样好"的替代物或种类物留给他人。如澳大利亚学者德霍斯所言，"如果把'足够限制'真正应用于有形物的话，那么所产生的后果就是，任何物品都无法从共有物中剥离"。❻ 而对知识产权，尤其是著作权而

---

❶ ［美］贾斯汀·休斯著，杨才然、张萍译：《知识产权哲学》，见刘春田主编：《中国知识产权评论（第二卷）》，商务印书馆2006年版，第19页。

❷ 同上书，第59页。

❸ 同上书，第54页。

❹ Robert P. Merges, *Justifying Intellectual Property*, Harvard University Press, Cambridge, Massachusetts, London, England, 2011, p. 33.

❺ ［澳］彼得·德霍斯著，周林译：《知识财产法哲学》，商务印书馆2008年版，第59页。

❻ 同上书，第61页。

言，这种情况则比较少见。常常被举的例子是，同一件作品可以"被无数人同时或连续地使用而不耗尽"。❶

学界通常将"足够多且同样好"的条件视为"对公有领域的描述"。❷如果将作品视为思想的表达，同一思想可以有不同的表达方式，那么被作者控制的仅仅是其中一种特定的表达方式，仍然保留有"足够多且同样好"的其他表达方式给他人。

德霍斯认为即使对知识产权，也可能不满足"足够多且同样好"这一条件。因为"在历史的不同阶段，社会也许会面临抽象物供应的短缺"。❸这里的抽象物，即知识产权的对象，对著作权而言即作品。德霍斯所举的例子是非欧几何对 20 世纪物理学的重要性。严格地说，非欧几何属于思想的范畴而非表达，所以这个例子并不恰当。但在著作权法范围内，的确存在此种类似的短缺。在一定的时期，为了表达特定的思想或制造特定的效果，必须使用特定的表达，在网络发达的现代社会尤其如此。例如计算机程序（如果把计算机程序视为表达乃至作品）、音乐的改编、"戏仿"、微博等诸多形式。❹

美国学者 Gordon 认为，比洛克的"足够多且同样好"条件更一般的情况是"无损害原则"（no-harm principle）。❺ 例如洛克认为，"任何人都不可能在这种方式下侵犯另一个人的权利，或为自己取得一宗财产而损害他

---

❶　［美］威廉・费歇尔著，黄海峰译：《知识产权的理论》，见刘春田主编：《中国知识产权评论（第一卷）》，商务印书馆 2002 年版，第 24 页。

❷　［美］贾斯汀・休斯著，杨才然、张萍译：《知识产权哲学》，见刘春田主编：《中国知识产权评论（第二卷）》，商务印书馆 2006 年版，第 15 页。

❸　［澳］彼得・德霍斯著，周林译：《知识财产法哲学》，商务印书馆 2008 年版，第 62 页。

❹　［美］贾斯汀・休斯著，杨才然、张萍译：《知识产权哲学》，见刘春田主编：《中国知识产权评论（第二卷）》，商务印书馆 2006 年版，第 42 页。

❺　Wendy J. Gordon, A Property Right in Self-Expression: Equality and Individualism in the Natural Law of Intellectual Property, *The Yale Law Journal*, Vol. 102, No. 7 (May, 1993), p. 1544.

人的邻人"。❶ 国内也有学者沿袭这一观点提出了"不以损害为前提的知识产权理论",❷ 详情将在后文介绍。此处,如果将"足够多且同样好"的条件理解为"无损害"的话,那么如美国学者诺齐克所言,即使知识产权人排斥了其他的竞争者,其甚至可以使得公众的情况变得更好,因为公众可以购买到基于这个知识产权的产品或者服务。❸ 基于此,休斯认为,知识产权"没有必要依赖财产占有者将其积极地引入公有领域"。❹ 所以,在休斯看来,即使在不考虑公有领域的情况下,知识产权也符合"足够多且同样好"另一种表述"无损害原则"。但是,美国学者黑廷格(Hettinger)认为,此情况不适用于专利法,因为"在后的发明家甚至不能亲自使用其发明,更不用提获得专利或出售"。❺

2. 不浪费

这一限制性条件要求:一个人获得一个东西的所有权时,应该以自己所需为限,不能对该物造成浪费。这个要求和墨杰斯所说的比例原则较为接近。❻ "禁止浪费"的观点往往要追溯至宗教。如前文所述,在洛克看来,"上帝创造的东西不是供人们糟蹋或败坏的"。❼ 而"作为上帝赐予的东西,就连在弥撒献祭仪式中被人们吃进了肚子的日常面包也具有了食物的神圣性。因此母亲们都禁止孩子拿面包玩"。❽ 在上帝的阴影下,往往要

---

❶ [英] 洛克著,叶启芳、瞿菊农译:《政府论(下篇)》,商务印书馆1964年版,第22页。

❷ 冯晓青:《知识产权法哲学》,中国人民公安大学出版社2003年版,第64页。

❸ [美] 罗伯特·诺齐克著,姚大志译:《无政府、国家和乌托邦》,中国社会科学出版社2008年版,第216页。

❹ [美] 贾斯汀·休斯著,杨才然、张萍译:《知识产权哲学》,见刘春田主编:《中国知识产权评论(第二卷)》,商务印书馆2006年版,第45页。

❺ Edwin C. Hettinger, Justifying Intellectual Property, *Philosophy and Public Affairs*, Vol. 18, No. 1 (Winter, 1989), p. 44.

❻ See Robert P. Merges, *Justifying Intellectual Property*, Harvard University Press, Cambridge, Massachusetts, London, England, 2011, p. 7.

❼ [英] 洛克著,叶启芳、瞿菊农译:《政府论(下篇)》,商务印书馆1964年版,第20页。

❽ [德] 拉德布鲁赫著,王朴译:《法哲学》,法律出版社2005年版,第140页。

求按照特定的方式使用某物，"不浪费"则是应有之义。

这个限制性条件饱受学界质疑。甚至有学者认为货币的引入使得洛克抛弃了这一条件。❶例如洛克认为，"窖藏多于他能使用的东西是一件蠢事，也是一件不老实的事"，❷但是同时却认为"这些结实耐久的东西（货币），他喜欢聚集多少都可以。"❸而黑廷格则认为，因为每个人都可能从知识产权的使用中获益，但知识产权却禁止这种未经许可的使用行为，所以浪费是不可避免的。❹另一种质疑来自诺齐克，其认为，"足够多且同样好"的条件可以使得"不浪费"条件多余。❺休斯的质疑则认为，"与食物不同，思想不会腐败"，❻同时，对知识产权的保护，并不考虑"所有人是否将其思想虚掷或者束之高阁。"❼这样洛克的"不浪费"条件将无法适用于知识产权。

3. 劳动

究竟什么行为构成劳动是一件很难说清楚的事情。从树上摘得果实的行为，是洛克笔下一种典型的劳动行为；但是倘若这棵树为他人所有，那么这种行为则构成盗窃，不构成产生财产的劳动。劳动这一概念的模糊性，直接导致费歇尔认为，"目前尚无明确的根据来引导我们做出选择"。❽

劳动这个词汇对马克思及其追随者而言有着特殊的含义。在马克思的

---

❶ [美] 贾斯汀·休斯著，杨才然、张萍译：《知识产权哲学》，见刘春田主编：《中国知识产权评论（第二卷）》，商务印书馆 2006 年版，第 54 页。

❷❸ [英] 洛克著，叶启芳、瞿菊农译：《政府论（下篇）》，商务印书馆 1964 年版，第 30 页。

❹ See Edwin C. Hettinger, Justifying Intellectual Property, *Philosophy and Public Affairs*, Vol. 18, No. 1（Winter, 1989），p. 44.

❺ [美] 罗伯特·诺齐克著，姚大志译：《无政府、国家和乌托邦》，中国社会科学出版社 2008 年版，第 210~211 页。

❻ [美] 贾斯汀·休斯著，杨才然、张萍译：《知识产权哲学》，见刘春田主编：《中国知识产权评论（第二卷）》，商务印书馆 2006 年版，第 57 页。

❼ 同上书，第 59 页。

❽ [美] 威廉·费歇尔著，黄海峰译：《知识产权的理论》，见刘春田主编：《中国知识产权评论（第一卷）》，商务印书馆 2002 年版，第 25 页。

理论体系之下，劳动被视为价值的唯一来源——所谓价值就是凝结在商品中无差别的人类劳动。❶ 所以，劳动是同质的，其量要通过价值的多少来判断；但价值的多少又必须通过必要劳动时间的多少来判断。这种劳动价值说的观点属于一种古典的经济学理论。❷ 不论如何，劳动的界定对著作权乃至知识产权来说毫无意义。如果严格按照马克思对劳动的界定，那么只能认为，作品产生的过程不属于劳动，而是属于不同于劳动的东西。❸

休斯提出了"避免劳动观"，即劳动"是一种人们避免或者想要避免的东西，是一种他们不喜欢的东西，是一种因为他们必须如此才参与的活动"。❹ 在这种劳动观之下，"劳动被定义为一种令人不愉快的活动"。❺ 所以，"应当用财产来回报令人不愉快的劳动"。❻ 这样对知识产权而言，作品乃至其他知识产权的对象产生的过程就被理解为一种令人痛苦的事情。与"避免劳动观"相对立的是将作品产生的过程视为自我实现的需要，以及人类本能的观点。这种"避免劳动观"之下，构建了知识产权的正当性理论也可以视为对洛克理论的些许改良，代表是通常所说的劳动说和增量说。这两种观点将在后文详述。

即使在不考虑劳动界定上的模糊，基于劳动而取得所有权的理论也备受质疑。例如诺齐克提出了劳动与共有物混合之后的界限问题。"如果一位私人宇航员在火星上清扫一块地方，那么他使他的劳动之相混合（以致他能拥有的）是整个火星，是整个无人居住的宇宙，还仅仅是一小块特殊

---

❶ ［德］卡尔·马克思著，郭大力、王亚南译：《资本论（第一卷）》，上海三联书店2009年版，第4页。

❷ 劳动价值乃至价值规律的学说目前在经济学界基本被抛弃。［美］保罗·萨缪尔森、威廉·诺德豪斯著，萧琛等译：《经济学》，人民邮电出版社2004年版，第568页。

❸ 刘春田："知识产权制度是创造者获取经济独立的权利宪章"，载《知识产权》2010年第6期，第18～22页。

❹ ［美］贾斯汀·休斯著，杨才然、张萍译：《知识产权哲学》，见刘春田主编：《中国知识产权评论（第二卷）》，商务印书馆2006年版，第21～22页。

❺ 同上书，第22页。

❻ 同上书，第22～23页。

的地方？"❶ 更常被引用的一句话是"如果我拥有一罐番茄汁并把它倒入大海，以致它的分子（使其带有放射性，从而我可以进行检测）均匀地混合于整个大海中，那么我是拥有了这片大海，还是愚蠢地浪费了我的番茄汁？"❷ 基于此种描述，诺齐克认为，劳动与共有物混合的结果也可能仍是共有物。当然，诺齐克的此种表述不考虑洛克的两个限制条件。因为在火星和海洋的两个例子中，在最极端的情况下（所有整个宇宙或海洋），显然不符合"足够多且同样好"和"不浪费"两个限制性条件。所以，严格地说，诺齐克假想的这两个例子并非恰当地反驳了洛克的理论。易言之，界限等问题可以通过这两个限制性条件确定。当然，也有学者认为，劳动和物是不同的，相较于番茄汁，劳动是特殊的，所以将番茄汁倒入大海的例子不能反驳洛克的劳动理论。❸

二、对洛克观点的几种演绎

对洛克的观点可以存在不同的解读，有时候解读甚至是完全相悖的意思。例如在费歇尔看来，洛克的观点可以同时被解读为反对知识产权和支持知识产权两种。❹ 当然，前文所罗列的洛克的观点也同样是后人对洛克的解读。本部分所评述的几种常见的观点虽然也可以从洛克的论述中找到依据，但严格地说乃是对前文洛克观点的不同修正。其中，那些与洛克观点实质相同的观点，就不在此部分详述，例如"基于对劳动果实的自然权利理论"。❺

---

❶ ［美］罗伯特·诺齐克著，姚大志译：《无政府、国家和乌托邦》，中国社会科学出版社 2008 年版，第 208 页。

❷ 同上书，第 209 页。

❸ See Robert P. Merges, *Justifying Intellectual Property*, Harvard University Press, Cambridge, Massachusetts, London, England, 2011, p.43.

❹ ［美］威廉·费歇尔著，黄海峰译：《知识产权的理论》，见刘春田主编：《中国知识产权评论（第一卷）》，商务印书馆 2002 年版，第 24 页。

❺ 冯晓青：《知识产权法哲学》，中国人民公安大学出版社 2003 年版，第 28 页。

（一）劳动报酬说

劳动报酬说将知识产权视为智力劳动的报酬或奖赏，也常被称为"值得理论"，意为因为劳动而值得拥有知识产权；也常被称为"价值增加"理论，意为"劳动产生了对他人有价值的某种东西而因此获得知识产权"。❶ 其由英文"labor-desert""desert-for-labor""deserving to own intellectual property"等词汇翻译而来。这种将知识产权视为一种报酬或奖赏的观点容易有一种歧义，例如奖赏这一个词容易引起有一个奖赏者的歧义。其实这里只有被奖赏的知识产权人，并没有一个奖赏他的人。如果说有的话，这么这个奖赏者将会是上帝、自然、理性抑或是其他类似的东西。知识产权人获得对知识的控制因为其劳动，此种权利是对劳动的奖赏，抑或是劳动的报酬。该观点虽然并不能从洛克的《政府论》中直接得出，但也常被学界认为是劳动理论的一种标准的解释。❷ 对此有过详细论述的代表人物是美国学者休斯、Becker 等人。❸ 这种观点也可以视为基于前文所言的"避免劳动观"，因为劳动是一项令人不愉快的行为，所以应该让劳动的人获得相应的奖赏。❹ 这种解释对著作权而言，即将著作权视为作者创作作品的报酬。

休斯认为，该学说主张，"劳动常常产生社会价值，'应该得到'得到回报的是社会价值的生产……"❺ 虽然这种观点与功利主义近似，但与功利主义的观点不同，"应当根据人们对其他人的生活增加了多少价值来给予他们回报，而不论他们是否受到这种回报的激励"。❻

而在 Becker 看来，那种认为劳动者应当从他们的工作中获得合适的按

---

❶ 贾斯汀·休斯著，杨才然、张萍译：《知识产权哲学》，见刘春田主编：《中国知识产权评论（第二卷）》，商务印书馆 2006 年版，第 25 页。

❷ 冯晓青：《知识产权法哲学》，中国人民公安大学出版社 2003 年版，第 24 页。

❸ Lawrence C. Becker, Deserving to Own Intellectual Property, *Chicago-Kent Law Review* 68,（1992～1993），pp. 609～630.

❹ 贾斯汀·休斯著，杨才然、张萍译：《知识产权哲学》，见刘春田主编：《中国知识产权评论（第二卷）》，商务印书馆 2006 年版，第 25 页。

❺❻ 同上书，第 26 页。

比例的报酬的观念是一种古老的观念，并且不能够一以贯之地适用，因此对知识产权而言需要独立的审查。❶ 在其对知识产权的审查过程中发现，很难得出劳动报酬的观点可以作为知识产权的依据，不论是依据卓越、互惠抑或是对特殊的人类需求的合理回应。❷ 尤其在有其他可替代的方式（包括收费、奖励、认可、感谢、赞美、安全、权力、地位和公共财政的支持等）❸ 的情况下，将知识产权视为对智力劳动者的奖赏并不恰当，在论证过程上必然是含糊不清的。

（二）增量说

该学说是对劳动报酬说的一种演绎。在劳动报酬说看来，劳动增加了共有物的价值，所以对共有物享有所有权。而增量说旨在原物/原价值和增加部分/增加价值中做出区分。该观点我国也有学者称之为"关于价值增加的理论"。❹

这种观点依然可以追溯至洛克。与此对应，在卡尔·马克思看来，劳动造成了价值的全部，洛克则略显保守，认为这种增加的量起到绝对的作用，以至于原来的可以忽略。在洛克看来，"劳动的改进作用造成价值的绝大部分"。❺ "如果说在有利于人生的土地产品中，9/10 是劳动的结果，这不过是各级保守的计算……在绝大多数的东西中，99% 全然要归之于劳动。"❻但是美国学者 Hettinger 却举了另外一个摘苹果的例子：虽然在摘苹

---

❶ Lawrence C. Becker, Deserving to Own Intellectual Property, *Chicago-Kent Law Review* 68，（1992～1993），p. 620.

❷ Lawrence C. Becker, Deserving to Own Intellectual Property, *Chicago-Kent Law Review* 68，（1992～1993），pp. 609–630.

❸ Edwin C. Hettinger, Justifying Intellectual Property, *Philosophy and Public Affairs*, Vol. 18, No. 1（Winter, 1989），p. 41.

❹ "关于价值增加的理论"和劳动报酬理论的另一种称呼"价值增加"理论不同。之所以称呼接近乃是研究现状使然。该理论认为，"贡献于被施加劳动的部分和劳动的贡献，这两部分必须加以区分"。所以本书将其归入增量说。冯晓青：《知识产权法哲学》，中国人民公安大学出版社 2003 年版，第 32 页。

❺❻ ［英］洛克著，叶启芳、瞿菊农译：《政府论（下篇）》，商务印书馆 1964 年版，第 26 页。

果的过程中劳动是必要的，但是这个摘苹果的人并没有创造苹果的99%的价值。❶

这种区分原量与增量、原物与增加部分、原价值与增加价值的观点应运而生。因为依照表述习惯，增加价值说与劳动报酬说为同一观点，所以此种区分的观点本书称之为"增量说"。一来表示增量与原量的区分；二来表示不同于增加价值说/劳动报酬说。

这种区分二者的观点对著作权乃至知识产权而言同样具有相应的对应。例如 Hettinger 认为，发明、作品和思想一般并不存在于真空中；智力活动的创造也不是无中生有；一个人的思想对之前出现的思想存在重要的依赖。❷ 所以，对著作权的对象作品而言，也存在原量/增量、原物/增加部分的区别。正如我国有学者所言，"作品是一种由存量知识和增量知识构成的系统"，❸ 民俗形象、情感倾向和常见的符号组合属于前者，而绘画布局、文字排序和新颖的剧情等因素属于后者。❹作者基于公有领域中前人的原量，加入自身的增量构成了新的作品，对技术方案也存在着类似的情况。

这种区分的观点可以有两种结果。其一是作者的权利仅到达增量，即权利人仅对增量享有所有权，与原量无关。对著作权而言，则需要在作品中划出一个范围，作者对作品的权利仅在这个范围之内。范围之内为增量，范围之外是存量。这种区分则与著作权法中的思想——表达二分法相对应，作者对作品的权利仅限于表达，而不及作品中的思想。这也与前文所提及的将作品视为存量知识和增量知识的系统相一致。当然对于这种区分结果也存在着不同的意见。诸如 Hettinger 从价值的角度认为，著作权乃至知识产权让劳动者（作者）得到了最终产品的市场价值，而这个市场的价值应

---

❶ Edwin C. Hettinger, Justifying Intellectual Property, *Philosophy and Public Affairs*, Vol. 18, No. 1（Winter, 1989）, p. 37.

❷ Edwin C. Hettinger, Justifying Intellectual Property, *Philosophy and Public Affairs*, Vol. 18, No. 1（Winter, 1989）, p. 38.

❸❹ 王坤："作品概念的科学建构及其在著作权法上的意义"，载《知识产权》2010年第6期。

该由那些对产品作出贡献的人们共同分享；❶ 即使可以在作品中区分二者，但是市场价值受到货币、供需、合同等诸多方面影响，作者不能决定被区分出来的增量的价值。❷

其二，原量对增量上的权利构成负担。这也是一种常见的观点，因为在一部作品中不可避免地包含着前人的成果，所以对该作品上的著作权构成各种负担，并最终也可以让将来的作品包含该作品的成果。负担分为两种：第一种负担是权利的期限，超过保护期限的作品将归入公有领域，作者将不再享有该作品上的财产利益；第二种负担是权利的限制，即使在保护期限内的作品，作者对作品中的增量部分所拥有的权利也受到各种限制，这里主要是指合理使用。各国著作权法都有关于合理使用的规定和解释，此处不再详述。

（三）创造说

对一种观点的演绎往往会离该观点越来越远，究竟远到何种程度才能算作成为一种新的观点呢？创造说的归属就处于面对这种问题的境遇之中。在创造说看来，作品乃是其他知识产权对象产生的过程，不是劳动而是创造，故在创造与劳动之间，创造说坚决摒弃劳动这一概念。但是就整个论证过程而言，创造说却又接近劳动理论，大致可以将劳动理论中劳动一词替换为创造即是创造说的观点。本书将其归入劳动理论这一大类之中，也仅仅是论述的便利而已。

创造说，始于劳动和创造的区分。劳动是同质的，仅存在量的区别；创造是异质的，"创造与劳动之间，不同的创造之间，都是异质的，不具可比性"❸。"创造成果是汇万物以升华，从无到有、聚沙成器的质变的结果，是飞跃；劳动成果是从此及彼，积少成多的量变，是质变基础上的量的扩

---

❶❷ Edwin C. Hettinger, Justifying Intellectual Property, *Philosophy and Public Affairs*, Vol. 18, No. 1 (Winter, 1989), p. 38.

❸　刘春田："知识产权制度是创造者获取经济独立的权利宪章"，载《知识产权》2010 年第 6 期。

张，属于复制的结果。"❶ 但是，将创造视为知识产权正当性的依据，还需要附加一些条件。

我国有学者将"谁创造谁所有"作为知识产权的道德基础，并视其为"天理道德"。❷ 这里的天理道德是指，"符合自然存在的天理"，"在自然状态下即存在而非在文明社会中约定俗成的道德内容，是先天、普遍和永恒存在的"。❸该学者将创造视为知识产权正当性的依据所附加的条件是仅仅适用于著作人格权，而不包括著作财产权。❹

另外一种附加条件的方式是区分合道德性和合理性。其中将知识产权合理性归咎为利益冲突和利益平衡；而知识产权的合道德性则"在于通过这种论述使得有关利益主体的利益主张得到社会的普遍认同"。❺ 这样，在众多说服社会的理由中，"将创造行为作为知识产权的基本赋权依据"的观点最具竞争优势。❻

（四）不以损害为前提的知识产权理论

这种理论仍然可以追溯至洛克。洛克认为，"任何人都不可能在这种方式下侵犯另一个人的权利，或为自己取得一宗财产而损害他的邻人"。❼所以，我国有学者认为可以从"不损害"的角度解读劳动理论。❽ 该理论认为，一个人付出劳动后，从公有领域中占有某物，他人再取走该物就构成了对这个人的损害。❾而对知识产权而言，虽然他人的利用不影响知识产权人的利用，但是会损害知识产权人在一定期间内的垄断权，挤占了知识产权人的市场，所以依据不损害的理论，他人亦不可以侵犯知识产权，从

---

❶ 刘春田："知识产权制度是创造者获取经济独立的权利宪章"，载《知识产权》2010 年第 6 期。

❷❸❹ 张勤："论知识产权的道德基础"，载《知识产权》2012 年第 1 期。

❺❻ 向波：《论知识产权的正当性——以利益冲突的考察为基本视角》，中国人民大学 2011 年博士学位论文。

❼ ［英］洛克著，叶启芳、瞿菊农译：《政府论（下篇）》，商务印书馆 1964 年版，第 22 页。

❽❾ 冯晓青：《知识产权法哲学》，中国人民公安大学出版社 2003 年版，第 33 页。

而知识产权获得了保护的正当性。❶

　　此种观点有不妥当之处。之所以将他人的行为认定为侵权行为，乃是基于知识产权的正当性，故正当性是因，损害的认定是果。没有正当性，则没有损害。而这种"不以损害为前提的知识产权理论"因果倒置，将损害的禁止作为正当性的因，并不可取。

第三节　人格理论类

　　在自然权利理论中，人格理论是与劳动理论并立的两种理论。对著作权乃至知识产权的人格理论的论述往往始于对人格的解释。最典型的是将人格理解为道德品格、民事主体/民事权利能力、人格权/人格利益三种。❷其实，很多人格理论可以绕过人格的典型理解来论述，至少对康德、黑格尔和美国学者 Radin 的观点来说是这样。而这三位学者恰恰是人格理论中涉及最多之处。本书对人格理论的介绍也是从这三者开始的。

一、康德：主体行为说

　　康德的观点常常受到误解。例如德国学者雷炳德认为，"康德提出了著作权属于人格权的学说"。❸ 澳大利亚学者德霍斯认为"作者是基于其人格而对其作品享有权利的"。❹ 学界中，"'作者权利是人格权'的观点自康德始"❺ 的这种判断并非少数人的观点。我国甚至有学者将康德的观点理

---

❶　冯晓青：《知识产权法哲学》，中国人民公安大学出版社 2003 年版，第 64～65 页。

❷　王利明主编：《民法》，中国人民大学出版社 2005 年版，第 234 页。

❸　［德］M. 雷炳德著，张恩民译：《著作权法》，法律出版社 2004 年版，第 24 页。

❹　［澳］彼得·德霍斯著，周林译：《知识财产法哲学》，商务印书馆 2008 年版，第 91 页。

❺　李琛："质疑知识产权之'人格财产一体性'"，载《中国社会科学》2004 年第 2 期，第 68～78 页。

解为"丧失版权和丧失真金白银没有任何区别"。❶ 在本书看来，将以上的观点归于康德并不准确。

康德关于著作权的理论主要集中在《论假冒书籍的非正义性》一文之中，在其《法的形而上学原理》中也有所摘录。《论假冒书籍的非正义性》一文是康德 1785 年 5 月发表的一篇论文，其原文名为"Von der Unrechtmäßigkeit des Büchernachdrucks"，英文译名则有多种，❷ 中文译名亦有多种。❸

康德的观点需要结合康德所要解决的社会问题才能得到解释。在康德时代的德国，流行着这样的一种观点，认为作品一旦被公众知晓则不能再成为财产。因为，已经出版的书和已经泄露的秘密应当是一样的。既然牧师不能够阻止听众抄写他的布道，那么他有什么理由阻止他人印刷他的颂歌呢？❹ 康德的《论假冒书籍的非正义性》一文正是针对此问题的回答。

舍去康德较为烦琐的三段论式的证明思路，❺ 其基本观点如下："书是人们写出来的，它包含某人向公众所作的，通过可以看得见的语言符号来

---

❶ 郭碧娥："版权背后的法律文化之因——从康德论版权谈起"，载《内江师范学院学报》2007 年第 5 期。

❷ 英文译名有"On the Injustice of Reprinting Books""Of the injustice of counterfeiting books""On the Unlawfulness of Reprinting""On the injustice of counterfeiting books"等多种翻译。See Maria Chiara Pievatolo, *Freedom, ownership and copyright: why does Kant reject the concept of intellectual property*; David Saunders, *Authorship and Copyright*, Routledge1992, p. 113.

❸ 诸如"论书籍翻印的不合法性"，参见李秋零主编：《康德著作全集（第八卷）》，中国人民大学出版社 2010 年版，第 83 页。对康德该文的翻译可参考此译本。本书采纳的译法参见李琛："质疑知识产权之'人格财产一体性'"，载《中国社会科学》2004 年第 2 期。

❹ David Saunders, *Authorship and Copyright*, Routledge1992, p. 108.

❺ 这个三段论的大前提是，以他人的名义，违背该他人的意志，从事该他人业务的行为人，有义务将因此获得的收益返还给该他人或该他人的代理人，并赔偿损失。小前提是，未经授权的出版者从事了此种行为。因为书籍是一种哑巴工具，将作者的言论传达给读者。所以，出版书籍的行为乃是从事作者业务的行为。通过大前提和小前提得出的结论是，未经授权的出版社无权出版，应当损害赔偿即返还获益；Immanuel Kant, *Von der Unrechtmäßigkeit des Büchernachdrucks*, erstmals erschienen in Berlinische Monatsschrift 5 (1785), Seiten403 bis417.

表达的讲话，这和书籍的实际外形无关……那个以他自己的名义通过书向公众说话的人是作者；那个把这部写作以作者的名义向公众介绍的人是出版人。"❶ "书是用一种特殊的形式向公众讲的话；也可以说是作者通过它的出版人公开地作演说……未经授权的印刷人和出版人，乃是一个假拟的授权用其出版物来讲话的，他也确实用了作者的名义，但他这样做却并没有得到作者的委托。因此，这种未经授权的出版物是错误的，是对被授权的和唯一合法的出版者的侵犯。"❷

康德将书籍视为作者的一项业务，出版者出版行为的性质乃是委托代理。在康德眼中的著作权乃是与对物权相对应的对人权，❸ 而不是人格权。对人权的性质类似于潘德克吞体系下的债权。❹ 而此处的对人权通过作者与出版者之间的合意成立，其性质应当类似于我国民法中合同上的权利，而与人格权无关。

康德将著作权视为对人权（出版者与作者之间的合意），但著作权却必须产生对世权的效果（未经许可他人不能出版），故康德的主要论述则集中在为何对人权能产生对世权的效果。康德将其归因为作品本身的属性。在康德看来，作品本身的属性决定了著作权法的规定。康德将作品本身的属性认定为作者所说的话。作者具有从事某种业务的能力（说话），出版商代理作者从事此项业务（出版），从这个角度来说，这种对作品属性的认定更接近民事权利能力。所以，仍可以将康德的观点认为是人格理论中的一部分。但是，康德乃至之后建立的潘德克吞体系中整个民法典并没有

---

❶　［德］康德著，沈叔平译：《法的形而上学原理——权利的科学》，商务印书馆 2008 年版，第 111 页。

❷　同上书，第 112 页。

❸　同上书，第 113 页。Immanuel Kant, *Von der Unrechtmäßigkeit des Büchernachdrucks*, erstmals erschienen in Berlinische Monatsschrift 5 （1785）, Seiten403 bis417.

❹　关于康德对人权和对物权的区分，可参见金可可："康德视野中对人权与对物权的区分"，载《云南社会科学》2005 年第 4 期。

人格权的位置，人格权的研究是"二战"之后才逐渐兴起。❶ 而目前通常所说的人格权也与民事权利能力的概念截然不同。故不宜将康德的观点与人格权混淆。康德将作品乃至作品的出版都视为作者及其代理人从事业务的行为，故严格地说，康德观点的核心是将作品作为主体的一项行为对待。故本书将康德的观点称为"主体行为说"。

此外，有趣的是康德的一些观点与之后的著作权法律制度相去甚远。例如康德认为，复制艺术品不需要征得作者同意，因为复制艺术品的行为是模仿者以其自己的名义作出的；翻译、改编等演绎作品的行为也不需要征得作者同意，同样是因为演绎行为是演绎者以自己的名义作出的。❷

二、黑格尔：混乱的观点

黑格尔是德国古典哲学的终结者。在黑格尔的时代，德国古典哲学是一个包罗万象的体系，自然科学、法学、历史、文学等学科还未从哲学中分离出来成为独立的学科。❸ 黑格尔对财产乃至知识产权的论述则成为本书关注的重点。诚如澳大利亚学者德霍斯所言，"在法哲学领域，黑格尔关于财产的论述并没有很多的追随者"。❹ 学者对其法哲学的探究，也不过是"偶尔"❺的情况。但在知识产权方面，似乎是一个例外。在墨杰斯的教材中，将黑格尔的观点作为人格理论的代表；❻ 而德霍斯所撰写的《知识财

---

❶ ［日］五十岚清著，铃木贤等译：《人格权法》，北京大学出版社 2009 年版，第 2 页以下。

❷ Immanuel Kant, *Von der Unrechtmäßigkeit des Büchernachdrucks*, erstmals erschienen in Berlinische Monatsschrift 5（1785），Seiten403 bis417.

❸ 张慎主编：《西方哲学史：德国古典哲学（第六卷）》，凤凰出版社、江苏人民出版社 2005 年版，第 76 页。

❹❺ ［澳］彼得·德霍斯著，周林译：《知识财产法哲学》，商务印书馆 2008 年版，第 85 页。

❻ ［美］罗伯特·P. 罗杰斯等著，齐筠等译：《新技术时代的知识产权法》，中国政法大学出版社 2003 年版，第 6 页。

产法哲学》一书也将其作为人格理论的代表进行专门论述。❶ 我国学者也随之专门如是论述。❷

本书将黑格尔的著作权正当性的理论称为混乱的观点，因为可以从其论述中得到相互冲突的观点。这一点与洛克的不同，洛克观点中相互冲突之处更多的是后人附加的解读和扩展。而黑格尔观点的混乱则直接来自其原著。

倾向于人格理论的论述，将作品视为个性的产物。"艺术作品乃是把外界材料制成为描绘思想的形式，这种形式是那样一种物：它完全表现作者个人的独特性。"❸ 有学者基于此认为，"诗歌、故事、小说和音乐作品显然是人格的载体"。❹ 也有学者认为上述理解是对黑格尔的误读。❺

倾向于折中人格理论与劳动理论的论述，将一个人全部的劳动视为他的人格。"我可以把我身体和精神的特殊技能以及活动能力的个别产品让与他人，也可以把这种能力在一定时间上的使用让与他人，因为这种能力由于一定限制，对我的整体和普遍性保持着一种外在关系。如果我把在劳动中获得具体化的全部时间以及我的全部作品都转让了，那就等于我把这些东西中实体性的东西、我的普遍活动和现实性、我的人格，都让给他人所有了。"❻

倾向于功利主义的论述。"促进科学和艺术的纯粹消极的然而是首要

---

❶ ［澳］彼得·德霍斯著，周林译：《知识财产法哲学》，商务印书馆 2008 年版，第 84 页。

❷ 冯晓青：《知识产权法哲学》，中国人民公安大学出版社 2003 年版，第 148 页；杨才然：《知识产权正义论》，中国人民大学 2006 年博士学位论文等文献。

❸ ［德］黑格尔著，范扬、张企泰译：《法哲学原理》，商务印书馆 2009 年版，第 86 页。

❹ ［美］贾斯汀·休斯著，杨才然、张萍译：《知识产权哲学》，见刘春田主编：《中国知识产权评论（第二卷）》，商务印书馆 2006 年版，第 74 页。

❺ ［澳］彼得·德霍斯著，周林译：《知识财产法哲学》，商务印书馆 2008 年版，第 91 页。

❻ ［德］黑格尔著，范扬、张企泰译：《法哲学原理》，商务印书馆 2009 年版，第 85 ~ 86 页。

的方法，在于保证从事此业的人免遭盗窃，并对他们的所有权加以保护，这与促进工商业最首要和最重要的方法在于保证其免于在途中遭到抢劫，正复相同。"❶ "……这样很容易使著作者和独创企业家对自己作品或巧思获得利润的期望变为泡影，或者彼此都减少收入，或者大家破产垮台。"❷

倾向于否定著作权乃至知识产权正当性的论述，将翻印的禁止排除出法律的视野。"著作品的复述到何种程度成为剽窃？对于这些问题不大好做出精确规定，因为在法的原则上和法律中没有规定下来。所以剽窃只能是一个面子问题，并依靠面子来制止它。"❸基于此，黑格尔认为，"禁止翻印的法律只能在一定范围内，而且在极其有限的范围内，达成了法律上保护著作者及发行者所有权的目的"。❹

基于上述如此混论不堪的论述，想从黑格尔处找到一个一致性的结论是不可能的。如果一定要有一个一致性的结论，那么应该就是在一定程度和范围内，赞同著作权，但是赞同的理由却是自然权利与功利主义混合的。

三、Radin：物比其自身价值多出的部分

人格理论中，美国学者拉丁的人格理论学说甚为流行，以至于在美国学者墨杰斯的教材中，介绍知识产权的人格理论时，则以拉丁的观点为代表。❺但是拉丁并没有关于知识产权正当性的论述，其关于人格的论述以婚戒、房屋等物品为模型。将作品与拉丁笔下的与人格关联的财产这一范畴相联系则属于学界的解读。拉丁的观点，集中表现在《财产和人格》一文之中，本书将此观点概括表述为：人格即物比其自身价值多出的部分。❻

拉丁从一个直观的角度提出了其对世界的描述：大多数人把自己拥有

---

❶ [德]黑格尔著，范扬、张企泰译：《法哲学原理》，商务印书馆 2009 年版，第88 页。

❷❸❹ 同上书，第 89 页。

❺ [美]罗伯特·P. 罗杰斯等著，齐筠等译：《新技术时代的知识产权法》，中国政法大学出版社 2003 年版，第 6 页。

❻ See Margaret Jane Radin, Property and Personhood, *Stanford Law Review*, Vol. 34, No. 5（May, 1982）, Published by：Stanford Law Review Stable. pp. 957 – 1015.

的物品几乎当成自己的一部分。这些物品与人格如此的接近，因为我们把它们当成我们人格延续的一部分……诸如婚戒、肖像、传家宝抑或是房子。我们可以通过丢失该物品的痛苦来考察人格与该物品的紧密程度和意义。如果这个物品的失去不能用其替代物弥补，那么这个物品就是与人格紧密相关的。❶ 拉丁进一步举了一个例子：婚戒对珠宝商和一位深爱着的人的不同。这意味着，某些财产上会存在着一定的人格属性。

拉丁并没有止步于此，其认为，物的丧失会比单纯的财富丧失更加重要，因为物在一定的方式上与人格相连，但单纯的财富则不如此。常常被举的几个例子如下：如果一个人回到家里发现他的沙发消失了，这将比他的房屋贬值5%更让人无所适从；如果他白色的沙发被魔法般地替换为等价值的蓝色沙发，虽然在财富上并没有说损失，但是仍然会引起其生活中的不适。❷ 这样具有人格属性的财产的范围，由较为特殊的婚戒、传家宝等物品扩展至非以交易为目的的有体物这一范围。这样有体物除了其自身固有的价值外，还增加了因其拥有者❸所附加的一定内容，那么这部分多余的内容，则被拉丁解读为人格。

所以，拉丁所言的"人格"是指，物除了其自身所固有的价值之外的内容。对于有体物所体现出的多于其固有价值的那部分内容，很容易想到会有两种路径来解释。一是从黑格尔的自由意志理论出发，将这多出的内容界定为人的自由意志；一是从经济学的角度出发，认为这部分多出的内容与其固有的内容并没有什么区别，都是对人需求的满足，故可以将其界

---

❶　Margaret Jane Radin, Property and Personhood, *Stanford Law Review*, Vol. 34, No. 5 (May, 1982), Published by: Stanford Law Review Stable. p. 959.

❷　Margaret Jane Radin, Property and Personhood, *Stanford Law Review*, Vol. 34, No. 5 (May, 1982), Published by: Stanford Law Review Stable. , p. 1004.

❸　将有体物视为客体，那么此处的拥有者则指与其相对应的主体/人。而将该主体表述为所有者并不恰当，因为真正与该物有着密切联系的可能仅仅是一个租用的人，而非所有权人，诸如房屋租赁合同中；将其表述为占有者也不恰当，一来占有不要求其正当，二来短暂地占有某物一般并不能与该物发生密切的联系，例如无因管理中的管理人；将其表述为持有者也很难描述出此种密切联系。所以，本书采纳一个比较生活的语言，即拥有者以表达此含义。

定为主体的需求。

不论是自由意志还是主体的需求，都可以认为将物所多出的内容归因为持有者。黑格尔的路径下，物所多出的内容完全归因为持有者自身；但主体需求的路径下，物所多出的内容，既包含了主体自身的需求，又包含了物满足这种需求的属性。这两种路径是相互排斥、不能折中的。黑格尔认为，"如果把需要当作首要的东西，那么从需要方面看来，拥有财产就好像是满足需要的一种手段。但真正的观点在于，从自由的角度看，财产是自由最初的定在，它本身是本质的目的"。❶ 的确，在黑格尔的世界里，主客体存在着二元分立，并且自由意志处于支配地位。财产不过是自由意志的外在表现，故将财产视为人需要的满足则与其哲学体系不符，并非是"真正"的。故物所多出的这部分内容不是源自人的需要，而是自由意志对其的规定。❷

而从经济学的角度，则需要从供求曲线的分析开始，见图 1 – 1。

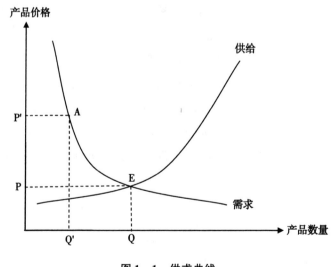

图 1 – 1　供求曲线

---

❶ ［德］黑格尔著，范扬、张企泰译：《法哲学原理》，商务印书馆 2009 年版，第 61 页。

❷ 同上书，第 60 页。

需求曲线和供给曲线相交于均衡点 E，E 点所对应的价格 P 和销量 Q 则是该物均衡状态下的销量和价格。某人购买该物从而成为该物的拥有人，那么购买该物的状态应属于小于销量 Q 的一个状态 Q′。又因为是购买，而非销售，所以应该在需求曲线上。故假设该人与该物的状态处于 A 点，那么该物对于拥有者的需求的满足则对应为 P′，同时 P′大于 P。易言之，该物对其拥有者而言，除了该物自身的市场价值 P 之外，还多出一部分内容，即 P′与 P 之差。这样就解释了为什么物对其拥有者而言会出现多于其自身价值的部分。这多余的内容也是拥有者对该物的需求。在经济学中则对应的是消费者剩余。❶ 当然，在此视角下，并没有主客体二元分立的前提。物的价格 P 与其对人需求的满足 P′并没有质的不同，只有量的差异。这样与黑格尔将一切财产解释为人格不同，这种观点将物所多出的那部分内容也解释为财产。

这种主体需求的思路也很好地解释了拉丁所隐喻的例子：突然消失的沙发和贬值 5% 的房屋。沙发消失之后无法满足主体的需求，故让拥有者不适；但是房屋是否贬值、贬值多少与满足主体需求的程度无关。从经济学的角度来说，房屋对拥有者的价值和效用并未改变。故虽然房屋贬值 5%，但是还是突然消失的沙发对拥有者影响更大。拉丁在举这个模型的时候巧妙地选取了贬值 5% 的房屋作为例子，使得其"物比单纯的财富更重要"观点得到证成。但是如果将模型中的房屋换成股票，则会发现拉丁的观点并非恰当。股票也是单纯的财富，但是股价暴跌 5%，给一个常人带来的痛苦很可能要比消失的沙发更大。这是因为股票的涨跌实际地影响到了拥有者的需求，但是倘若说股票上有什么人格因素的话将是无稽之谈。

尽管我们可以找到两种截然不同的解释，但是拉丁并没有明确地表示

---

❶ 所谓消费者剩余，即消费者总共的获益，即一种物品的总效用与其总市场价值之间的差额。参见 ［美］保罗·萨缪尔森、威廉·诺德豪斯著，萧琛等译：《经济学》，人民邮电出版社 2004 年版，第 76 页。

其观点,一方面其认为黑格尔的观点不完全成熟;❶ 另一方面也没有提及任何经济学或是主体需求方面的论述。只是说道,一些物品可能位于非常接近人格的一端,一些物品可能接近另一端。❷ 仅就其表述而言,只能认为其更倾向黑格尔式的解释路径。

将拉丁的观点适用著作权乃至知识产权的结果将会得出:作品处于接近人格的一端。当然依据拉丁的理论,认为技术方案和商标这种知识产权的对象处于人格的一端的观点是很难得出的。而一些著作权乃至知识产权的人格理论则从拉丁的人格观点出发进行论述。诸如美国学者泉任思凯(Cherensky)认为,职务发明中的雇员应该比雇佣合同的约定享有更多的权利。其出发点即雇员的人格因素。

四、人格权说

将著作权视为人格权的观点即本书所称的人格权说。该说认为,著作权"首先是人格权,其次才是财产权"。❸ "著作财产权的源泉是作者的人格权,财产利益是作者基于人格权对其作品的发表、复制、修改进行控制的客观结果。"❹ 如前文所述,雷炳德将这种人格权的观点不恰当地追溯至康德。如果不考虑康德,则追溯至德国学者约翰·客什博·布伦奇里(Johann Caspar Bluntschli)更为恰当。❺ 该说的影响甚至可以延伸至德国法上的一般人格权的确立。德国法上的一般人格权由一系列判例逐步确立,肯定一般人格权的第一个案件是1954年的"读者来信案"。在该案中,《明镜》杂志未经许可刊登了一封读者来信。鉴于德国著作权对作品独创性的较高要求,来信不被认定为作品,故只能作为读者的一般人格利益,从而认定杂志社侵犯了该读

---

❶ Margaret Jane Radin, Property and Personhood, *Stanford Law Review*, Vol. 34, No. 5 (May, 1982), Published by: Stanford Law Review Stable. p. 978.

❷ Ibid., p. 1005.

❸ [德] 雷炳德著, 张恩民译:《著作权法》, 法律出版社 2005 年版, 第 24 页。

❹ 李琛:"质疑知识产权之'人格财产一体性'", 载《中国社会科学》2004 年第 2 期。

❺ [德] 雷炳德著, 张恩民译:《著作权法》, 法律出版社 2005 年版, 第 24 页。

者的一般人格权。❶

　　由于此说影响深远，故国内大量对人格理论的介绍和批判都以此说为代表。学界通说认为，在作者权体系之下，作品被解读为"人格之外化"，"著作权的正当性源于作品与作者的人格关联，著作权的首要意义是保护作者人格的外化形式"。❷ 这样，作品被解释为外化的人格，作品上的利益就成了人格利益，作为作品上权利的著作权也就被解释为人格权。所以，在作者权体系之下对著作权正当性的解读应以此说为主。

　　仅仅从形式上，人格权说也存在着难以自圆其说之处。诸如人格权始于出生终于死亡，但作为人格权的著作权的期限却并非如此。此类难以解释之处甚多，本书不在此处详述。

五、自由意志说

　　自由意志说也常被作为人格理论的代表。学界对人格理论的介绍经常始于这些艰涩难懂的概念——自由、意志、精神等。对该观点的介绍也往往始于康德和黑格尔。如前所述，康德采纳的是主体行为说的观点，而黑格尔关于知识产权正当性的论述是混乱不堪的，自由意志说则基本抛弃了这些观点，而直接从其对财产权的论述出发进行演绎。❸

　　康德也提及过自由意志的观点。例如其认为，"我的意志选择的一个对象，是我的力量范围内体力上能够使用之物……纯粹实践理性仅仅规定形式上的法律，作为调整行使自由意志的原则……仅仅把此物看作是意志活动的一个对象"。❹ 学界亦有人从康德论述出发认为，康德将自由意志延

----

❶　王利明主编：《民法》，中国人民大学出版社 2005 年版，第 248～249 页。

❷　李琛：《知识产权法关键词》，法律出版社 2006 年版，第 106 页。

❸　黑格尔关于知识产权以及财产权的论述，只能分开进行，关于知识产权的论述是混乱的，关于财产权的论述是将其视为自由意志的体现。虽然大量的论述是先说明财产为自由意志的体现，再说明其混乱的观点，但本书认为此种方式并不可取，因为将二者杂糅在一起，结果也只能是混乱。

❹　［德］康德：《法的形而上学原理——权利的科学》，商务印书馆 1991 年版，第 54～55 页。

长至外在的物之上。然后，这种情况同样适用于知识产权。❶

关于自由意志，涉及最多的是黑格尔。黑格尔所言的人格往往被学界界定为"意志实现其自身的斗争"。❷ 在黑格尔看来，个体是自由意志单位的抽象，而整个财产不过是个人自由意志的体现。黑格尔认为，"人有权把他的意志体现在任何物中，因而使该物成为我的东西；人具有这种权利作为他的实体性的目的，因为物在其自身中不具有这种目的，而是从我意志中获得它的规定和灵魂的"。❸ 同时，黑格尔反对将财产理解为人需要的满足，"如果把需要当作首要的东西，那么从需要方面看来，拥有财产就好像是满足需要的一种手段。但真正的观点在于，从自由的角度看，财产是自由最初的定在，它本身是本质的目的"。❹

自由意志说虽然模糊晦涩，但是其在著作权正当性的解释中仍有一席之地。诸如有学者认为，"在作品上体现着作者以及被视为作者的人的意志，体现着他们的法律人格……对主体意志的尊重……是以对这些主体因作品而产生的原始性利益进行确认和保护为具体内容"。❺ 这类观点可以认为是自由意志说的表现。

因为所有的财产都是民事主体自由意志的体现，所以包括著作权在内的知识产权的本质也同样成为自由意志的体现。对知识产权的正当性则在于对个体自由意志的维护。所以在整个知识产权正当性的论述中强调的是个体的自由意志。❻ 与人格权说不同，自由意志说并不限制权利的转让和

---

❶ Robert P. Merges, *Justifying Intellectual Property*, Harvard University Press, Cambridge, Massachusetts, London, England, 2011, p. 75.

❷ ［美］贾斯汀·休斯著，杨才然、张萍译：《知识产权哲学》，见刘春田主编：《中国知识产权评论（第二卷）》，商务印书馆 2006 年版，第 59 页。

❸ ［德］黑格尔著，范扬、张企泰译：《法哲学原理》，商务印书馆 2009 年版，第 60 页。

❹ 同上书，第 62 页。

❺ 费安玲："论著作权的正当性"，载《科技与法律》2004 年第 4 期。

❻ Margaret Jane Radin, Property and Personhood, *Stanford Law Review*, Vol. 34, No. 5 (May, 1982), Stanford Law Review Stable. pp. 971 ~ 978.

抛弃，因为"个体还可以主动撤回其意志"。❶ 自由意志说和劳动理论在一处是近似的，那就是在权利的对象方面并不区分是物权的对象还是知识产权的对象。这样，不论该对象是作品还是一个有体物，都成为主体自由意志的体现。这样，著作权乃至知识产权的正当性和其他财产权的正当性保持一致。

第四节　功利主义类

一、经济激励理论

所谓经济激励理论，即通常所说的功利主义、激励理论抑或是效益理论，其认为，知识产权法是以经济的方式"激励发明创造"，❷ 以实现"社会福利的最大化"。❸ 该理论往往以经济学的理论为工具对知识产权的正当性进行解释。在美国，经济激励理论为通说。就该理论影响的范围和程度来看，其为我国著作权乃至知识产权正当性理论中最为流行的观点。诸如我国有学者认为，"在著作权法中，就是通过保护作品而促进创作"。❹

该理论的解读也常常诉诸美国宪法。美国《宪法》第一条第八款规定，"国会有权制定如下法律……为促进科学和实用技艺的进步，对作者和发明人的作品和发明，给予在一定期限的排他权利……"❺ 与此类似的

---

❶ ［美］贾斯汀·休斯著，杨才然、张萍译：《知识产权哲学》，见刘春田主编：《中国知识产权评论（第二卷）》，商务印书馆 2006 年版，第 66 页。

❷ ［美］罗伯特·P. 墨杰斯等著，齐筠等译：《新技术时代的知识产权法》，中国政法大学出版社 2003 年版，第 10 页。

❸ ［美］威廉·费歇尔著，黄海峰译：《知识产权的理论》，见刘春田主编：《中国知识产权评论（第一卷）》2002 年版，第 2 页。

❹ 徐瑄："知识产权的正当性——论知识产权法中的对价与衡平"，载《中国社会科学》2003 年第 4 期。

❺ 对应的原文如下，"Section 8. The Congress shall have power to…To promote the progress of science and useful arts, by securing for limited times to authors and inventors the exclusive right to their respective writings and discoveries…"

表述有 TRIPS 协议第七条，"知识产权的保护和实施应有助于促进技术革新及技术转让和传播，有助于技术知识的创造者和使用者的相互利益，并有助于社会和经济福利及权利与义务平衡"。❶ 我国现行《著作权法》第一条中也有类似的规定。❷

经济激励理论的最终目的是社会福利的最大化。而对社会福利的探讨则往往追溯至功利主义的代表人物边沁（Jeremy Bentham）、穆勒（John Stuart Mill））等人。如边沁认为，"一切法律所具有或通常应具有的一般目的，是增长社会幸福的总和，因而首先要尽可能排除每一种趋于减损这幸福的东西，亦即排除损害"。❸ 穆勒认为，对于正义的问题而言，"唯一能引领我们找到答案的便是功利主义"。❹

将功利主义的理论适用于知识产权即得到该说的观点。诸如墨杰斯认为，"就市场而言，个人不会对发明和创作进行投资，除非这样做的期望所得超过支出……要获利于作者的新构思或新作品，创作者就必须能把它以一种价格卖掉，或将它用于某种使其获得市场竞争优势的用途"。❺ 兰德斯和波斯纳认为，作品存在创作的成本（表达成本），著作权的保护则来自于这种成本的弥补。❻ 故在经济激励理论看来，知识产权并非是对劳动的

---

❶ 《知识产权国际条约集成》，清华大学出版社 2011 年版，第 372 页。英文版本原文为" Article 7: Objectives. The protection and enforcement of intellectual property rights should contribute to the promotion of technological innovation and to the transfer and dissemination of technology, to the mutual advantage of producers and users of technological knowledge and in a manner conducive to social and economic welfare, and to a balance of rights and obligations. "

❷ 2001 年《著作权法》第一条规定，"为保护文学、艺术和科学作品作者的著作权，以及与著作权有关的权益，鼓励有益于社会主义精神文明、物质文明建设的作品的创作和传播，促进社会主义文化和科学事业的发展与繁荣，根据宪法制定本法。"

❸ ［英］边沁著，时殷弘译：《道德与立法原理导论》，商务印书馆 2009 年版，第 217 页。

❹ ［英］约翰·斯图亚特·穆勒著，叶建新译：《功利主义》，中国社会科学出版社 2009 年版，第 96 页。

❺ ［美］罗伯特·P. 墨杰斯等著，齐筠等译：《新技术时代的知识产权法》，中国政法大学出版社 2003 年版，第 11 页。

❻ ［美］威廉·M. 兰德斯、理查德·A. 波斯纳著，金海军译：《知识产权法的经济结构》，北京大学出版社 2005 年版，第 46~51 页。

奖赏，也并非是人格的体现，而是保证作品和技术供应的经济激励。

经济激励理论将正当性诉诸社会福利。作品和技术的产生属于社会福利，但作品和技术的传播和利用同样也属于社会福利，更何况后人的创造往往以前人的创造为基础。所以在著作权乃至知识产权的正当性方面，经济激励理论会存在权利人和公众之间平衡的要求。❶

与自然权利理论相比，功利主义看起来并非是自说自话，而是可以通过成本收益来验证真伪。如果认为功利主义对著作权乃至知识产权的设定是一种应然，那么功利主义所实现目标，不论是社会福利还是可欲社会的各种因素，当属于一种实然。那么这种证伪的方式很大程度上也与本书相同，即通过实然来证伪应然。但是这种验证仅仅是看起来可以，实际操作却基本不可能。这种验证的缺失又从另外一个角度构成对功利主义一种证伪方式，即"缺乏必要的信息来应用此种分析方法"。❷ 这种方式在目前对功利主义证伪的思路中最为普遍。正是由于各种信息和数据的缺乏，所以无法回答"激励创新所产生的效益是否大于激励本身的成本"这一问题。❸

另一种证伪的方式来自荷兰学者约斯特·斯密尔斯。他认为，著作权并不能成为激励的工具，因为"对于很多艺术家来说，收入在很大程度上与版权无关"。❹ "对于大多数艺术家而言，版权并不是主要的收入来源。经济学研究显示，90%的艺术家只得到了各类版权收入的10%，10%的人得到了剩余的90%收入。"❺ "大多数艺术家的版权收入寥寥无几，但正是这些人在各个领域孜孜不倦地创作，见缝插针地表演。"❻ 这一点也可以在后文韩寒对我国作家群体的感慨中看出。本书认为，10%的人获得的90%的收入的情况，并不局限于著作权领域，在物权等财产权这一更大的范围

---

❶　[美]罗伯特·P.墨杰斯等著，齐筠等译：《新技术时代的知识产权法》，中国政法大学出版社2003年版，第13页。

❷❸　[美]威廉·费歇尔著，黄海峰译：《知识产权的理论》，见刘春田主编：《中国知识产权评论（第一卷）》2002年版，第18页。

❹❺　[荷兰]约斯特·斯密尔斯、玛丽克·范·斯海恩德尔著，刘金海译：《抛弃版权——文化产业的未来》，知识产权出版社2010年版，第8页。

❻　同上书，第9页。

更是如此。尤其在我国，财富的大量集中已经十分明显。所以，如果认为分配不公平是否定著作权制度的理由，那么这种理由将会否定整个财产权的正当性。将分配不均归责与著作权制度，本书认为并不恰当。更何况还有少数艺术家的收入和著作权有关。通过多数人没有通过著作权获得相当收入的事实来否定少数人获得该收入的正当性，这一观点也并非恰当。

二、社会规划理论

社会规划理论（social planning theory），也被称为"普罗主义理论"（proprietarian theory），❶ 是指通过知识产权乃至其他的财产权来"培育和实现一种公正的和令人向往的文化"。❷ 著作权法自然也在其范围之内。社会规划理论可以认为是功利主义的一个分支。但是社会规划理论的支持者往往将其与传统的功利主义并列。例如美国学者费歇尔认为，相较于功利主义所使用的"社会福利"，社会规划理论更倾向于使用"可欲社会"，后者比前者的内涵更加丰富。❸但即使如此，其仍然不得不承认社会规划理论与传统的功利主义很大程度上的相似。❹鉴于社会规划理论是对传统的功利主义的改良和发展，而非革命。所以本书也将社会规划理论作为功利主义理论类的一部分。社会规划理论以美国学者为主，代表人物有费歇尔（William Fisher）、内尔·内塔拉尔（Neil Netanel）、基思·青木（Keith Aoki）、罗斯玛丽·库姆（Rosemary Coombe）、尼沃·埃尔金·科伦（Niva Elkin-Koren）、迈克尔·马多（Michael Madow）等人。

美国学者内塔拉尔认为，公民社会对民主制度非常重要，其需要政府来培育。著作权是政府运用市场结构来增加公民社会民主属性的一种手段。它通过三种方式来实现：第一，著作权促进了信息和教育资源的创造和分

---

❶　只不过亚历山大使用该名称研究土地法。Gregory S. Alexander, *Commodity & propriety：competing visions of property in American legal thought*, 1776～1970, Chicago：University of Chicago Press, 1977, p. 1.

❷❸❹　［美］威廉·费歇尔著，黄海峰译：《知识产权的理论》，见刘春田主编：《中国知识产权评论（第一卷）》2002年版，第6页。

配。在一个支持创造性的表达的市场中，著作权的目标是制造和增加广泛的可接触的知识，而这些知识为有效的公民权和公民组织所必须。第二，著作权促进了公民社会参与的属性。通过经济上的刺激、接触与排他之间精致的平衡，著作权寻求和培育在公共决策过程中公民的广泛参与。第三，著作权支持多数、独立、公民社会交往的精神。作者获得著作权这一财产，从而无需依赖赞助和文化机构。❶ 概言之，著作权法促进了言论的产生和交流、言论者和言论活动的经济独立。

美国学者库姆认为，现今的环境中，知识产权法窒息了对话活动，阻却我们使用有力、流行和可接受的文化形式来表现个性、社会和差异。❷

美国学者埃尔金·科伦认为，必须从数字技术角度审查著作权法，而不是从著作权法的角度审视数字技术。在将来的著作权法讨论时不应该将数字技术视为对版权人的威胁，而应该视为目前的创作和传播信息的结构的挑战。应该认识到数字技术带来分权和民主化的社会交往的社会承诺。有必要确保对创造的激励，而不是维持创造和传播信息的层次结构的稳定。❸

美国学者马多怀疑普遍的商品化（universal commodification），进而认为法律应当配合多元文化和流行文化的生产。因此，以我们的文化符号、话语、语言为基础的财产权只有在明确的、令人信服的重大社会利益存在时才能被创建。❹

以上几种论述都将著作权和一个被期望的社会状态相联系，故费歇尔

❶ Neil Weinstock Netanel, Copyright and a Democratic Civil Society, *Yale Law Journal*, Vol. 106 (1996), pp. 363～364.

❷ Rosemary J. Coombe, Objects of Property and Sbujects of Politics: Intellectual Property Laws and Dialogue, *Texas Law Review*. Vol. 69. (1990～1991). by the Texas Law Review Association, p. 1855.

❸ Niva Elkin-Koren, Coyright Law and Social Dialogue on the Information Superhighway: The Case Against Copyright Liability of Bulletin Board Operators, *Cardozo Arts&Entertainment Law Journal*, 13 (1995): 410.

❹ Michael Madow, Private Ownership of Public Image: PopularCulture and Publicity Rights, *California Law Review*, 81 (1993): 238.

将以上学者连同自己都归入了社会规划理论的支持者之中。❶ 费歇尔虽然是社会规划理论的支持者，但是其同样指出了此种理论的局限：其一是公正的和令人向往的文化自身的内容是极具争议、无法确定的；其二是应用于具体法律问题时，很难给予明确的指导。❷

第一个局限明确地表现出社会规划理论中各个学者之间的分歧。虽然可以用"可欲社会"这样一个笼统的说法来涵盖这种分歧，但是究竟哪些社会的状态是可欲的还仍然是各说各话。在以上的学术观点中，至少可以找到如下各种不同的"可欲"：分权、民主、公民的参与、言论活动的经济独立、自由的表达和对话、数字技术、多元文化和流行文化的发展等多个方面。其中不同方面的强调将导致制度上完全不同的结果。诸如：对自由的表达的期待将会限制著作权制度，而对给予言论活动经济支持的期待将会支持著作权制度。至于分配正义、消费者福利、尊重乃至丰富的艺术传统则更处于争论不休的话题之中。❸

而第二个局限则将社会规划理论置于无用的处境之中。不得已，费歇尔退而求其次，认为此种理论至少可以提供一些佐证和促进对话。❹ 如同本书在导论中所言，正当性的理论是不要求"意义"或"有用"的，其本身就是目的。我们固然可以找到促进对话等如此蹩脚的用处，但是寻找此种用处却是没有必要的。

第五节　否认正当性的观点

在众多著作权正当性的观点中有一类观点是不能无视的，那就是认为著作权不具有正当性的观点。诸如 1769 年，耶茨（Yates）法官在 Millar

---

❶ ［美］威廉·费歇尔著，黄海峰译：《知识产权的理论》，见刘春田主编：《中国知识产权评论（第一卷）》2002 年版，第 7 页。

❷ 同上书，第 33 ~ 35 页。

❸ 同上书，第 35 页。

❹ 同上书，第 39 ~ 41 页。

v. Taylor 案中认为，作品公之于众后，作者不应该再对其享有权利。❶ 在德国亦有人认为，已经出版的书和已经泄露的秘密应当是一样。❷ 目前，这类观点的代表人物是荷兰学者约斯特·斯密尔斯（Joost Smiers）。其认为，著作权导致了垄断，在没有著作权乃至知识产权的条件下，"许许多多艺术家和中间商能够靠经营过上好日子，没有垄断者能够将其边缘化并挤出公众视线，受众能够根据自己的喜好从大量艺术作品中不受限制地进行选择，以及公共领域能够保持住公共性而不被人据为己有"。❸

最主要的理由是著作权导致垄断。虽然，著作权本身并非是垄断，但是随着著作权不断地向特定的商主体集中，逐步地导致了对某个市场的垄断。斯密尔斯所举的例子是考比斯和华盖创意两个公司在图片影像市场的垄断。❹ 而废除著作权之后，从根本上解决了垄断的困扰。这种理由的漏洞还是很多的。如果认为著作权是垄断的途径，所有权又何尝不是垄断的途径呢？如果因此而废除著作权，那么所有权岂不是也可以废除？物权和著作权都可能会导致垄断，对垄断的禁止应属于反垄断法规制，而非著作权法抑或是物权法所能解决。

斯密尔斯也提出了替代著作权的方案——契约，即通过作品传播时植入广告而不是通过版权来获得收益。❺ 这种情况在我国目前各大视频网站上已经非常普遍。在斯密尔斯看来，"随着广告收入成为财源，版权正在失去用武之地"。❻ 这种通过交易模式的改变来替代著作权的想法在我国也有不少学者赞同。暂且不考虑该方案是否适用于其他作品形式，仅对视听作品而言，此种方式也不可行。这种方式的缺陷在于将著作权的有无等同于公众是否付费。其实，传播者之所以能够通过植入广告收益，其基础就是

---

❶　Millar v. Taylor，4 BURR. p. 2391.

❷　David Saunders，*Authorship and Copyright*，Routledge1992，p. 108.

❸　[荷兰] 约斯特·斯密尔斯、玛丽克·范·斯海恩德尔著，刘金海译：《抛弃版权——文化产业的未来》，知识产权出版社 2010 年版，第 95 页。

❹　同上书，第 11 页。

❺　同上书，第 10 页。

❻　同上书，第 40 页。

著作权。倘若没有著作权，任何人都可以传播该作品，那么广告商将没有任何理由将广告投放至该传播者。

除了契约之外，常被讨论的替代性方式还有首发优势、❶ 道德上的羞耻、成本价销售的抗衡、名气的收益、粉丝的施舍、政府赞助等。❷ 不过，严格地说，这几种方式并不可行。即使是斯密尔斯也承认，现代社会中首发优势可能只维持几分钟。❸ 道德上的羞耻依靠盗版者不好意思盗版，而粉丝的施舍则希望公众因为喜爱某个作者而向其捐款。这两种方式明显不可行。如后文中对作品上利益的分析所言，名气的收益与否并非是法律所关注的范围。将名气收益纳入法律所关注的利益分配范围是法律不当的扩张。政府赞助❹的方式除了贪腐、官僚等弊端之外，还会带来创作者对政府的依附，❺ 这也与整个现代化的进程相悖。这样，在直观上具有可行性的只有成本价销售的抗衡。斯密尔斯也觉得此方式可行。❻ 但是，依据后文中对作品上利益的分析，在交易层次上，传播者需要向原创者支付对价

---

❶ 关于首发优势，也被称为"时间间隔"，相关论述可参见［美］威廉·M. 兰德斯、理查德·A. 波斯纳著，金海军译：《知识产权法的经济结构》，北京大学出版社 2005 年版，第 53 页。

❷ 除了这几种以外，通过合同的禁止、技术措施等方式也往往被提及。本书认为这两种方式不可行过于明显，故不再介绍。相关论述可参见［美］威廉·M. 兰德斯、理查德·A. 波斯纳著，金海军译：《知识产权法的经济结构》，北京大学出版社 2005 年版，第 54～55 页。

❸ ［荷兰］约斯特·斯密尔斯、玛丽克·范·斯海恩德尔著，刘金海译：《抛弃版权——文化产业的未来》，知识产权出版社 2010 年版，第 54 页。

❹ 关于政府赞助的方式，比较有影响力的观点是政府评估一项知识产权的价值，向权利人支付报酬而非授予权利人知识产权。See Steven Shavel & Tanguy Van Ypersele, *Rewards versus Intellectual Property Rights*, The Journal of Law and Economics, 1999, Feb. pp. 525–547. 不过，这种制度曾在前苏联和我国实践过，就结果来看根本不可行。参见李琛：《知识产权法关键词》，法律出版社 2006 年版，第 38～39 页；赵元果编著：《中国专利法的孕育和诞生》，知识产权出版社 2003 年版，第 9～12 页。

❺ 刘春田："知识产权制度是创造者获取经济独立的权利宪章"，载《知识产权》2010 年第 6 期。

❻ ［荷兰］约斯特·斯密尔斯、玛丽克·范·斯海恩德尔著，刘金海译：《抛弃版权——文化产业的未来》，知识产权出版社 2010 年版，第 68 页。

以获得作品。就成本而言，正版的传播者要高于盗版者。所以，在其他条件相同的情况下，正版的传播者是不可能具有成本优势的。所以相同条件下，通过成本价"绞杀"盗版者是不可能成功的。

另一种否定著作权的要求来自发源于瑞典的"盗版党"，瑞典文为Piratpatiet，该党派并不要求废除著作权，而是认为"出于非营利目的的分享、传播或使用应属合法，因为这种合理使用有益于全社会"。❶ 除了瑞典以外，目前盗版党已经开始在美国、法国、德国、英国、巴西等40多个国家兴起。各国盗版党的诉求或激进或保守，主张也不尽相同，但都要求对著作权限制。各国的盗版党还联合组成了盗版党国际（Pirate Parties International）。❷

仅以瑞典盗版党为例，其要求自由地非营利性地使用、传播作品。这种要求虽然不是废除著作权，但与废除著作权差距不大，故将其归入否定著作权正当性的部分。对著作权相关的产业而言，任何营利性地使用作品都是以非营利性地使用为基础的——作为消费者对作品的使用都是非营利性的。而针对消费者这些终端使用作品市场的传播如果也是非营利性的，那么将严重挤压传播者的市场空间，这种影响最终将传达至作者。这样将造成整个产业链条的崩溃。所以，瑞典盗版党的主张对著作权产业来说将是毁灭性的。

第六节　其他观点

除了劳动理论、人格理论、功利主义和否定正当性的观点以外，还存在其他一些影响力较小，但也会被学界提及的观点，简要介绍如下。

---

❶ ［荷兰］约斯特·斯密尔斯、玛丽克·范·斯海恩德尔著，刘金海译：《抛弃版权——文化产业的未来》，知识产权出版社2010年版，第24页。

❷ See "*Pirate Parties International Statutes*", Brussels, Belgium, 2010 - 4 - 18.

一、"社会公意"说及其演绎

在讨论知识产权法哲学时，卢梭的"社会公意"说也会被提及。卢梭认为，人们通过契约建立国家，法律则是社会公意的结果，财产权同样是社会公意的结果。❶"社会公意"说则将此种财产权的正当性的理由适用于知识产权，即将知识产权正当性的源头诉诸"社会公意"。在我国有学者认为，"卢梭关于财产权的正义观，更是不乏真理的见解，诸如知识产权的保护与限制、知识信息的传播与权利利用、知识产权制度的公共利益原则等，都可以从这里寻求哲学上的理论支持"。❷ 严格地说，仅仅将财产权理解为社会公意并不能直接得出知识产权正当性与否，但是此种诉诸社会公意的思路的确构成了寻找正当性答案的一种思路，即将一项制度是否正当诉诸于"社会公意"。

将正当性的依据诉诸共识的观点可以认为是"社会公意"说的一种演绎。这种共识的观点又同时可以追溯至哈贝马斯的对话理论。哈贝马斯将共识作为话语的目的，同时将共识作为有效主张正当性的必要条件。❸ 我国有学者进而认为，知识产权的正当性应当建立在不同利益主体之间的共识之上。❹ 易言之，正当即共识。这种将正当性诉诸于共识的观点和"社会公意"说的实质内核是一致的，甚至与考夫曼所言的法哲学发展方向是一致的。❺

如导论所言，这种观点将正当性的依据诉诸"社会公意""共识"等

---

❶ ［法］让·雅克·卢梭著，徐强译：《社会契约论》，中国社会科学出版社 2009 年版，第 20~34 页。

❷ 吴汉东：《知识产权基本问题研究（总论）》，中国人民大学出版社 2009 年版，第 97 页。

❸ ［美］莱斯利·A. 豪著，陈志刚译：《哈贝马斯》，中华书局 2002 年版，第 55 页。

❹ 熊文聪："后现代主义视角下的著作权的正当性及其边界——从个体权利到基于商谈的共识"，载《政治与法律》2010 年第 6 期。

❺ ［德］阿图尔·考夫曼著，刘幸义等译：《法律哲学》，法律出版社 2004 年版，第 379 页以下。

程序性的东西，而不考虑其权利自身及其内容，除了导论中质疑之外，还蕴含着巨大的危险。即人们无法达成共识或公意时，怎么办？更何况，公意抑或共识的达成，是以无法达成的状况为基础。所以考察无法达成的状况尤为必要。对于一项具体的制度，各个主体有着各自的利益，相互争夺，不能共识，这很正常。在这种情况下只能通过投票来决定。在民主的社会，每一张票都是一个微小的力量，票的多少就是力量的多少。那么这种制度的结果不过是力量的对比。这样，所谓的共识或公意理论，就演变成了力量理论，即谁的力量大，谁就是正当的。如果力量大者正当，那么这种正当性理论未免不当。

另外一种对"社会公意"说的演绎是将"社会公意"解释为"社会公共利益"。该说认为，"社会公意之所以认可这种保护，乃是因为这种保护符合社会公共利益。这就要求知识产权立法应当是社会公共利益的真实反映，而不是由个别强力部门或垄断集团推行的结果"。❶ 可以说这种演绎已经完全脱离诉诸于程序的"社会公意"说。但究竟什么是"社会公共利益"仍然是一个纠缠不清的问题。

二、马克思主义的观点

马克思主义的观点在学界也会有人提及，但是往往各说各话。以最终消灭私有制为目标的马克思主义往往不被指望能够证明知识产权乃至财产权的正当性。❷ 不过，在我国这样一个具有浓厚的社会主义法特征❸的环境之下，用马克思主义的观点论证知识产权正当性的倾向也较为明显。

---

❶ 魏森："知识产权何以正当——几种主要的知识产权正当性理论评析"，载《自然辩证法研究》2008 年第 5 期。

❷ ［澳］彼得·德霍斯著，周林译：《知识财产法哲学》，商务印书馆 2008 年版，第 107 页。

❸ 关于社会主义法的特征，参见［日］大木雅夫著，范愉译：《比较法》，法律出版社 2006 年版，第 204 ~ 350 页。

一种思路是通过马克思主义"解释和理解财产在社会发展过程中的作用"。● 澳大利亚学者德霍斯认为，通过马克思主义的理论可以看出知识产权主要任务是将知识产权的对象纳入资本主义商品生产之中。❷ 而在这个过程中，知识产权也并非促进创造，而是维护雇主、出版社等统治者"剥削"作家、科学家等创造者的制度，是"构成一个阶级组织对另一个阶级进行生产活动的基础"。❸ 我国亦有学者认为，知识产权会基于法律或合意由创造者转让给雇主，所以知识产权是"知识资本阶级意志的表现"。❹

另一种思路是将马克思主义的矛盾论引入知识产权的分析之中。其认为，知识产权的基本矛盾是知识的个体性与社会性的矛盾，即私有与自由利用之间的矛盾；知识产权的价值矛盾是自由和平等之间的矛盾。❺ 但是这种对知识产权的解释只能给予读者"不一样"的感受，除此之外，并无其他内容。如导论所言，此种观点仅仅是一种"陌生化"。

也许更常见的是第三种思路。这种思路将历史唯物主义的观点适于用知识产权。历史唯物主义认为，生产力决定生产关系，经济基础决定上层建筑。而作为上层建筑的知识产权制度最终是由特定历史条件下的经济基础决定的。这样，知识产权的正当性就诉诸特定历史条件下的经济基础。不过，这种万能公式般的套用，失之抽象。

三、罗尔斯观点的演绎

美国学者罗尔斯通过"无知之幕"给出了正义的二原则——"第一个

● ［澳］彼得·德霍斯著，周林译：《知识财产法哲学》，商务印书馆 2008 年版，第 107 页。

❷ 同上书，第 126 页。

❸ 同上书，第 113 页。

❹ 王莹："知识产权正当性理论的质疑与批判"，载《求索》2008 年第 5 期；王莹、马治国："关于知识产权正当性的反思——基于马克思主义理论的视角"，载《西北大学学报（哲学社会科学版）》，2008 年第 4 期。

❺ 饶明辉：《当代西方知识产权理论的哲学反思》，科学出版社 2008 年版，第 154 ~ 181 页。

原则：每个人对与其他人所拥有的最广泛的平等基本自由体系相容的类似自由体系都应有一种平等的权利。第二个原则：社会和经济的不平等应该这样安排，使它们被合理地期望适合于每一个人的利益；并且依系于地位和职务向所有人开放。"❶ 这里，第一个原则一般被称为"平等原则"，主要适用思想言论自由、政治权利等情况；第二个原则一般被称为"差别原则"，主要解决社会经济权利的分配问题。❷ 而将罗尔斯的正义理论适用于知识产权则产生了此处要介绍的观点。

有学者认为知识产权的对象属于平等原则范围之中。信息公平对于每一个主体来说至关重要，而"信息作为一种基本利益，在本质上并不是稀缺的资源"，所以知识产权这种将信息"很大程度上落入私人权力范围"的制度安排不可能会被"无知之幕"下的人们同意。❸ 所以，从罗尔斯的正义理论出发，知识产权不具有正当性。我国也有学者反对这种观点。其认为，获取知识虽然是基本自由之一，但知识产品也是财富的一种，知识产权具有双重属性，即具有平等原则的属性，也具有差别原则的属性。❹ 所以，在不同原则对应的不同规则面前，知识产权则不能适用罗尔斯的正义二原则。❺

---

❶ ［美］约翰·罗尔斯：《正义论》，中国社会科学出版社 2009 年版，第 47 页。

❷ 同上书，第 61 页。

❸ ［澳］彼得·德霍斯著，周林译：《知识财产法哲学》，商务印书馆 2008 年版，第 202 页。

❹❺ 参见杨才然：《知识产权正义论》，中国人民大学 2006 年博士学位论文。

第二章 证伪方式一：作品的属性

诗歌是摹仿的艺术。

——亚里士多德

本书对著作权正当性理论的证伪始于对作品本身属性的探讨。

这种思路可以追溯至康德。面对著作权的正当性问题，康德的起点是书是什么。康德的回答是，"书是用一种特殊的形式向公众讲的话；也可以说是作者通过它的出版人公开地做演说。"● 严格地说，不止是康德，将著作权视为自然权利的各种理论往往都以作品作为立论的出发点，强调作品与作者的关系，从而证成著作权的正当性。只不过在各种理论中，康德的观点最具代表性。❷ 故这种思路追溯至康德较为恰当。与自然权利理论相对应的功利主义理论在理论的起点上并没有此种倾向。

在法学的语境下，对某一事物属性讨论，往往涉及其规范意义。例如面对知识产权对象❸为何的争论，有学者提出应当从知识产权法律规范出发，确定知识产权对象的属性。❹ 依据此种思路，将对界定著作权法体系

● ［德］康德著，沈淑平译：《法的形而上学原理——权利的科学》，商务印书馆2008年版，第112页。

❷ 之所以康德的此种思路最具代表性很可能仅仅是历史的偶然。因为同样是自然权利理论代表的洛克的劳动理论最初并非以著作权为讨论的目的。而费希特、黑格尔等人关于著作权正当性的观点又晚于康德，且以康德的观点为基础。

❸ 也有学者称知识产权的对象为知识产权的客体。

❹ 李琛："法的第二性原理与知识产权概念"，载《中国人民大学学报》2004年第1期。

下作品概念的构建大有裨益。但是这样不免让讨论陷入一种困境，即作品的属性决定著作权法律制度的正当性问题的答案；著作权法律制度的正当性决定著作权法律规范中概念和具体制度的设计；而作品的属性又要从著作权法律规范出发，被著作权法律规范所决定。这样就出现了图 2 - 1 这样的困境。

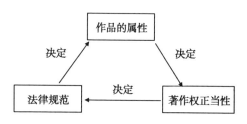

图 2 - 1 著作权正当性问题讨论的困境

图 2 - 1 所展现的一个相互决定的困境该如何解决，是本章所要探讨的问题之一。简单地说，任何一个决定箭头的断裂都可以解决这个问题。就康德的思路而言，其所断裂的决定箭头是"法律规范决定作品的属性"。本章所要解决的第一个问题就是不考虑法律规范与著作权正当性等外界因素的前提下，作品的属性为何，即作品本身所具有的属性为何的问题。这里，作品本身的属性也常被学界解释为作品的第一性，与法律规范所产生的第二性相对应。❶ 而第二个问题是如何面对相互决定的困境。

面对第一个问题，作品本身所具有的属性为何？在相互决定的困境中，作品本身的属性是无法确定的。而康德的答案是，作品是作者向公众所说的话。劳动理论则一般认为，作品是一种智力劳动的成果。而功利主义没有明显的倾向，将作品视为商品在一定程度上成立，将作品视为可以被激励出来的生产的产品在一定程度上也成立，将作品视为通往可欲社会的一部分在一定程度上也成立。列举这些作品的属性，可以展现出这样一种情景，即对作品本身属性的讨论并非是空洞无物的，而是充斥着各种观点，

❶ "社会现实是第一性的，法是第二性的。"参见李琛："法的第二性原理与知识产权概念"，载《中国人民大学学报》2004 年第 1 期。

甚至有些观点之间的矛盾不可调和。

这些关于作品本身属性的观点，本书称之为作品观。而本书对作品属性的讨论，也正是凭借作品观这一"辅助线"来实现的。

第一节　作品观

对作品及作品观的研究主要以美学—文论这一领域为主，所以，对作品观的讨论将会牵涉美学—文论这一领域。

美学最初是哲学的一部分，1750 年德国学者鲍姆加登第一次提出系统的美学理论。❶ 以黑格尔的死亡为标志的哲学大一统的时代结束后，美学逐渐成为一门独立的学科。鲍姆加登将美学作为一种为感性认识提供规则的学科；康德将美学视为"趣味判断"；目前美学的研究对象有艺术、现实与艺术中美的本质和规律、人与现实的审美关系、表现活动、人的审美活动等诸多相互竞争的学术观点。❷

文论，即文学理论，又称文学学，20 世纪以来逐渐发展为文艺学的一个分支。❸ 一般认为文学理论"以文学的普遍规律为其研究范围""以文学的基本原理、概念、范畴以及相关的科学方法为其研究内容"。❹ 其主要涉及的要素有作品、作者、读者和世界等。

美学和文学理论二者在很大程度上重合，所以学界也常常有美学—文论的提法，甚至哲学也会夹杂其中，最主要的表现为萨特、福柯、德里达等横跨美学、文论、哲学等领域的法国学者。就对作品及作品观的解读而言，文

---

❶　朱立元：《美学》，高等教育出版社 2001 年版，第 22 页。

❷　牛宏宝：《美学概论》，中国人民大学出版社 2005 年版，第 13 页。

❸　一般认为，文艺学除了文学理论之外，还包括文学批评和文学史。童庆炳主编：《文学理论教程》，高等教育出版社 2004 年版，第 3 页。

❹　童庆炳主编：《文学理论教程》，高等教育出版社 2004 年版，第 5 页；其他的定义近似，可参见童庆炳等：《文学理论》，高等教育出版社、人民出版社 2009 年版，第 2 页；董学文：《文学理论学导论》，北京大学出版社 2004 年版，第 1 页；王一川：《文学理论》，四川人民出版社 2003 年版，第 4 页。

学理论这一领域最为详尽，本部分也主要以文学理论中对作品的解读为主。

一、摹仿说

摹仿说，❶ 是一种最为古老的作品观，可以追溯至古希腊时期。18 世纪以前，摹仿说是对作品理解的主流观点。即使是之后的新古典主义文论，也可以被归入摹仿说之中。直到 18 ~ 19 世纪之交浪漫主义文论的出现，摹仿说才被其他观点所代替。

所谓摹仿说，即作品的本质被认为是摹仿（imitation）。而究竟作品是对什么摹仿，则各有不同：或曰理式、或曰行动，不一而足。摹仿说的主要代表人物有柏拉图、亚里士多德等。

古希腊的毕达哥拉斯学派认为，数是万物的本体，事物是摹仿数的。❷ 虽然也可以将作品归为事物的一种，但是毕达哥拉斯学派并没有提及对作品的观点。而将作品视为对数的摹仿，也多为后人的推测。❸ 赫拉克利特认为，"自然是由联合对立物造成最初的和谐，而不是由联合同类的东西。艺术也是这样造成和谐的，显然是由于摹仿自然。绘画在画面上混合着白色和黑色、黄色和红色的部分，从而造成与原物相似的形相。音乐混合不同音调的高音和低音，从而构成整个这种艺术。"❹ 这样，在赫拉克利特看来，作为艺术载体的绘画等作品，是对自然的摹仿。德谟克里特在其残篇中认为，"在许多重要的事情上，我们是摹仿禽兽，做禽兽的小学生的。从蜘蛛我们学会了织布和缝补；从燕子学会了造房子；从天鹅和黄莺等歌唱的鸟学会了唱歌。"❺ 当然，在德谟克里特的残篇中，不能推断出其他作品

---

❶　摹仿，亦称为模仿。在相关学术文献中，以"摹仿"一词居多；但现代汉语中多为"模仿"一词。

❷　汪子嵩等：《希腊哲学史（第一卷）》，人民出版社 1997 年版，第 307 页。

❸　杨慧林：《西方文论概要》，中国人民大学出版社 2007 年版，第 12 页。

❹　［古希腊］赫拉克利特：《著作残篇》，见北京大学哲学系外国哲学史教研室编译：《古希腊罗马哲学》，商务印书馆 1961 年版，第 19 页。

❺　［古希腊］留基波、德谟克里特：《著作残篇》，见《古希腊罗马哲学》商务印书馆 1961 年版，第 112 页。

也是对某种禽兽的摹仿，但至少可以认为歌唱这种作品的表现形式是对天鹅和黄莺的摹仿。

柏拉图在《伊安篇》**❶**中认为，"诗神就像这块磁石，她首先给人灵感，得到这灵感的人们有把它传递给旁人，让旁人接上他们，悬成一条锁链。凡是高明的诗人，无论在史诗或抒情诗方面，都不是凭技艺来做成他们的优美诗歌，而是因为他们得到灵感，有神力凭附着。"**❷** "这类优美的诗歌在本质上不是人的而是神的，不是人制作而是神的诏语；诗人只是神的代言人，由神凭附着。"**❸** 当然，柏拉图最富盛名的作品观当属理式（idea）理论。柏拉图认为，理式超然独立于现象世界之上，决定一切具体事物，理式是万物存在的依据，真理仅存在于理式的世界。**❹** 与理式和作品相对应，柏拉图提出了三个床的说法。床或者桌子等家具都由理式统摄，工匠可以依照床的理式来制造床，却不能制造床的理式本身。而画家则是依照工匠制造的床在外形上制造床。"床不是有三种吗？第一种是在自然中本有的，我想无妨说是神制造的，因为没有旁人能制造它；第二种是木匠制造的；第三种是画家制造的。"**❺** 所以，"从荷马起，一切是人都是摹仿者，无论摹仿德行，或者摹仿他们所写的一切题材，都只能得到影像，并不曾抓住真理。"**❻** "摹仿只是一种玩艺，并不是什么正经事……从事悲剧的诗人们……都不过是高度的摹仿者。"**❼** 故在柏拉图看来，实物是对理式的摹仿，而作品仅是对理式摹仿的摹仿。

---

❶ 一译《伊翁》，［古希腊］柏拉图著，王双洪译疏：《伊翁》，华东师范大学出版社2008年版。

❷ ［古希腊］柏拉图著，朱光潜译：《伊安篇——论诗的灵感》，见《柏拉图文艺对话集》，人民文学出版社2008年版，第6页。

❸ 同上书，第7页。

❹ 杨冬：《文学理论——从柏拉图到德里达》，北京大学出版社2009年版，第5页。

❺ ［古希腊］柏拉图著，朱光潜译：《理想国（卷十）》，见《柏拉图文艺对话集》，人民文学出版社2008年版，第57页。

❻ 同上书，第62页。

❼ 同上书，第64页。

亚里士多德在《诗学》中认为，"诗歌是摹仿的艺术。"❶ "史诗和悲剧诗、喜剧和酒神颂，以及大部分为管乐和竖琴而写的音乐，概括地说，它们都是摹仿艺术的表现形式。"❷ 音乐、舞蹈和诗歌之间的不同源自摹仿的媒介不同。长笛和竖琴用音调和节奏摹仿；舞蹈则只用设计动作的节奏来摹仿；史诗则用语言来摹仿。❸ 亚里士多德甚至将诗的起源归因为"摹仿是我们的天性"。❹ 与柏拉图将作品理解为对理式摹仿的摹仿相对应，亚里士多德认为，"使用摹仿的艺术家，所描述的对象是行动中的人，而这些人又必然具有或好或坏的特性。"❺ "喜剧的目标是把人描述得比我们今天的人更坏，而悲剧则是把人描述得比我们今天的人更好。"❻这样亚里士多德取消了柏拉图的理式世界，认为作品是对现实行动中人的摹仿。

中世纪时期基本延续了摹仿说的作品观，同时上帝被视为一切的创造者。上帝取代了柏拉图的"理式"，成为摹仿的对象。例如新柏拉图主义的代表人物圣·托马斯·阿奎那在《神学大全》中认为，"一切自然的东西都是由神的艺术所创造"。❼ 虽然阿奎那承认作品源自人的心灵，但是仍然认为作品是一种摹仿的产物。其认为，"艺术作品起源于人的心灵，后者又为上帝的形象和创造物，而上帝的心灵则是自然万物的源泉。因此，艺术的过程必须摹仿自然的过程，艺术的产品必得仿照自然的产品。"❽

文艺复兴至 18 世纪，欧洲大陆形成新古典主义文论❾一统天下的局面。❿ 新古典主义仍然奉行自古以来的摹仿说，例如新古典主义的代表人

---

❶　[古希腊] 亚里士多德著，郝久新译：《诗学》，见《诗学·诗艺》，中国社会科学出版社 2009 年版，第 3 页。

❷　同上书，第 3 页。

❸　同上书，第 3 ~ 4 页。

❹　同上书，第 13 页。

❺❻　同上书，第 7 页。

❼　伍蠡甫：《西方文论选（上卷）》，上海译文出版社 1979 年版，第 151 页。

❽　同上书，第 153 ~ 154 页。

❾　新古典主义文论，有时也被称为古典主义文论，参见朱志荣：《西方文论史》，北京大学出版 2007 年版，第 105 页。

❿　杨冬：《文学理论——从柏拉图到德里达》，北京大学出版社 2009 年版，第 35 页。

物布瓦洛在《诗的艺术》中认为，作品若体现理性，则需要摹仿自然，通过摹仿古人来摹仿自然。❶ 其认为，"我们永远也不能和自然寸步相离。"❷ "荷马之令人倾倒是从大自然学来。"❸ 启蒙运动的代表人物狄德罗则秉持亚里士多德的观点，在《关于〈私生子〉的谈话》中认为，"一切艺术都不过是摹仿……每一种艺术方式都用特有的方式去摹仿。"❹

从古希腊至 18 世纪，长期占统治地位的作品观是摹仿说，其将作品视为一种对禽兽、理式、行动中的人、上帝、自然抑或其他的摹仿。在作品、作者、读者和世界四个元素中，模仿说强调的是作品与世界的关系。文学理论自 19 世纪后期开始出现纷杂繁复、派别林立的局面并延续至今。这期间有大量的文学理论也强调此种关系。例如 19 世纪后期的文学理论在研究倾向上，更侧重于作品产生时的外部环境与历史背景，倾向于从作品产生的社会环境来解读作品。其中，实证主义代表人物丹纳❺认为，"自然界有它的气候，气候的变化决定着哪种植物的出现；精神方面也有它的气候，它的变化决定着哪种艺术的出现。"❻

二、表现说

表现说的作品观与摹仿说迥然不同。在摹仿说看来，作品是一种摹仿；而表现说则将作品视为作者内心的表达。表现说的作品观可以认为是浪漫主义运动的产物，但在之前的文学理论中亦能找到一些表现说的萌芽。

如古罗马学者普罗提诺认为，"如果有人因技艺模仿自然创造作品而蔑视它们，那么我们首先要告诉他，自然的事物也是仿制品，然后让他知

---

❶ ［法］布瓦洛著，任典译：《诗的艺术》，人民文学出版社 2009 年版，第 5 页。

❷ 同上书，第 55 页。

❸ 同上书，第 49 页。

❹ ［法］狄德罗著，张冠晓等译：《关于〈私生子〉的谈话》，见《狄德罗美学论文选》，人民文学出版社 1984 年版，第 121 页。

❺ 一译作泰纳。

❻ ［法］丹纳著，傅雷译，傅敏编：《艺术哲学》，广西师范大学出版社 2000 年版，第 42 页。

道，技艺不是单纯的模仿可见之物，它们乃是要回溯到形成自然的构成原理；而且，以及本身也有许多功能，因为它们拥有美，能够弥补自然所缺乏的许多东西。菲狄亚斯并不是依据某个可感知的模型来造宙斯，他明白如果宙斯想要向人显明出来，他会采用怎样的形式。"❶

而文艺复兴时期的英国学者锡德尼则赋予诗人的摹仿一种创造的属性。其在《为诗辩护》中认为，"诗……是个模仿的艺术……是一种再现，一种仿造。"❷ "诗曾经有三种。在古和美方面都居于首位的，是模仿上帝的不可思议的美德。"❸ "诗人……为自己的创新气魄所鼓舞，在其造出比自然所产生的更好的事物中，或者完全崭新的、自然中所从来没有的形象中……自由地在自己才智的黄道带中游行……世界是铜的，而只有诗人才能给予我们金的。"❹

以上种种观点，虽然能找到作者创作的影子，但仍然难逃在摹仿说的窠臼。18~19世纪之交兴起的浪漫主义运动彻底地改变了这一现状。美国学者迈·霍·艾布拉姆斯对此种改变的论述《镜与灯》一书成为学界的经典。也正是在此书中，浪漫主义首次成为艺术的表现说。在《镜与灯》中，摹仿说认为作品是世界的镜子；表现说认为作品乃是内在的东西得以外化的结果，创造者本身就是"光之源泉"。❺ 在浪漫主义的作品观中，"艺术家本身变成了创造艺术品并制定其判断标准的主要因素。"❻

例如德国浪漫主义代表人物奥·施莱格尔❼认为，"文学批评必须是一

---

❶ ［古罗马］普罗提诺著，石敏敏译：《九章集》，中国社会科学出版社2009年版，第627页。

❷ ［英］锡德尼著，钱学熙译：《为诗辩护》，人民文学出版社1964年版，第11页。

❸ 同上书，第11~12页。

❹ 同上书，第9页。

❺ ［美］M. H. 艾布拉姆斯著，郦稚牛等译：《镜与灯——浪漫主义文论及批评传统》，北京大学出版社2004年版，第65页。

❻ 同上书，第20页。

❼ Schlegel，也有文献翻译为史雷格尔或史勒格尔，但一般译为施莱格尔。奥·施莱格尔与弗·施莱格尔二人常被学界称为施莱格尔兄弟。

种主动的、内在的心灵活动"。❶ "精神生活的全部秘密就在于心灵的向外扩张和恢复到心灵自身之间的震颤。"❷ 英国浪漫主义代表人物华兹华斯则认为，"诗是强烈情感的自然流露。"❸ 柯勒律治试图融合摹仿说与表现说，但更侧重表现说，其认为，"艺术离不开人的心灵，艺术是人类所独有的，艺术的素材出自人的心灵，艺术作品是为了心灵而产生的。"❹ 法国浪漫主义代表人物雨果在《短曲与民谣》的序言中认为，作者"把自己的灵魂更多的注入短曲之中，把想象附丽在民谣之上。"❺ "谁去模仿一个浪漫主义者，就必然成为一个古典主义者，因为它是在模仿……不应该用已经写过的东西来写作，而应该用他的灵魂和心灵。"❻

浪漫主义运动的作品观也与同时代其他学者相互影响。如德国古典文学❼代表人物歌德❽认为，"我们如果粗心大意地看鲁本斯这幅风景画，一切都会显得很自然，仿佛它是直接从自然那里临摹来的。但事实并非如此。这样美的一幅画在自然中是从来看不到的。""艺术家要通过一个整体向世界说话。但这个整体不是他在自然中找到的，而是他自己心智的果实，或者说，是渴望一种能带来丰收的圣神气息的结果。"❾

康德在《判断力批判》中提出了文论史上第一个系统的天才学说，该

---

❶ 董学文：《西方文学理论史》，北京大学出版社 2005 年版，第 134 页。

❷ 马新国主编：《西方文论史》，高等教育出版社 2008 年版，第 216 页。

❸ ［英］华兹华斯著，曹葆华译：《〈抒情歌谣集〉序言》，见《古典文艺理论译丛》（第一册），人民文学出版社 1962 年版，第 16 页。

❹ 朱志荣：《西方文论史》，北京大学出版 2007 年版，第 205 页。

❺ ［法］雨果著，柳鸣九译：《〈短曲与民谣集〉序》，见《雨果论文学》，上海译文出版社 2011 年版，第 85 页。

❻ 同上书，第 88 页。

❼ 德国古典文学理论同新古典文学理论完全不同，这方面类似于德国古典哲学。就表现说的作品观而言，德国古典文学理论与浪漫主义文学理论则较为一致。

❽ 歌德晚年与其前期的观点不同，严厉地批判浪漫主义，在 1829 年 4 月 2 日的谈话中他说道："我将古典的称为健康的，将浪漫的称为病态的。"［德］爱曼克辑录著，吴象婴等译：《歌德谈话录》，上海社会科学院出版社 2001 年版，第 418 页。

❾ ［德］爱曼克辑录著，吴象婴等译：《歌德谈话录》，上海社会科学院出版社 2001 年版，第 277 页。

学说直接为费希特、谢林等德国古典哲学的代表人物所继承。❶ 康德认为"天才就是天生的内心素质，通过它自然给艺术提供规则。"❷ "美的艺术只有作为天才的作品才是可能的。"❸ "天才是与模仿的精神完全对立的。"❹ 与摹仿不同，天才的第一特性是独创性，其"本身不是通过模仿而产生的。"❺ 这样康德的观点完全符合当时流行的浪漫主义表现说的作品观，也与其在 1785 年《论假冒书籍的非正义性》一文中所提出的禁止非法盗印书籍的态度相一致。❻

浪漫主义表现说的作品观将作品视为作者内心的表现，强调了作品与作者之间天然的联系。从 19 世纪后期开始，文学理论出现了纷繁复杂的局面，再也没有一种作品观像摹仿说和表现说一样能在一个时期处于绝对的统治地位。其中，大量的文学理论的观点仍然坚持强调作者的作品观，诸如实证主义的圣勃夫在《夏多布里昂》中认为，"文学的产品，在我看来是与人的个性及其活动的其他方面不可分割的，倘若我对创作这部作品的人缺乏了解，我就难以评判它。我要说，有其树必有其果。"❼ 而英国唯美主义代表人物王尔德甚至认为："生活模仿艺术远甚于艺术模仿生活。"❽

三、再现说

19 世纪后半叶悄然进行的现实主义"安静而谦逊"地替代了浪漫主义

---

❶ 费希特提出的"自我决定非我"等主观唯心主义理论，也常常被学界认为是浪漫主义的哲学基础。

❷ ［德］康德著，邓晓芒译，杨祖陶校：《判断力批判》，人民出版社 2002 年版，第 150 页。

❸ 同上书，第 151 页。

❹ 同上书，第 152 页。

❺ 同上书，第 151 页。

❻ 参见 Immanuel Kant, *Von der Unrechtmäßigkeit des Büchernachdrucks*, erstmals erschienen in Berlinische Monatsschrift 5 (1785), Seiten403bis417. 中译本可参考李秋零主编：《康德著作全集（第八卷）》，中国人民大学出版社 2010 年版，第 83 页。

❼ Sainte-Beuve, "Chateaubriand", in *Sainte-Beuve Selected Essays*, pp. 281–282.

❽ ［英］王尔德著，萧易译：《谎言的衰落》，江苏教育出版社 2004 年版，第 51 页。

文学思潮。❶ 现实主义运动最早出现在 19 世纪中期的绘画领域。现实主义画家库尔贝（Gustave Courbet）认为，应当"客观、毫无偏见地记录下习俗、观念和法国当代社会的外貌……要描绘日常生活。"❷ 在文学理论方面，"现实主义的首要原则是写出生活的本来面目，反映现实生活，记录真实的社会面貌和人们具体的生活状态。"❸ 所以，现实主义的作品观可以归纳为再现说，即将作品作为人们现实的、具体的、日常生活的再现。

如俄国学者别林斯基认为，"诗歌是现实的再现。它不虚构现实所没有的东西。"❹ "测量诗作优劣的尺度，便是其对现实的忠实性。"❺ 车尔尼雪夫斯基认为，艺术的第一个目的就是再现现实。❻ 法国现实主义代表人物巴尔扎克认为，"在这里，人类心灵的历史和社会历史交织在一起，这就是它的基础。不是凭空的想象，而是到处都在发生着的事情。"❼ "无论什么时代，叙事人都是同时代人的秘书。"❽ "小说如果在细节上不真实，那它就没有任何价值。"❾

再现说的作品观将作品视为生活的再现，强调作品与生活（世界）的关系，这与摹仿说的作品观相一致。从这个角度而言，也可以认为再现说属于摹仿说的一个分支。

---

❶ Richard Harland, *Literary Theory from Plato to Barthes*：*An Introductory History*, Foreign Language Teaching and Research Press, 2005, p. 81.

❷ Dennis J. Sporre, *The Creative Impulse*：*An Introduction to the Arts*, Upper Saddle River, NJ Pearson/ Prentice Hall, 2005, p. 522.

❸ 王一川主编：《西方文论史教程》，北京大学出版社 2009 年版，第 80 页。

❹❺ ［俄］别林斯基著，满涛译：《在书店里偷听到的文学谈话》，见《别林斯基选集（第三卷）》，上海译文出版社 1979 年版，第 456 页。

❻ ［俄］车尔尼雪夫斯基著，周扬译：《艺术与现实的审美关系》，人民文学出版社 1979 年版，第 3 页。

❼ ［法］巴尔扎克著，黄晋凯译：《给韩斯卡夫人的信（1834 年 10 月 26 日）》，见艾珉等主编：《巴尔扎克论文艺》，人民文学出版社 2003 年版，第 527 页。

❽ ［法］巴尔扎克著，袁树仁译：《〈古物陈列室〉、〈冈巴拉〉初版序言》，见艾珉等主编：《巴尔扎克论文艺》，人民文学出版社 2003 年版，第 366 页。

❾ ［法］巴尔扎克著，丁世中译：《〈人间喜剧〉前言及序、跋》，见艾珉等主编：《巴尔扎克论文艺》，人民文学出版社 2003 年版，第 264 页。

四、文本说

如前所述，19 世纪后期的现实主义是众多文学理论的一种，虽然具有代表性但不是全部。除了现实主义之外，实证主义、自然主义、象征主义、唯美主义、印象主义等文学理论都有较大影响。而 20 世纪所呈现的文学理论的局面更加纷繁复杂、更替频繁。20 世纪具有代表性的流派有俄国形式主义、英美新批评流派、精神分析批评、现象学文论、结构主义、后结构主义、诠释—接受文论，❶ 新历史主义、女性主义、后殖民主义、西方马克思主义，等等。从总体而言，20 世纪前期对作品的解读更倾向于从作品文本自身出发，20 世纪后期对作品的解读更加注重读者的因素。这两种文论倾向也就分别对应本文所说的"文本说"和"读者说"这两种作品观。

20 世纪前期影响最大的文论流派当属英美新批评流派。其认为，"作品文本是一个独立存在的客体"，"强调文学批评的根本使命，就是对作品文本的分析和评价。"❷ 其将"文学批评的中心从文学外部因素转移到内部因素"。❸ 所以，新批评也常被称为"本体批评"。❹

精神分析流派的瑞士学者荣格则认为，"一部艺术作品并不是一个人，而是某种超越个人的东西。它是某种东西而不是某种人格，因此不能用人格的标准来衡量。"❺"伟大艺术家们的传记十分清楚地证明了：创造性冲动常常是如此专横，它吞噬艺术家的人性，无情地奴役他去完成他的作品。"❻

---

❶ 在美学领域，也往往称其为接受美学。

❷ 杨冬：《文学理论——从柏拉图到德里达》，北京大学出版社 2009 年版，第 244 页。

❸ ［美］约翰·克劳·兰色姆著，王腊宝等译：《新批评》，文化艺术出版社 2010 年版，第 7 页。

❹ 同上书，第 169 页。

❺ ［瑞士］荣格著，冯川、苏克译：《论分析心理学与诗歌的关系》，见《荣格文集》，改革出版社 1997 年版，第 214 页。

❻ 同上书，第 218 页。

结构主义文论则关注作品文本的内在结构和系统乃至深层次的规则，提出和寻找"逻各斯"，分析作品中文明与自然、生与死、男与女等"二元对立"的结构。解构主义❶代表人物法国学者德里达则以作品的文本自身为依据，打破中心，批判以"逻各斯中心主义"和"二元对立"为核心的结构主义文论。❷ 后结构主义代表人物福柯则在《作者是什么》一文中认为，作品与作者之间的联系"不可思议"，"谁在说话有什么关系？"❸ 同为后结构主义的代表人物罗兰·巴特认为，"作者已经死去"，❹ "读者的诞生应以作者的死亡为代价。"❺

总体而言，文学理论通过解构主义等后结构主义文论，最终完成了从作品到文本的转变。这个转变的过程就是一个割除作品与作者之间联系的过程。对作品的解读又重新回到作品文本自身。

五、读者说

以往对作品的解读，读者（或观众）的地位处于文学理论的边缘。也有学者在文学理论中提及读者。如列夫·托尔斯泰将文学活动当成一种人际的交往，艺术是一种传达感情的工具，其认为，"艺术只有当它能使观众和听众为其情感所感染时，才成其为艺术。"❻ 艺术的意义在于"把人们在

---

❶ 解构主义被认为属于后结构主义，是后结构主义文论中重要的一类文学理论。

❷ 王一川主编：《西方文论史教程》，北京大学出版社 2009 年版，第 395 页。

❸ ［法］米歇尔·福柯著，逄真译：《作者是什么？》，见朱立元：《二十世纪西方文论选（下卷）》，高等教育出版社 2002 年版，第 195 页。

❹ Roland Barthes, *Image-Music-Text*, *Essays selected and translated by Stephen Heath*, New York：Hill and Wang, 1977：143

❺ the birth of the reader must be at the cost of the death of the Author. Roland Barthes, *Image-Music-Text*, *Essays selected and translated by Stephen Heath*, New York：Hill and Wang, 1977：148. 对此的汉语译文参见汪民安：《罗兰·巴特》，湖南教育出版社 1999 年版，第 176 页。

❻ ［俄］托尔斯泰著，陈燊等译：《论所谓的艺术》，见《列夫·托尔斯泰文集（第 14 卷）》，人民文学出版社 2000 年版，第 106 页。

同样的感情中结成一体。"❶ 但是总体而言，读者是以一个被动的接受者的身份而存在。真正改变这一状况则是由诠释—接受文论开始。自此，读者开始逐渐上升到文学理论的核心位置。与浪漫主义时期"全神贯注于作者的阶段"以及之后"绝对关心作品的阶段"相对应，自诠释—接受文论开始文学理论进入"转向读者的阶段"。❷

如德国学者伽达默尔（Hans-Georg Gadamer）在《真理与方法》一书中认为，"所有理解性的阅读始终是一种再创造和解释。"❸ 而德国学者姚斯（Hans Robert Jauss）认为，以往的阅读经验所形成的"期待视野"是读者对文学作品的接受的前提，"它唤醒人们对已读过的东西的记忆，把读者引入一种特有的情感状态，并随着作品的开端唤起读者对作品展开与结局的种种期待。"❹ 诠释—接受文论"要求人们将个别的文学作品插入到它的文学序列中去，在文学经验的广阔背景下辨别它的历史地位，认识它的意义。"❺ 德国学者沃尔夫冈·伊瑟尔（Wolfgang Iser）在《文本与读者的相互作用》一文中认为，"阅读任何作品，关键在于作品的结构与其接受者之间的相互作用。"❻

在诠释—接受文论的影响下，其他的流派也重视从读者角度对作品的解读。如解构主义耶鲁学派的代表人物保罗·德·曼（Paul De Man）在

---

❶ ［俄］托尔斯泰著，陈燊等译：《什么是艺术》，见《列夫·托尔斯泰文集（第14卷）》，人民文学出版社 2000 年版，第 174 页。

❷ ［英］特雷·伊格尔顿著，伍晓明译：《二十世纪西方文学理论》，北京大学出版社 2007 年版，第 73 页。

❸ ［德］伽达默尔著，洪汉鼎译：《真理与方法》，上海译文出版社 2004 年版，第 211 页。

❹ ［德］姚斯：《文学史向文学理论的挑战》，见蒋孔阳主编：《二十世纪西方美学名著选》，复旦大学出版社 1987 年版，第 480 页。

❺ 同上书，第 490 页。

❻ ［德］伊瑟尔：《文本与读者的相互作用》，见蒋孔阳主编：《二十世纪西方美学名著选》，复旦大学出版社 1987 年版，第 507 页。

《解构之图》中认为，对文本研究必然依赖于阅读行为。❶ 解构主义耶鲁学派另一代表人物哈罗德·布鲁姆（Harold Bloom）在《影响的焦虑》中认为，"一位诗人通过精神的慷慨来影响另一位诗人，确切地说，一位诗人的诗作以这种方式影响另一位诗人的诗作。" 一切文本都必然是"互文本"（intertext），诗不存在，只有"互诗"（interpoem）存在。❷

存在主义代表人物法国学者萨特在《什么是文学》中认为，"任何文学作品都是一项召唤。写作，这就是为了召唤读者以便读者把我借助语言着手进行的解释转化为客观存在。"❸ "阅读是作者的豪情与读者的豪情缔结的一项协定；每一方都信任另一方，每一方都把自己托付给另一方，在同等程度上要求对方和要求自己。"❹ "读者意识到自己既在揭示又在创造，在创造过程中进行揭示，在揭示过程中进行创造。"❺

六、产品说

美学—文论中对作品的解读，主要涉及的要素是文本、作者、读者和世界四种，依据侧重要素的不同，依次为文本说、表现说、读者说、模仿说和再现说。这些对作品的解读也构成文论史上不同阶段对作品的主要理解。除了这几种主要的作品观外，还有一些其他影响较小的作品观。这里主要介绍西方马克思主义文论的产品说，即将作品视为产品。

西方马克思主义文论成分复杂、理论分歧巨大。但总体而言，还是坚持了产品说的作品观。产品说认为，作品具有产品的属性，作者是生产者，而读者则是消费者，世界处于原材料的地位。作者基于世界中各种元素而

---

❶ ［美］保罗·德·曼著，李自修等译：《解构之图》，中国社会科学出版社 1998 年版，第 108 页。

❷ ［美］哈罗德·布鲁姆著，徐文博译：《影响的焦虑——一种诗歌理论》，江苏教育出版社 2006 年版，第 30 页。

❸ ［法］萨特著，施康强译：《什么是文学》，见《萨特文学论文集》，安徽文艺出版社 1998 年版，第 101 页。

❹ 同上书，第 108 页。

❺ 同上书，第 98 页。

生产出作品，为读者所消费。如同生产者对消费者承担产品的质量担保责任，作者应当也基于其作品而对社会负责。

如西方马克思主义文论阿尔都塞学派的代表人物皮埃尔·马契雷（Pierre Macherey）认为，作者不是创造者，而是受语言、符号、代码和意识形态制约的文学生产者，文学创作是一种劳动，把先前的文学、语言和意识形态加工成文学文本。❶ 法兰克福学派学者本雅明将作者视为生产者，将作品视为产品。而阿多诺则认为，文化产品或多或少按照计划生产出来，它们为大众的消费而量身定做，这很大程度上决定了它们的消费性质。❷ 在《启蒙辩证法》一书中，霍克海默和阿多诺直接有如下表述，"文化工业抛弃艺术原来那种粗鲁而又天真的特征，把艺术提升为一种商品类型。它变得越绝对，就越会无情地把所有不属于上述范围的事物逼入绝境，或者让它入伙，这样这些事物就变得更加优雅而高贵，最终将贝多芬和巴黎赌场结合起来"。❸

本书将这种视作品为产品的观点概括为产品说。一般认为，以交换目的的产品为商品，故将作品视为商品也可以认为从属于产品说的一个观点。产品说不同于摹仿说、表现说、再现说、文本说和读者说，产品说是将工业社会的生产方式套用在作品之上，用工业社会常见的模型来解读作品。在游牧或农耕社会，产品乃至商品的认知模式在社会生活中并不居于主流地位。直到工业社会之后，以商品为代表的大量产品才为我们所熟悉。所以，将作品视为产品也必然是工业社会乃至现代社会的产物。

这种产品说的作品观虽然在美学—文论领域中影响较小，但是在法学领域中影响深远。自然权利中的劳动理论对作品的态度则与产品说的作品观相契合。虽然劳动理论可以细分为诸多不同的观点，但是大致而言，劳

---

❶ Pierre Macherey, *A Theory of Literary Production*, Routledge & Kegan Paul, 1978：66.

❷ T. W. Adorno, *The Culture Industry：Selected Essays on Mass Culture*, Bernstein, London：Routledge, 1991, p. 85.

❸ ［德］霍克海默、阿多诺著，渠敬东等译：《启蒙辩证法》，上海人民出版社2003年版，第161~162页。

动理论将作品视为作者劳动的产物，所以作者基于劳动获得对作品控制的权利。作者可以基于劳动而获得控制作品传播的权利，其基础在于视作品为作者劳动的产物。在目前学界的讨论中，仍然可以找到产品说作品观的身影。如有学者认为，将知识产权的对象归纳为知识产品的优势之一便是反映了其商品属性和财产属性；❶ 学界也常常将作品与钢铁工人所铸的钢锭作对比。❷

七、小结

在介绍了林林总总的作品观之后，本书得出一个初步的结论，即作品观是多元的。目前已知的作品观有摹仿说、表现说、再现说、文本说、读者说和产品说。摹仿说认为作品是世界的摹仿；表现说认为作品是作者内心的表达；再现说认为作品是社会生活的再现；文本说强调作品文本自身；读者说强调读者的中心地位；产品说则将作品视为产品。从逻辑角度而言，这几种作品观中并没有一种或几种作品观处于优势，必然呈现其中一种多元化的现状，故作品观是多元的。

第二节　作品与作品观

在介绍了几种主要的作品观之后，本节主要讨论作品与作品观的关系。大致而言，作品观是对作品的观点，是对作品的认识。而对其讨论则涉及哲学上对世界与认识的讨论。所以本节也从哲学上这一讨论开始。

---

❶　卢海君：《版权客体论》，知识产权出版社 2011 年版，第 5 页。

❷　20 世纪 70 年代的一句话常常被引用，即 "钢铁工人在本职工作中铸成的钢锭上有必要署上他的名字吗？如果没必要，为什么一个知识分子就该享有在劳动成果上署名的特权呢？"［美］安守廉著，李琛译：《窃书为雅罪——中华文化中的知识产权法》，法律出版社 2010 年版，第 61 页。

一、世界与认识

西方哲学史上存在两次转向。第一次转向是认识论的转向，第二次转向则争议较大，或曰语言学、或曰现象学/存在哲学、或曰科学/人本主义。❶ 这两次转向则伴随着对世界与认知的讨论。

在第一次转向前，哲学对世界描述的模式是本体论的，即将存在作为哲学研究的对象，主要讨论世界的本体、本源等问题。如古希腊学者泰勒斯认为，世界的本源是水;❷ 毕达哥拉斯学派认为世界的本源是数;❸ 留基伯与德谟克利特认为世界的本源是原子❹等观点。德国学者考夫曼（Arthur Kaufmann）与哈斯默尔（Winfried Hassemer）则将这种本体论哲学对法哲学的影响解释为自然法的思想。其认为，"存在本身就包含着秩序和建构；一种事物和关系的自然秩序就摆在那里；在人一起生活的共同体中，处处原在的就有法。"❺ "自然法之花只是盛开在基本的存在信赖之沃土上。"❻

自笛卡尔、休谟等人开始，哲学的研究重点由本体论转向为认识论。由讨论世界的本源为何转变为我们是否可以认识世界。认识论的问题是前置于本体论的，倘若我们不能认识我们的世界，那么关于世界的本源问题的讨论将会毫无意义。在古典认识论的模型之下，存在主体/客体、主观/客观二元对立的模式，认识被认为是一个主观之于客观的过程。如康德假设物自体和现象界，物自体是存在于人们的认识和感知之外纯粹客观之物，而被人们感知和认识的是物作用于人的感官所产生的现象，人不能超越现

---

❶ 张志伟、马丽主编：《西方哲学导论》，首都经济贸易大学出版社 2005 年版，第292 页。

❷ 汪子嵩等：《希腊哲学史（第一卷）》，人民出版社 1997 年版，第 152 页。

❸ 苗力田：《古希腊哲学》，中国人民大学出版社 1995 年版，第 70 ~ 71 页。

❹ 北京大学哲学系外国哲学史教研室编译：《古希腊罗马哲学》，商务印书馆 1961 年版，第 97 页。

❺ ［德］阿图尔·考夫曼、温弗里德·哈斯默尔主编，郑永流译：《当代法哲学和法律理论导论》，法律出版社 2002 年版，第 15 页。

❻ 同上书，第 5 页。

象认识物自体，所以物自体自身是不可认识的。❶ 考夫曼也提出了法哲学的认识论转向，❷ 认为"正义是什么"与"如何认识正义"不可分离，"愈来愈多浮现正义的程序，将正当法理解为发现法律过程的产物。"❸

现代哲学抛弃了主客二元的对立，而直接"面向事情本身"。❹ 所谓世界，即人们所认识的世界。当人们使用世界这一概念时，所指的是人们认识的世界。人们认识之外的事物，则不在人们的话语之中，是不可描述的。当我们提起我们的世界，即意味着我们的认识。所以，人们所说的世界，和人们的认识乃是同义。世界的范围即认识的范围，世界的内容即认识的内容。易言之，世界即认识。

认识必然是人的认识，所以人的因素夹杂其中，这些因素也常被学界称为"主体间性"。康德在现象界之外假设了物自体，将人们认识截止在现象界。物自体为纯粹客观之物，正是因为纯粹客观，所以不可能被认识。因为所有的认识都必然有主体的因素在其中。排除了主体的因素，也就排除了认识的可能。也正因为此，在逻辑上，纯粹客观与可知，不可能同时成立。如果假设一个纯粹客观的物自体，这个物自体就必然是不可知的。所以物自体在人的认识之外，也就在世界之外，是不可描述的。

---

❶ 韩水法：《康德物自身学说研究》，商务印书馆 2007 年版，第 69 页。

❷ 比较奇怪的是，考夫曼认为与哲学史上认识论转向对应的是怀疑先在秩序与自然法理念的实证主义。而将超越自然法与实证主义的法哲学理论，如诉诸程序的罗尔斯和哈贝马斯的观点，视为与现代哲学相对应的理论。平心而论，考夫曼将"正义是什么"与"如何认识正义"这两个问题等同，与其认为和存在哲学对应，不如认为与认识论转向对应。[德] 阿图尔·考夫曼、温弗里德·哈斯默尔主编，郑永流译：《当代法哲学和法律理论导论》，法律出版社 2002 年版，第 17 页。

❸ [德] 阿图尔·考夫曼著，刘幸义等译：《法律哲学》，法律出版社 2004 年版，第 12 页。

❹ "面向事情本身"主要是现象学的观点。现象学/存在哲学在现代哲学中处于主流地位，故如是表述也并非不当。张志伟、马丽主编：《西方哲学导论》，首都经济贸易大学出版社 2005 年版，第 314 页。

二、作品即作品观

本书将世界与认识的关系和作品与作品观的关系相联系，认为二者是一致的。认识是人们对世界的认识，作品观是人们对作品的认识。既然世界即认识，那么作品即作品观。

作品观是对作品的观点，即对作品的认识。将作品与作品观分离，认为二者不同的观点属于古典的认识论模式。其本质是在作品观之外假设存在一个客观的作品。这如同康德在现象界之外假设存在一个物自体。由于这个被假设存在的作品是客观的，所以排除了主体的因素。这样客观的作品也就不可能被认识，即处于人们的认识之外，在人们的世界之外。所以，即使假设存在一个客观的、独立于作品观的作品，那么这个作品也是在世界之外，不能被描述的。对人们而言，这样的作品相当于不存在。

我们表述的作品，所指的是我们所认识的作品。而我们所认识的作品，则属于我们对作品的认识，即作品观。所以，当我们表述作品这一指代时，与作品观同义。易言之，作品即作品观。

第三节 作品的属性

如前所述，本书目前提出两个命题：第一个命题为"作品观是多元的"；第二个命题为"作品即作品观"。由此可以推出第三个命题，即作品是多元的。这作为解决本章开头所提出的相互决定困境的一个基础。如前所述，在相互决定的困境中，需要讨论作品本身的属性，本节将基于"多元的作品"展开讨论。

一、作品本身的属性

作品即作品观，是多元的。细言之，可以包括摹仿说、表现说、再现说、文本说、读者说和产品说至少六种观点。对于多元的作品而言，其本身的属性为何，在逻辑上可以有以下几种思路。

第一种思路认为作品本身的属性可以为"一"，而这个"一"可以从多元中求得。这是一种"多中求一，一以贯之"的思路。这种思路十分普遍，甚至可以追溯至《黄帝内经》中的"愚者察异，智者察同"。❶ 考夫曼所提出"真实性的聚合理论"也属于此种思路，"相互对立的主观要素因此就相互消弱甚或消弭；反之，客观要素全部都指向存在着的单一点，因而就能成立了"。❷ "聚合性不仅是认识具体事物的手段，也是真实性的标准。"❸ "聚合理论毋宁是结合沟通理论与共识理论各自的片面性，透过相互结合将诸多片面合统为一。"❹

这种思路相当具有吸引力，但是对作品本身属性的探讨而言不可行。依据考夫曼的思路，形形色色的各种观点存在交集，对立的因素相互抵消，剩下的交集即为所探求的"一"。对应于多元的作品观而言，即认为多元的作品观之间存在交集，不同的部分相互抵消，剩余的部分就是作品本身的属性。摹仿说中作品是一种摹仿；表现说中，作品是作者内心的表达；再现说中，作品是社会生活的再现；文本说中强调作品文本自身；读者说中强调读者的核心地位；产品说中将作品视为产品。这几种作品观的交集并不存在。所以，多元的作品观的交集是空集，那个所谓的"真实性的聚合理论"不可能适用于此。

即使采纳作品与作品观二分的观点，假设存在一个作品的属性，这个属性独立于作品观而存在。即在形形色色的作品观之外，还隐藏着作品本身的属性。那么没有作品观的作品，必然在人的认识之外；被隐藏的作品本身的属性，犹如康德所言的物自体，是不可能被认识的，也是不可能被描述的。

---

❶ "愚者察异，智者察同"一句中，"同"常被解释为"一"，即普遍性、体系化。这句话也常常被用来解释东西之间的差异。不过也有人认为，"异"意思为疾病，"同"意思为健康。《黄帝内经·素问》，姚春鹏译注，中华书局 2010 年版，第 64 页。

❷ ［德］阿图尔·考夫曼著，刘幸义等译：《法律哲学》，法律出版社 2004 年版，第394 页。

❸❹ 同上书，第 395 页。

第二种思路则认为作品本身的属性是多元的。这种思路在学界较为罕见。一方面假设作品具有本身的属性，另一方面承认这种本身的属性是多元的，而这种多元的作品观之间不具有交集，不可能有机地组合成一个整体。多元的作品观呈现出相互冲突、混乱杂糅的现状。而承认作品本身属性的多元，意味着承认作品本身的属性是一种相互冲突、混乱杂糅的面目。

如前所述，此处作品本身的属性是指不考虑法律的因素情况下作品的属性，即作品的第一性。而在第二种思路下，作品本身的属性为何会相互冲突、混乱杂糅呢？本书将其解释为主体因素介入的结果。对作品的任何理解和解读，都必然是理解者的理解，必然是解读者的解读。不同的理解者会有不同的理解，不同的解读者会有不同的解读。所以，"一千个人眼中会有一千个哈姆雷特。"这样，排除主体因素的作品属性不存在，而加入主体因素的作品属性则是多元的。

第三种思路则彻底否认作品存在本身的属性。这种思路与佛教中的"性空"相契合。❶ 在这种思路下，多元的作品观被认为是外界附加的，作品没有自身的属性。易言之，作品的第一性为空。正是因为作品没有自性，所以才能附加上多元而又相互冲突的作品观。因此，第三种思路和第二种思路本质上是一致的。而此处的"空"，正是第一种思路下，各种作品观的交集，所以第三种思路也可以认为是第一种思路的结果。但是考虑到此处讨论的是没有法律因素介入的情况下，作品自身属性，多元与空之间，虽然一致，但未免产生理解上的困难。所以相较之下，第二种思路占优。

综上，在对作品自身属性的解读中，多元的作品观不存在交集。作品不具有统一的第一性。在没有法律因素介入的情况下，作品本身的属性是多元的。从另外的角度言，多元也意味着作品没有自身的属性。

二、法律规范与作品的属性

如前所述，本章主要解决两个问题，一为作品本身的属性，一为如何

---

❶ 佛教中的"性空"是排除主体因素来探讨事物的自性，进而认为自性是不存在的。严格地说，与此处所讨论的排除法律规范来探讨作品的属性并不一致。

面临法律规范、作品的属性、著作权的正当性之间相互决定的困境。本书对第一个问题的答案是作品是多元的（或者没有自身的属性）。下文将讨论如何面对这个相互决定的困境。

如前所述，人格理论和劳动理论都是断裂"法律规范"与"作品的属性"之间决定的箭头，形成如图2-2所示的内容。

图2-2　自然权利理论对著作权正当性困境的解决

以康德的观点为例，其认为书籍是作者向读者说的话，所以作者可以控制其说话的内容和途径，从而形成禁止盗版的法律秩序，❶ 如图2-3所示。

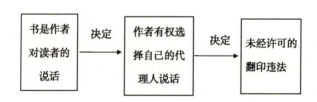

图2-3　康德对著作权正当性困境的解决

如前所述，此处将作品视为作者所说的话属于典型的表现说的作品观。为何在众多的作品观中选择表现说的作品观仍然缺乏证明，这样康德的思路就面临这样一个悖论：如果在众多的作品观中选择表现说的作品观，则需要外在因素的介入，即需要法律因素的介入；一旦法律因素介入，此处作品的属性就不再是作品本身的属性，也就无法走出相互决定的困境。对此悖论只能采取如下解决方式：图2-3所示的作品的属性并没有法律规范的因素介入，所以其为作品本身的属性。由于作品本身的属性是多元而不

---

❶　Immanuel Kant, *Von der Unrechtmäßigkeit des Büchernachdrucks*, erstmals erschienen in Berlinische Monatsschrift 5（1785），Seiten403 bis417. 中译本可参考李秋零主编：《康德著作全集（第八卷）》，中国人民大学出版社2010年版，第83页。

能统一的，所以其无法决定著作权的正当性。如果认为作品本身的属性为空，那么这个属性同样不能决定著作权的正当性。

这样，在多元的作品的基础之上，作品本身的属性无法决定著作权的正当性。相互决定的困境中的决定箭头不可能从"法律规范"和"作品的属性"之间断裂。而如果著作权的正当性决定著作权法律规范的决定箭头断裂，将会出现图2-4所示情景。

图2-4 可能解决著作权正当性困境的一种情景

图2-4所示内容，将造成著作权法律规范最终决定著作权制度正当性的严重后果。这将造成两个弊端：一是对著作权法律制度的解释将彻底沦为实证主义的理论；二是著作权正当性成为暴力的结果，严重违背了讨论著作权正当性的初衷。所以，本书认为，不宜断裂"著作权正当性"与"法律规范"之间的决定箭头。

因此，为了解决相互决定的困境，三个决定箭头中，只能断裂"作品的属性"和"著作权正当性"之间的决定箭头，这样就会形成图2-5所示的情形。

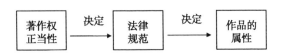

图2-5 解决著作权正当性困境的唯一可能

在图2-5中，作品的属性是法律因素介入的结果，不再是作品本身的属性。法律规范决定作品的属性，而法律规范又是由著作权的正当性所决定的。这样，不再是作品的属性决定著作权的正当性，而是著作权的正当性最终决定作品的属性。

三、著作权法中作品的属性

我国著作权法中并没有界定作品，对作品的定义是在《著作权法实施条例》中完成的。依据我国《实施条例》的规定，作品界定为"文学艺术和科学领域内，具有独创性，并能以某种有形形式复制的智力成果"。❶ 鉴于"以某种有形形式复制"这一界定并无意义，所以学界一般将作品界定为文学艺术和科学领域中，具有独创性的思想之表达。❷

这种通过作品的属性（内涵）界定作品的方式界定作品含义的立法例，有美国、德国、日本等国家。如美国版权法将作品限定为"固定于任何有形的表现媒介中的作者的独创作品"；❸ 德国著作权法将作品限定为"个人的智力创作"；❹ 日本著作权法将作品界定为"文学、科学、艺术、

---

❶ 《著作权法实施条例》第 2 条规定，"著作权法所称作品，是指文学、艺术和科学领域内具有独创性并能以某种有形形式复制的智力成果。"

❷ 有学者将作品的要件一分为三，分别是"思想、情感的表现形式""独创性""文学艺术和科学范畴"。也有学者将作品界定为"符合法定形式的，具有独创性的表达"。参见刘春田：《知识产权法》，中国人民大学出版社 2007 年版，第 62 页；李琛：《知识产权法关键词》，法律出版社 2006 年版，第 22 页。

❸ 《美国版权法》第 102 条规定，"依据本版权法，对于固定于任何有形的表现媒介中的作者的独创作品予以版权保护，这种表现媒介包括目前已知的或以后发展的，通过这种媒介，作品可以被感知、复制或以其他方式传播，不论是直接的或借助于机器或装置。作者的作品包括如下各类：（1）文字作品；（2）音乐作品，包括所配任何歌词；（3）戏剧作品，包括所配任何乐曲；（4）哑剧和舞蹈作品；（5）绘画、刻印和雕塑作品；（6）电影和其他音像作品；和（7）录音作品。"孙新强译："美国版权法"，见《十二国著作权法》，清华大学出版社 2011 年版，第 723 页。

❹ 《德国著作权法》第 2 条第 2 款规定，"本法所称作品仅指个人的智力创作"。同时，其第 1 款也大量列举了作品的外延："受保护的文学、科学、艺术作品尤其指语言作品，如文字作品、演讲和计算机程序；音乐作品；包括舞蹈艺术作品在内的哑剧作品；包括建筑艺术、实用艺术作品及其草图在内的美术作品；包括以类似摄影方式制作的作品在内的摄影作品；包括以类似摄制电影方式制作的作品在内的电影作品；科学、技术种类的各类表现，如绘图、设计图、地图、草图、表格和立体表现。"许超译："德国著作权法"，见《十二国著作权法》，清华大学出版社 2011 年版，第 147 页。

音乐领域内，思想或者感情的独创性表现形式"；❶ 韩国著作权法将作品界定为，"人的思想或情感的独创性表达。"❷

《伯尔尼公约》中并没有明确地给出作品的定义，仅仅是笼统地说，"文学艺术作品一词包括科学和文学艺术领域内的一切作品，不论其表现方式或形式如何，诸如书籍、小册子……"❸ 巴西、❹ 埃及❺等国的著作权

---

❶ 《日本著作权法》第 2 条第 1 款第（一）项规定，"作品，是指文学、科学、艺术、音乐领域内，思想或者感情的独创性表现形式"。李扬译："日本著作权法"，见《十二国著作权法》，清华大学出版社 2011 年版，第 361 页。

❷ 《韩国著作权法》第 2 条规定，"作品，是指对人的思想或情感的独创性表达。"金玄卿等译："韩国著作权法"，见《十二国著作权法》，清华大学出版社 2011 年版，第 509 页。

❸ 《伯尔尼公约》规定，"'文学艺术作品'一词包括科学和文学艺术领域内的一切作品，不论其表现方式或形式如何，诸如书籍、小册子及其他著作；讲课、演讲、讲道及其他同类性质作品；戏剧或音乐戏剧作品；舞蹈艺术作品及哑剧作品；配词或未配词的乐曲；电影作品或以与电影摄影术类似的方法创作的作品；图画、油画、建筑、雕塑、雕刻及版画；摄影作品以及与摄影术类似的方法创作的作品；实用美术作品；插图、地图；与地理、地形、建筑或科学有关的设计图、草图及造型作品。"

❹ 《巴西著作权法》第 7 条规定，"受保护的智力作品，是指智力创作成果，而无论其表达形式如何，也无论其以任何有形的或无形的、现在已知的或将来可能开发的载体固定，例如：文学、艺术或科学作品的文本；讲课、演讲、讲道及其他同类性质作品；戏剧或音乐戏剧作品；舞台表演以书面或其他方式确定的舞蹈艺术作品和哑剧；配词或未配词的乐曲；电影作品或其他有伴音或无伴音的视听作品；摄影作品和以类似摄影的方法制作的作品；绘画、油画、雕刻、雕塑、版画以及动态艺术作品；插图地图和其他同类性质的作品；与地理、工程、地形、建筑、公园与园林规划、舞台布景及科学有关的草图、实物模型和立体作品；通过对原作进行改编、翻译和其他改动而形成的新的智力创作成果；计算机程序；对客体的选择、组织或编排构成直立创作的文选、汇编、选辑、百科全书、字典、数据库和其他作品。"万勇译："巴西著作权法"，见《十二国著作权法》，清华大学出版社 2011 年版，第 8 页。

❺ 《埃及知识产权保护法》第 138 条规定，"作品，指在文学、艺术或者科学领域内的任何创造性作品，不论其种类、表达方式、意义或者宗旨如何。"金海军译："埃及知识产权保护法（著作权部分）"，见《十二国著作权法》，清华大学出版社 2011 年版，第 34 页。

法则直接因袭此种界定方式。而其他一些国家，如英国、❶ 印度，❷ 甚至没有给出作品的界定，仅仅列举了作品的外延。

严格地说，即使在著作权法视野之下，作品这一概念仍可以细分为不同层次。大概而言可以分为最广泛意义上的作品（亦被称为"可版权作品"❸）、符合著作权法保护条件的作品（亦被称为"版权作品"❹）等范围。如美国版权法只保护固定在一定媒介上的作品而不是所有作品；❺ 我国著作权法虽然承认官方文件的作品地位但是并不予以保护。❻ 而上述列举的各个立法例对作品概念的探讨都属于"版权作品"这一范畴，而本书所探讨的作品乃是"可版权作品"。二者并不一致，"版权作品"范围略小于"可版权作品"的范围。但是二者的要件很多是一致的，如独创性、表达、智力成果等因素。而不受版权保护的作品，主要是在作品范围中因为其他原因所作出的例外规定。所以，立法例中对作品的界定仍具有一定的参考意义。

在著作权法视野下，基本将作品界定为独创性的表达或者独创性的智力成果等类似表述。大致而言，作品的属性可以细分为三点：一为独创性；二为表达或者表现形式，而非思想或情感本身；三为智力成果。如前所述，

---

❶ 《英国版权法》第 1 条规定，"版权作品，是指享有版权的上述种类（独创性文字、戏剧、音乐或者艺术作品；录音制品、电影或广播以及出版物的版式设计）中的任何一种作品。"张广良译："英国版权法（全称：版权、设计与专利法案）"，见《十二国著作权法》，清华大学出版社 2011 年版，第 569 页。

❷ 《印度著作权法》第 2 条规定，"作品指下列作品中的任何一类——文学、喜剧、音乐或美术作品；电影；录音。"相靖译："印度著作权法"，见《十二国著作权法》，清华大学出版社 2011 年版，第 226 页。

❸❹ 金渝林："论版权理论中作品的概念"，载《中国人民大学学报》1994 年第 3 期。

❺ 《美国版权法》第 102 条规定，"依据本版权法，对于固定于任何有形的表现媒介中的作者的独创作品予以版权保护……"孙新强译："美国版权法"，见《十二国著作权法》，清华大学出版社 2011 年版，第 723 页。

❻ 《著作权法》第 5 条规定，"本法不适用于：（一）法律、法规，国家机关的决议、决定、命令和其他具有立法、行政、司法性质的文件及其官方正式译文；（二）时事新闻；（三）历法、通用数表、通用表格和公式。"

这三点并非作品本身的属性，而是著作权法赋予作品的属性。

作品具有多元的属性，我们可以列出摹仿、表现、再现、文本、读者、产品等诸多属性。❶ 并非每一种属性都可以对应著作权上对作品的界定。将作品界定为独创性的表达或者独创性的智力成果，只能基于多元属性中的一种或者两种，而不能是全部。如何在多元的属性中进行选择，则是著作权法这个法律因素介入的结果。正是如此，本书认为，著作权法决定作品的属性。

著作权法在多元的作品属性（众多的作品观）中如何选择，这取决于著作权法对作品属性的需要。著作权法需要怎样的作品属性呢？这需要考察整个著作权法律制度。整体而言，著作权法是这样一种法律，其赋予了权利主体控制作品的权利。在不考虑邻接权等制度的情况下，这个对作品最初的控制来自作者。所以，也可以认为著作权法承认并赋予作者控制作品的权利，从而使作者成为整个著作权产业的权利源头。而被选择的作品属性也必须和这个著作权的需求相适应。易言之，著作权法需要作者成为权利的源头。这个需求正如我国学者所说，"无论是大陆法还是英美法，都坚持著作权由作者原始取得原则。"❷

前文所提及的几种属性中，文本说强调的是作品本身，而外界无涉，首先应当为著作权法所抛弃；而摹仿说、再现说虽然强调了作品与外界的关系，但是其强调的是作品与世界的关系，与作者乃至整个著作权的产业链条无关，也应当被著作权法所抛弃；读者说，强调了读者的核心地位，读者也同时处于著作权法产业链条的末端，但是读者说并不能完成将作者作为源头的任务，所以也会被著作权法所抛弃。这样多元的作品属性中只留下了表现和产品两种。

浪漫主义表现说为欧陆著作权法所采纳。其作者地位也常被称为"浪

---

❶　这里作品的属性与作品观同义。由于作品即作品观，所以作品多元的属性，即多元的作品观。著作权法选择作品的属性，即著作权法选择作品观。

❷　孙新强："委托作品著作权原始归属之辨析"，载《法学》2009 年第 3 期。

漫主义人格"。❶ 学界也常把浪漫主义表现说作为欧陆著作权法建立"作品体现人格"的作者权体系的一个原因。❷ 如前所述,在表现说中,作品被视为作者内心的表达,作者与作品之间的关系如同光源与光的关系。作品存在于作者人格的延长线上。著作权的本质被认为是"精神权利"和"经济权利"的结合,而"经济权利"则从属于"精神权利"。❸

英美的版权体系并没有接受表现说的作品属性,而仅仅将作品视为纯粹的财产。❹ 作品并非作者内心的表达,而仅仅是作者智力劳动的成果。这与马克思主义文论的产品说相一致。如前所述,在产品说中,作品被视为产品,作者是生产者,而出版商则处于销售者的地位,读者是消费者。作品传播的过程,就如同产品由生产者经销售者到达消费者的过程。在这个过程中,作者是作品上权利的源头,最初控制着作品的传播。与表现说相比较,产品说更加贴近整个著作权产业链条的运行。诚然,在 1710 年《安妮法案》(*Statute of Anne*)确立之时,并没有马克思主义文论的产品说。当时所采纳的理论乃是源自洛克的劳动理论,论证者将作品视为作者智力劳动的成果。但是将作品视为劳动成果的观点,在逻辑上仍然属于产品说的范畴。

作者权体系和版权体系对作品属性的选择不同,一为表现说,一为产品说,并基于此而构建了整个著作权法律制度。而前文所说的作品的要件,如独创性、表达、智力成果等则是建立在表现说和产品说的基础之上。

综上,著作权法需要作者成为作品上权利的源头。作品的属性虽然多元,但满足著作权法需求的属性只有两种:一为表现,一为产品。著作权法选择了表现和产品作为作品的属性。

---

❶❷　李琛:"质疑知识产权之'人格财产一体性'",载《中国社会科学》2004 年第 4 期。

❸　李明德等:《欧盟知识产权法》,法律出版社 2010 年版,第 139 页。

❹　李琛:《知识产权法关键词》,法律出版社 2006 年版,第 108 页。

第四节　关于著作权法的其他学科基础

学界有一种倾向，认为著作权法乃至知识产权法需要其他学科的基础。最常见的是引入哲学、美学—文论的研究成果。例如有学者认为知识产权需要哲学上的依据;❶ 要"从哲学上研究知识产权的客体"❷ 等。也有学者将马克思主义哲学中的矛盾理论引入知识产权法。❸ 也有学者探讨后现代主义哲学、美学对著作权制度的影响。❹ 对其他学科的引用并不局限于此，如有学者甚至将物理学中熵的概念无条件地引入知识产权法的研究之中。❺ 本书也大量地引用了哲学、美学—文论等领域相关的研究成果，但是这种引用并非论证著作权的哲学基础抑或著作权的美学—文论基础。恰恰相反，本书是要说明，著作权法并不需要哲学基础抑或美学—文论的基础。

对于哲学基础这种倾向，考夫曼和哈斯默尔有过经典的反驳，其认为，"哲学思想从未提供一个现成的像专利配方那样的答案，就像接受数学公式一样，人们能简单地适用之。相反，哲学仅仅研究利于特定时空之场的自认为是根本性的视角、观察方向。不幸的是，哲学必须听人们指责它经常是不灵的，但在事实上，这种不灵起因于不假思索、未经批判地接受哲学这一做法"。❻ 的确，包括哲学、美学—文论在内的各个学科都只能在自身的视角下，针对自身领域特定的问题作出解答。所给出的答案必然包含

❶ 吴汉东："法哲学家对知识产权法的哲学解读"，载《法商研究》2003 年第 5 期。

❷ 张勤："知识产权客体之哲学基础"，载《知识产权》2010 年第 2 期。

❸ 饶明辉：《当代西方知识产权理论的哲学反思》，科学出版社 2008 年版，第 154 页。

❹ 熊文聪："后现代主义视角下的著作权的正当性及其边界——从个体权利到基于商谈的共识"，载《政治与法律》2010 年第 6 期。

❺ 杨雄文：《知识产权熵论重述》，见刘春田主编：《中国知识产权评论（第三卷）》，商务印书馆 2008 年版，第 30 页。

❻ ［德］阿图尔·考夫曼、温弗里德·哈斯默尔主编，郑永流译：《当代法哲学和法律理论导论》，法律出版社 2002 年版，第 10～11 页。

各自领域的问题。但这些问题并非著作权法乃至知识产权法、法学所面临的问题。若 A、B 问题不同或者不近似，那么对 A 问题的解答不能作为 B 问题的答案。所以，我们没有理由认为解决 A 问题的答案可以同样适用于 B 问题。

更何况，近代以来，各个学科的研究都基本呈现出派别林立、百家争鸣的现状，这一点以哲学和美学—文论为甚。在哲学、美学—文论等领域中相互冲突、多元化的研究现状也不可能给著作权乃至知识产权提供一个研究的基础。同样，也很难想象著作权乃至知识产权法的研究需要一个不成体系的学科作为基础。

因此，著作权法律制度乃至知识产权法律制度在其他学科上可能有一定的投影，但是并不需要、也不可能具有其他学科上的基础。

第五节　来自作品属性的证伪

本书探讨作品观及作品的属性，出发点是将其作为证伪现有著作权正当性理论的工具。由于作品即作品观，所以作品的属性与作品观为同义语。在前文正当性理论的介绍中，已经说明几种理论不足和受质疑之处。本章对其的质疑则来自作品的属性/作品观。

一、对劳动理论的证伪

细言之，劳动理论这一类别可以包括洛克最初观点的适用及其劳动报酬说、增量说、创造说等几个改进的版本。对劳动理论的证伪也应当适用这几种观点。这里，对劳动理论证伪的方式也有多种，常被用到的方式是通过制度的规定来证伪作为制度正当性依据的劳动理论。如有的劳动理论的结论是权利人获得跟所有权一样的知识产权，而没有考虑知识产权的期限和限制的安排；依据劳动理论，任何人都可以通过劳动获得知识产权，但是专利权只能给予最先发明或最先登记的人。笔者认为，这种通过制度的现状来否定制度的正当性的方式并不可取。这种通过制度来判定正当性的观点是将正当性作为制度解释的工具，而非制度的目的。倘若正当性仅是一种解释的工具，那么正当与否就失去其原本的含义。这样的正当性理论对实践无益，也非"求真"的探讨。本书认为，著作权制度乃至知识产权的正当性决定着具体制度的规定，如果二者冲突，首先应是具体制度的规定不当。更何况，制度在具体规定时存在各种实际情况的考量，因而可能会有变通。所以，本书认为通过制度的规定来证伪正当性不恰当。本章对其的证伪集中在作品的属性。

作品属性的证伪来自作品观的选择问题。对洛克观点的直接运用以及劳动报酬说而言，劳动理论并不区分作品与其他的劳动产品，这种作品观与马克思主义的"产品说"是一致的。但是为何选择这种"产品说"的作品观，在正当性的理论之中并没有给出论证。这种作品观选择理由的缺失构成劳动理论内部逻辑上的缺陷。

增量说并不将作品直接视为普通的产品，但仍然将作品作为劳动的结果。增量说在作品中区分出原量和增量、原价值和增加的价值、原知识和增加的知识。不过这种弥补更多地体现为在制度上解释的便利。而在原本正当性的含义方面，并没有体现出比劳动报酬说更多的内容，作者仍然是因为劳动增加了原物的价值而获得著作权。这种作品观也是接近"产品说"的观点，只不过将作品视为一种特殊的产品。而"摹仿说""表达说""再现说""文本说""读者说"的作品观为何被舍去，仍然无法解答。

创造说在论述的过程中将"劳动"替换为"创造"并附加一定的条件。这种作品观已经不是单纯的"产品说"，而是在一定程度上融合了"表达说"——将作品的产生视为创造的过程，这在"表达说"中屡见不鲜。但其论证过程并没有追溯至民事主体的民事法律行为，❶ 抑或是自由意志、亦或是人格权等因素，更倾向于基于"产品说"的劳动理论。"表达说"因素的引入也仅仅是对"产品说"作品观的修正，但仍没有办法回

---

❶ 创造说，追溯至创造行为。但创造行为并非民事法律行为，而是事实行为，与康德所言的从事某种业务完全不同。

答为何抛弃"摹仿说"等其他的作品观。

如前文所述，法律决定作品观，而非作品观决定法律。各种劳动理论都是基于作品观来论证著作权的正当性，归根结底都是认为作品观决定法律的规定。这个论证思路最终决定劳动理论无法回答多元的作品观带来的选择难题。

二、对人格理论的证伪

细言之，人格理论可以包括康德、黑格尔、拉丁的观点以及人格权说和自由意志说。鉴于黑格尔自身观点的混乱，那么可以纳入人格理论类的观点有康德的主体行为说、拉丁的人格说、人格权说和自由意志说四种观点。

类似于对劳动理论的证伪，也有从制度的规定证伪正当性观点。如民事主体的人格始于出生终于死亡，著作权却可以在作者死亡之后延续一定的期间；再如民事主体的人格利益不能与人身分离，但作品一旦形成表达就必然外在于主体；再如人格权不能转让不能抛弃，著作权却可以转让和抛弃；等等。如同在劳动理论部分的论述，本书仍然认为不可以通过制度的规定来证伪制度的正当性。理由是正当性决定制度，而非制度决定正当性。此章对人格理论的证伪也集中在作品观的选择问题。

第一是康德的主体行为说。本书曾以康德为例说明著作权正当性论证的思路。正如前文所言，康德整个立论基础在于其"表达说"的作品观，即将作品视为作者向读者说的话。而这个作品观的选择是没有依据的，甚至这种将作品视为主体行为的作品观还会带来另一个尴尬的境遇——虽然作品是作者向读者说话的行为，但是作品和作者人身是分离的，为什么主体可以和主体的行为分离呢？这种尴尬在作者死亡后更加明显，即在民事主体已经消失的情况下，为什么该主体的行为仍然继续。当然，依据康德的观点，作品观决定法律的规定，这也是和本书观点背道而驰的。

第二是拉丁的人格观点。在拉丁看来，人格是物比其自身价值所多出的部分。在人格与财产的两端之间，作品更加偏向人格一端，作品上体现着作者更多的人格因素。但是作者基于此而获得著作权也很难回答这个质疑。认为作品中体现着更多的人格因素，本身也是一种作品观。将这种人格因素与作者相联系就与"表达说"十分接近。但在众多的作品观中为何选择表达说的作品观，仍然是无法论证的。

第三是人格权说。这种观点将著作权视为人格权，其基础在于将作品视为"人格之外化"。这仍然是一种表达论的作品观。依据其他的作品观未必会有如此结论。如法国学者福柯认为，作者与作品之间的联系不可思议；❶ 依据读者说的作品观，我们甚至可以认为作品是"读者的外化"，而非"作者的外化"。所以，作为人格理论支柱的人格权说也同样无法回答来自作品观的质疑。

第四是自由意志说。自由意志说将财产作为权利人自由意志的体现，作品如果作为财产也同样可以作为自由意志的体现。这里所体现的自由意志是权利人的自由意志，而非仅仅是作者的自由意志。面对同样的对象，作品流转之后可以体现继受者的意志，这与所体现的作者的意志没有什么不同。可是，著作权的源头在于作者，为何作者要成为作品中所体现的第一个自由意志的主体呢？这也是自由意志说无法回答的问题。如果要回答这个问题，自由意志说只能从被证伪的人格权说抑或主体行为说等观点中寻找答案。

三、对功利主义的证伪

与自然权利理论在作品属性的质疑面前不堪一击的情况不同，功利主义可以经受得住作品观的质疑。这是因为功利主义的基础并非作品的属性，而是作品上的利益。

经济激励理论希望通过著作权促进作品的产生、实现社会福利的最大化。虽然这种观点并没有明确的数据支持，但是很好地回应了作品观的质

---

❶　[法] 米歇尔·福柯著，逢真译：《作者是什么》，见朱立元：《二十世纪西方文论选（下卷）》，高等教育出版社 2002 年版，第 195 页。

疑。不论采纳何种作品观，都无法否认作品产生所需要的成本问题。这种成本产出的讨论更接近于产品说的作品观，在其他如摹仿说、表现说、文本说、读者说等作品观中，对于此种成本问题所采取的也是一种无视而非否定的做法。笔者认为，对著作权正当性的讨论，不能考虑作品的属性，而应当直接讨论作品上的利益。这也是与经济激励理论对待著作权正当性的态度是一致的。

社会规划理论与经济激励理论类似，对作品本身的属性是不关心的。虽然社会规划理论中的"可欲社会"是模糊不清的，但是就面对作品观的质疑而言，其仍然是成功的。

与之类似，否认著作权的观点也很大程度上源自功利主义的思路，不关心作品本身的属性。从这个角度而言，否认著作权的观点其实是依附于功利主义的，所以，否认著作权正当性的观点也不存在无法回答作品观质疑的问题。

至于"社会公意"说、马克思主义和罗尔斯的观点及其演绎，在作品属性的质疑面前，他们要么依附于劳动理论，要么依附于人格理论，要么依附于功利主义。所以，这些观点并没有独立讨论的必要。

第三章 证伪方式二：著作权的 "古近之问"

> 窃谓此等括帖之书，本无关于功令……不过意图垄断渔利，假官牒文字以逐其周利之私。
>
> ——叶德辉

本章中所言的 "古近之问" 是 "导论" 中所言的历史与逻辑这一方法的运用，即著作权正当性的理论不能与历史相悖。易言之，著作权法是近代社会的产物，但是各种著作权正当性的理论没有古代社会与近代社会的区别，如此则造成著作权正当性的理论与历史相悖。本书称该问题为著作权的 "古近之问"。

著作权的 "古近之问" 源自对中国古代著作权问题的讨论。该问题可以细分为两个问题的争论，这两个问题更为学界所熟悉。第一个问题是中国古代是否有著作权？第二个问题是如果认为中国古代没有著作权，那么为什么中国古代发明了印刷术却没有相应地产生著作权呢？第二个问题又被学界称为著作权的 "郑和—李约瑟之谜"。❶

---

❶ 刘茂林：《知识产权法的经济分析》，法律出版社 1996 年版，第 157 页；李雨峰：《枪口下的法律——中国版权史研究》，知识产权出版社 2006 年版，第 61 页。

第一节　中国古代的著作权问题

一、中国古代著作权的"有无"问题

关于中国古代有无著作权的问题引起过学界的广泛讨论，大致形成两种观点。第一种观点认为中国古代伴随着印刷术的发明已经产生著作权。该观点的代表人物为我国学者郑成思。其认为，"版权是随着印刷术的采用而出现的。"❶ 而"欧洲的印刷术是从中国传入的"，❷ 所以著作权"应当最早出现于我国。"❸其同时认为，由于方块字和拉丁字母的不同，我国在雕版印刷的技术条件下就产生了禁令形式的著作权法律制度。❹ 这种观点在学界受到少数学者的支持。❺

第二种观点认为中国古代并没有产生著作权。该观点目前为学界通说。❻ 其主要代表人为美国学者安守廉。其认为，"帝制中国并不曾发展出相当于知识产权法的有效的本土制度，这一点在很大程度上可归因于中国的政治文化。"❼ 而中国古代关于禁止盗印的禁令，只不过是"出版审查制

---

❶❸　郑成思：《版权法》，中国人民大学出版社 1997 年版，第 2 页。

❷　［美］卡忒著，吴泽炎译：《中国印刷术的发明及它的西传》，商务印书馆 1957 年版，第 37～40 页，第 173～178 页。转引自郑成思：《版权法》，中国人民大学出版社 1997年版，第 2 页。

❹　郑成思：《版权法》，中国人民大学出版社 1997 年版，第 3～7 页。

❺　支持该观点的文献可参见任燕："论宋代的版权保护"，载《法学评论》2011 年第 5 期；田建平："论宋代图书出版的版权保护"，载《河北大学学报（哲学社会科学版）》2010 年第 2 期；孔正毅："试论古代图书的版权保护"，载《出版发行研究》2003 年第 6 期。

❻　赞同中国古代没有著作权的文献可参见刘春田："知识产权制度是创造者获取经济独立的权利宪章"，载《知识产权》2010 年第 6 期；曲三强：《窃书就是偷——论中国传统文化与知识产权》，知识产权出版社 2006 年版，第 1 页；李琛："关于'中国古代因何无版权'研究的几点反思"，载《法学家》2010 年第 1 期。

❼　［美］安守廉，李琛译：《窃书为雅罪——中华文化中的知识产权法》，法律出版社 2010 年版，第 2～3 页。

度带来一个有趣的副产品。"❶ "实际上，中国在 20 世纪之前对今日所谓知识产权的所有保护都是为了维护皇权。"❷

这两种观点互有交锋，如第一种观点回应道，"古代帝国控制的主旨之下客观保护了某些私权的事实，是不应否认的。"❸ 也有学者试图在二者之间折中，如有学者认为中国古代虽然没有产生著作权法律制度，但是作者、印刷者及地方政府官员已经产生保护著作权的要求。❹ 也有学者认为，中国古代并没有产生著作权法等知识产权法，但是存在对知识财产保护。❺

以上的诸多观点都源自对有限的几处史料的解读，争议也以几处宋代的史料为主。摘录如下：❻

《东都事略》牌记

眉山程舍人宅刊行，已申上司，不许覆板。

《方舆胜览》载两浙转运司榜文及福建转运司牒问

---

❶ ［美］安守廉著，李琛译：《窃书为雅罪——中华文化中的知识产权法》，法律出版社 2010 年版，第 11 页。

❷ 同上书，第 19 页。

❸ 郑成思：《有关版权主体的几个问题》，见郑成思主编：《知识产权研究（第一卷）》，中国方正出版社 1996 年版，第 28 页。

❹ 刘茂林：《知识产权法的经济分析》，法律出版社 1996 年版，第 163～164 页。也有学者将这种观点表述为版权意识的出现。参见徐枫："论宋代版权意识的形成和特征"，载《南京大学学报（哲学人文社会科学版）》1999 年第 3 期。有趣的是，与认为中国古代存在保护版权的意识相对应的是，同样有学者认为在中国古代，作者并没有版权意识，甚至认为正是由于这种版权意识的缺乏导致中国古代没有产生著作权。参见郭凯峰：《中国特许出版权和著作权制度的历史变迁（唐宋至清末时期)》，见刘春田主编：《中国知识产权评论（第二卷)》，商务印书馆 2006 年版，第 342 页。

❺ 其认为，"宋代以来制止图书盗印的帝国地方檄文即判例证伪了中国古代没有知识财产的保护这一论辩。"李雨峰：《枪口下的法律——中国版权史研究》，知识产权出版社 2006 年版，第 61 页。

❻ 史料转引自周林、李明山主编：《中国版权史研究文献》，中国方正出版社 1999 年版，第 3～4 页。

两浙转运司录白。据祝太傅宅干人吴吉状：本宅见雕诸郡志，名曰《方舆胜览》及《四六宝苑》两书，并系本宅贡士私自编辑，数载辛勤。今来雕版，所费浩瀚，窃恐书市嗜利之徒，将上件书版翻开，或改换名目，或以《节略舆地纪胜》等书为名，翻开挽夺，致本宅徒劳心力，枉费钱本，委实切害。照得雕书，合经使台申明，乞行约束，庶绝翻版之患。乞给榜下衢、婺洲雕书籍去处张挂晓示，如有此色，容本宅陈告，乞追人毁板，断治施行。奉台判，备榜须至指挥。右令出榜衢、婺洲雕书籍去处张挂晓示，各令知悉。如有似此之人，仰经所属，陈告追究，毁版施行，故榜。嘉熙贰年十二月 日榜。

《方舆胜览》再版时，福建当局又重颁禁止翻刻文告

据祝太傅宅干人吴吉状称：本宅先隐士私编《事文类聚》《方舆胜览》《四六妙语》，本官思院续编《朱子四书附录》进尘御览，并行于世，家有其书，乃是一生灯窗辛勤所就，非其他剽窃编类者比。当来累经两浙转运使司、浙东提举司给榜禁戢翻刊。近日书市有一等嗜利之徒，不能自出己见编辑，专一翻版，窃恐或改换名目，或节略文字，有误学士大夫披阅，实为利害。照得雕书合经使台申明状，乞给榜下麻沙书坊长平熊屯刊书籍等处张挂晓示，仍乞帖嘉禾县严责知委，如有此色，容本宅陈告，追人毁版，断治施行，庶杜翻刊之患，奉运使判府节制待制修史中书侍郎台判给榜，须至晓示。右令榜麻沙书坊张挂晓示，各仰通知，毋至违犯，故榜。咸淳贰年陆月□日

国子监颁发禁止翻版《丛桂毛诗集解》公据

行在国子监据迪功郎新赣州会昌县丞段维清状，维清先叔朝奉昌武以《诗经》而两魁秋贡，以累举而擢第春官，学者咸宗师之。山罗史君瀛尝遣其子侄来学，先叔以毛氏诗口讲指画，笔以

成编。本之东莱《诗记》，参以晦庵《诗传》，以至近世诸儒，一话一言，苟足发明，率以录焉，名曰《丛桂毛诗集解》。独罗氏得其缮本，校雠最为精密，今其侄漕贡橢锓梓以广其传。维清窃惟先叔刻志穷经，平生精力，毕于此书。倘或其他书肆嗜利翻板，则必窜易首尾，增损音义。非惟有辜罗贡士锓梓之意，亦重为先叔明经之玷。今状披陈，乞备牒两浙福建路运司备词约束，乞给据付罗贡士为照。未敢自专，伏候台旨。呈奉台判牒，仍给本监。除已备牒两浙路福建路运司备词约束所属书肆，取责知委文状回申外，如有不遵约束违戾之人，仰执此经所属陈乞，追板劈毁，断罪施行。须至给据者。右，出给公据付罗贡士 橢收执照应。淳祐八年七月□日给。

从以上的史料中，可以发现如下和著作权相关的表述："已申上司，不许覆板""私自编辑，数载辛勤""一话一言，苟足发明""乞追人毁板，断治施行""追板劈毁，断罪施行"，等等。仅从字面表述来看，这些表述与近现代的著作权制度已经十分接近。其中，"已申上司，不许覆板"表达了对作品的独占，他人不得翻印；"私自编辑，数载辛勤""一话一言，苟足发明"等表述表达了作品的成本投入和独创性；"乞追人毁板，断治施行""追板劈毁，断罪施行"表示了侵权行为发生后的救济措施。正是这种相对完整的对所谓的著作权保护措施，致使史学、新闻出版等学界乃至知识产权法学界都有学者认为"版权保护形成于宋"。❶"宋代版权保护是宋代商品经济与雕版书籍业发展的必然产物。宋朝的版权保护是历史地客观存在的。"❷"宋代有没有产生出世界近代意义上的版权法以致知识产权法，这个问题本身就是一个十分荒谬的假设。"❸然而，反对者提出三条

---

❶ 陈宁："宋代版权保护成因初探"，载《图书与情报》2007 年第 2 期。
❷ 任燕："论宋代的版权保护"，载《法学评论》2011 年第 5 期。
❸ 田建平："论宋代图书出版的版权保护"，载《河北大学学报（哲学社会科学版）》2010 年第 2 期。

反对理由。其一，"古代典籍中的只言片语，不能断言唐宋有著作权保护。"❶ 其二，"出版权益的保护并未制度化。"❷ 如我国近代学者叶德辉所言："一二私家刻书，陈乞地方有司禁约书坊翻版，并非载在令甲，人人之所必遵。特有力之家，声气广通，可以得行其志耳。"❸ 其三，这种保护的主体是出版者而非作者，故不是著作权。❹

本书支持反对者的观点，但不支持反对者的理由。"只言片语"的史料在论证方面的确有其缺陷，但是白纸黑字，确凿无疑。即使在理论上论证古代社会不存在著作权，仍需对这几处史料进行解释。否则，正如有些学者所言，这些史料会"证伪了中国古代没有知识财产的保护这一论辩。"❺ 而认为对其保护并未制度化的观点并不能反驳对其保护的存在，只不过是非制度化的保护。同样，认为这种保护的主体是出版者而非作者则是无视了史料中作者与出版者的特殊关系——师生、亲属抑或同为一人。尤其是同为一人的情况下，再认为宋代只保护作者声誉和出版者印书之利，而非作者的财产之利，这样未免牵强。更何况，目前对知识产权法的研究有"从单一主体到多元主体"❻ 的倾向，仅将著作权理解为作者之利，也并不妥当。"其实，在讨论中往往忽略了著作权最基本的问题，即著作权的正当性问题。如果认为宋代存在对著作权的保护，其意味着宋代存在著作权的正当性事由，同时存在对著作权保护的史实。观察这几处史料不难发

---

❶ 刘春田："知识产权制度是创造者获取经济独立的权利宪章"，载《知识产权》2010 年第 6 期。

❷ 郭凯峰：《中国特许出版权和著作权制度的历史变迁（唐宋至清末时期）》，见刘春田主编：《中国知识产权评论（第二卷）》，商务印书馆 2006 年版，第 329 页；另参见金海军：《知识产权私权论》，中国人民大学出版社 2004 年版，第 117 页。

❸ 叶德辉：《书林清话》卷二，转引自周林等：《中国版权史研究文献》，中国方正出版社 1999 年版，第 4 页。

❹ 郭凯峰：《中国特许出版权和著作权制度的历史变迁（唐宋至清末时期）》，见刘春田主编：《中国知识产权评论（第二卷）》，商务印书馆 2006 年版，第 331 页。

❺ 李雨峰：《枪口下的法律——中国版权史研究》，知识产权出版社 2006 年版，第 61 页。

❻ 李琛：《论知识产权法的体系化》，北京大学出版社 2005 年版，第 141 页。

现这些所谓对著作权的保护禁令，都有如下特点。

第一，在上述的史料中，作者和印刷者之间往往存在密切的关系。例如《方舆胜览》是"本宅贡士私自编辑"，作者与印刷者为同一人；《丛桂毛诗集解》的作者是段维清的"先叔"，而出版者是作者的学生罗樾。这种表述既可以理解为说明版本的来由，也可以理解为出版者在试图论证其专享其利的理由。

第二，禁止他人翻印的理由在于公益，乃是为了防止"窜易首尾，增损音义"。即使在对《方舆胜览》的保护中没有提及此种公益，《方舆胜览》再版时也作出改正，增加了防止"有误学士大夫披阅"等内容。这种公益性的表述十分常见，现今的厂商排挤其他竞争者也多打着维护消费者利益的理由。而对版本的准确性的要求，本身不能成为一个正当性的事由。因为其他印刷者同样也可以保证版本的准确，而这种禁令禁止的不是误印，而是翻印。对这些作者乃至出版者而言，最具讽刺的是：为保证版本的准确，"官刻诸书，则从无此禁例"；❶"明时官刻书，只准翻刻，不准另刻。"❷

第三，"数载辛勤""一话一言，苟足发明"等表述并非正当性的事由。这些表述放在现代社会足以构成正当性的事由，但是在宋代则不构成。对这些话语必须基于中国古代文化方能得到准确解释。否则，将会"基于文化隔膜对中国传统所作的一些不精确的论断"。❸有学者将这些表述视为个人权利的表达，这是基于对中国传统文化的无视。❹

与"数载辛勤""一话一言，苟足发明"这些作者乃至出版者相对应，那些翻印者则被表述为"嗜利之徒"。《论语》有言，"君子喻于义，小人喻于利。"在这些古代印刷者的表述中，作者辛苦撰文，出版者反复校对，

---

❶ 叶德辉：《书林清话》卷二，转引自周林等：《中国版权史研究文献》，中国方正出版社 1999 年版。

❷ 同上书，卷七。

❸ 李琛："关于'中国古代因何无版权'研究的几点反思"，载《法学家》2010 年第1 期。

❹ 范开宏："试论中国古代的版权保护"，载《晋图学刊》1999 年第 3 期。

有益于公益，是"喻于义"的"君子"；而翻印者为了利而翻印，不顾及版本精准，是"喻于利"的"小人"。中国古代的法律传统乃是"原心定罪"，即使没有发生危害行为，而仅仅有违背"礼"的意图，也会受到法律的负面评价。出版者与翻印者之间是"君子"与"小人"的冲突，故"小人"的行为应当被禁止。笔者认为，在中华法系语境下，这种解读最为精准。不过，即使在中华法系的语境之下，这种正当性的论证仍然是漏洞百出，以至于根本不能称之为正当性的依据。因为出版者将正当性诉诸于公益，但在公益面前，出版者与翻印者并无实质上的区别。出版者反复校对保证精准，翻印者亦可以；翻印者是"嗜利之徒"，出版者又何尝不是呢？所以，这种所谓的对著作权的保护，不过是"有力之家"通过地方政府颁布禁令实现不正当竞争的手段。正如近代学者叶德辉所言，"不过意图垄断渔利，假官牒文字以遂其罔利之私。"[1]

因此，本书认为，所谓的中国古代的著作权及著作权意识，不过是一种不正当竞争的形式和不正当竞争的意识。正是正当性的缺乏，导致这种个案的、局部的"保护"不能被认为是著作权。所以，在中国古代有无著作权的问题上，本书的答案是无。

二、著作权的"郑和—李约瑟之谜"

"郑和—李约瑟之谜"，即"李约瑟难题"，是英国学者李约瑟最先提出的，是指中国古代曾经具备先进的科学技术，却为何没有产生现代科学和资本主义。之所以加入郑和，是因为存在郑和下西洋与欧洲新航线开辟的对比。对该问题的解答众说纷纭。[2] 但这与本书无关，本书关注的是著

---

[1] 叶德辉：《书林清话》卷二，转引自周林等：《中国版权史研究文献》，中国方正出版社1999年版。

[2] 对该问题的表述和解答，知识产权学界有学者做过相关综述和介绍，参见金海军：《知识产权私权论》，中国人民大学出版社2004年版，第120～125页。

作权的"郑和—李约瑟之谜"，❶ 即在具备印刷术等条件下，中国古代为何没有产生著作权的问题。国内有学者从"郑和—李约瑟之谜"出发，寻找答案，并将此答案运用到知识产权之中。❷ 笔者并不赞同此种思路。如前文所述，"郑和—李约瑟之谜"所隐喻的并非著作权乃至知识产权，而是各种现代科学、资本主义中的各种具体的事物。所以，"郑和—李约瑟之谜"的答案并非天然地是中国古代为何没有著作权问题的答案。即使在现代科学内部，严格地说，认为中国古代没有产生现代数学和中国古代没有产生现代化学这二者的答案相同，也是需要证明的。在没有证明的前提下，只能假设不同。所以，本书认为与其寻找"郑和—李约瑟之谜"的答案，并将其适用于著作权，不如直接寻求著作权的"郑和—李约瑟之谜"的答案。

对于该问题的解答大致有如下观点。

第一，政治文化说。该说为美国学者安守廉所支持。该观点从"述而不作""皆本于自然，非人私智新能"❸ 等儒家的观点出发，认为"真正的学者为启迪教化和道德接续而创作，非为利而作。"❹ 而此种文化背景与将作品作为私产的著作权相悖，故中国古代虽然具备印刷术，但不能自发地产生著作权。该观点具有一定的影响。如我国有学者将原因追至"重本抑末"的思想❺抑或"中国古代知识分子著作权观念的阙如"。❻ 但该观点日益受到学界的批评。批评源自两个方面：其一是文化隔膜。例如由于文化隔膜，安守廉甚至会认为，在中国古代"不敬尊长的后果比谋杀一个陌生

---

❶　著作权的"郑和—李约瑟之谜"也常被称为著作权的"李约瑟问题"，参见金海军：《知识产权私权论》，中国人民大学出版社 2004 年版，第 120 页。

❷　同上书，第 139 页。

❸❹　［美］安守廉，李琛译：《窃书为雅罪——中华文化中的知识产权法》，法律出版社 2010 年版，第 33 页。

❺　刘茂林：《知识产权法的经济分析》，法律出版社 1996 年版，第 165 页。

❻　郭凯峰：《中国特许出版权和著作权制度的历史变迁（唐宋至清末时期）》，见刘春田主编：《中国知识产权评论（第二卷）》，商务印书馆 2006 年版，第 341 页。

人还要严重得多。"❶ 基于文化隔膜,安守廉在 "以经典引证代替社会现实分析的现象比较突出,且对经典的理解本身也存在断章取义的问题。"❷ 其二是比较。"古代作品与近代作品相比更偏于因袭、用典,但这绝不是中国的特色,而是传统社会集体主义文化的共性。"❸ 的确,在古代社会,无论中国还是西方皆遵循 "摹仿说" 的作品观,在这种作品观之下是不可能产生著作权的。

第二,社会结构说。该观点认为,16~17 世纪的英国社会结构的变迁导致著作权的产生,中国古代的社会结构导致其自身不可能产生著作权。❹ 目前该说在学界颇占优势。如有学者赞同道,"尽管那时(中国古代)已经出现了比较发达的印刷技术,但其社会结构并没有给近代版权制度提供必要的历史条件。"❺ 该说最大的缺陷在于含糊不清——社会结构中存在多种因素,多种因素发生或者不发生,同时著作权产生或者不产生。前者与后者之间未必存在因果关系。在社会结构中众多的因素中,哪些是与著作权有关的,哪些是无关的,论者并不能做出区分,而是全部将其视为产生或不产生著作权的原因。总体而言,对社会结构论述有余,与著作权的关系论述不足。

第三,古代社会说。该观点可以认为是社会结构说的改良。其认为,

---

❶ [美] 安守廉著,李琛译:《窃书为雅罪——中华文化中的知识产权法》,法律出版社 2010 年版,第 13 页。这种观点显然是错误的。不敬尊长对应中国古代法制中 "十恶" 中的 "不孝" "大不敬" 等内容。所谓 "十恶",在制度上为 "十恶不赦",即不适用赦免等情况,但其与刑罚轻重并无必然联系。在判刑中,谋杀他人一般为死刑,而不敬尊长则可能罪不至死。相较而言,还是谋杀之罪刑罚更重,后果更严重。如依《大清律例》卷二十六,"杀人,造意者,斩;监侯。"依《大清律例》卷二十九,"骂尊长:凡骂内外缌麻兄姊,笞五十"。田涛、郑秦点校:《大清律例》,法律出版社 1999 年版,第 420 页、第 471 页。

❷❸ 李琛:"关于 '中国古代因何无版权' 研究的几点反思",载《法学家》2010 年第 1 期。

❹ 金海军:《知识产权私权论》,中国人民大学出版社 2004 年版,第 139~144 页。

❺ 李雨峰:《枪口下的法律——中国版权史研究》,知识产权出版社 2006 年版,第 63 页。

古代社会和近代社会存在质的差别，古代社会以"农业经济、专制等级政治、简单技术、神祇崇拜、集体主义取向为一般特征，而近代社会以市场经济、民主制度、科学进步、理性崇尚、个人主义取向为一般特征"。❶ 在众多的社会因素中，"印刷术、剽窃事实或文人心态都不是决定版权产生的根本因素。"❷根本因素在于，中国古代处于古代社会，而著作权属于近代社会。古代社会不能产生近代社会的制度。严格地说，这种观点对第二种观点含糊不清的缺陷也不免有所继承。但是该观点区分了古代社会与近代社会，提供了对著作权思考的一条路径。

　　第四，技术说。该说认为，中国古代的印刷技术不足以产生著作权。从唐至清的印刷者所采用的技术主要为雕版印刷术。雕版印刷术发明于唐代，兴盛于宋明清。❸ 毕昇的活字印刷术仅存于沈括的《梦溪笔谈》的记载，后世多有仿造，❹ 甚至改换成木、锡、铜、铅、磁等材料，但整个印刷产业仍然以雕版为主。❺ 鸦片战争以后，中国的雕版印刷术和活字印刷术迅速地被改良后的谷登堡活字印刷术取代，西方的活字印刷术成为近代印刷的主流。❻ 所以，我国有学者认为中西方活字印刷术之间存在质的差别，"分属不同的生产方式。"❼ 毕昇的活字印刷术及其改进并不比雕版印刷术先进，而谷登堡的活字印刷术使得印刷成本急剧下降。正是二者之间属于不同的生产方式，所以中国的印刷术"能否催生出市场社会中出版

---

❶❷ 李琛："关于'中国古代因何无版权'研究的几点反思"，载《法学家》2010年1期。

❸ 张绍勋：《中国印刷史话》，商务印书馆1997年版，第9～143页。

❹ 清代翟金生曾依照毕昇的方法制造泥活字印刷术，用了30年时间，耗费全家之人力、财力，在其古稀之年终于试印成功。张绍勋：《中国印刷史话》，商务印书馆1997年版，第170页。

❺ 同上书，第145～184页。

❻ 同上书，第184页。

❼ 刘春田："知识产权制度是创造者获取经济独立的权利宪章"，载《知识产权》2010年第6期。

者、工人和作者这三个独立的经济主体，令人存疑"。❶ 如果不认为中国古代存在先进的印刷技术，那么就不存在著作权产生的技术基础，也就不可能存在著作权。也有学者认为，对雕版印刷术而言，罗马文字不足以大规模地出版图书，方块字却可以大规模地出版。❷ 而近代西方活字印刷术传入后迅速取代雕版印刷的史实并不支持此种观点。故这种观点也影响较小。

综合比较上述四种观点。本书认为，第三、第四两种观点最具说服力，在四种观点的竞争中处于优势地位。第四种观点可以认为是第三种观点细化的一个方面。中国古代的印刷术，不论是雕版印刷还是活字印刷都属于古代社会具有技术，而谷登堡的活字印刷术则可以认为是近代社会的因素。这两种印刷术对应的是不同的社会形态。第三、第四两种观点并无冲突之处，第四种观点还克服了第三种观点中含糊的缺陷。二者可以同时成立。而本书所提出的著作权的"古近之问"正是对这两种观点的运用。

第二节　著作权"古近之问"的含义

社会形态存在古代社会与近代社会的区分。当涉及中国古代著作权问题的讨论时，往往涉及对言论的控制程度、印刷技术的发展程度、私权及其私权意识的程度、复古抑或创新、集体抑或个人的文化特征等方面，这些方面都可以认为是古代社会与近代社会的不同之处。

这种区分古代社会与近代社会的观点至少可以追溯至英国学者梅因的《古代法》。其将古代社会描述为"家族"❸ 的，"宗法"❹ 的。进入近代社

---

❶ 刘春田："知识产权制度是创造者获取经济独立的权利宪章"，载《知识产权》2010 年第 6 期。

❷ 郑成思：《版权法》，中国人民大学出版社 1997 年版，第 3 页。

❸ ［英］梅因著，沈景一译：《古代法》，商务印书馆 1959 年版，第 88 页。

❹ 同上书，第 90 页。

会这个社会进步的过程则是"'个人'不断地替代了'家族'",❶ "是一个'从身份到契约'的运动。"❷ 也可由此推断出，古代社会具有集体主义倾向，而近代社会具有个人主义倾向。这两种倾向的不同，也正是前文所言的古代社会与近代社会不同的因素之一。

著作权法律制度是近代社会的产物，古代社会不存在著作权。不论是中国古代还是西方古代都没有著作权的产生。虽然有学者举出一些实例说明存在一些类似于著作权的保护，如"西塞罗等人都曾从自己的演讲或写作中获取报酬"，而对剽窃的反对甚至可以追溯至古罗马的诗人马歇尔。❸但是，前者完全可以归入合同，后者也仅仅是反对欺骗的诚实信用原则的体现。故通说也不认为这是著作权的体现。前文也提及，由于正当性的缺乏，我国古代禁止他人翻印的禁令只不过是不正当竞争的手段。所以，在实然上，不论中西，古代社会都不存在著作权。

而古代社会是否应该产生著作权呢？正如前文所讨论，当今学者多将这种应然归于古代社会的社会结构。本书试图在此基础上更进一步，将这种古代社会的社会结构与近代社会的社会结构进行分解，形成古代社会的因素与近代社会的因素。例如简单的技术、专制等级、集体主义倾向、神祇及祖先崇拜、摹仿的作品观都可以被认为是古代社会的因素；而先进的技术、民主法治、个人主义倾向、市场经济乃至非摹仿的作品观都可以被认为属于近代社会的因素。之所以在古代社会与近代社会的区别加上"因素"二字，原因有二：一是因为即使在古代社会也可能会产生个别的近代社会的因素，如在爱琴文明及古罗马自古就有民主的政治传统和较为发达的商业。二是因为从古代社会到近代社会也存在一个逐步改变的过程。在这个过程中，近代社会的因素逐步替代古代社会的因素。所以，通过古代社会与近代社会中不同的因素来描述这两个社会形态更为恰当。

---

❶ ［英］梅因著，沈景一译：《古代法》，商务印书馆1959年版，第110页。

❷ 同上书，第112页。

❸ 吴汉东等：《知识产权法基本问题研究（分论）》，中国人民大学出版社2009年版，第4页。

通过因素的不同可以判断，古代社会在应然上也不可能产生著作权，即古代社会不具备近代社会的著作权因素。细言之，谷登堡的活字印刷术、言论的自由、民主平等等近代社会的因素在古代社会不可能同时具备。所以，著作权成为一项古代社会没有且不应有，而是近代社会所具有的制度。著作权的正当性问题很大程度上可以理解为近代社会是否应有著作权的问题。正是如此，著作权的正当性问题和古代社会与近代社会的区分联系在了一起。

如是则形成本书所提出的检验著作权正当性理论的"古近之问"，即对于一个赞同著作权正当性的理论而言，其要面对古代社会与近代社会的区别，必须要回答为什么古代社会不应该具有著作权而近代社会应该具有著作权的问题。而就目前所流行的著作权正当性的理论而言，这种基于历史与逻辑的诘问都基本没有涉及。这样，各种著作权正当性的理论都同时适用于古代社会与近代社会。所以，这个问题的另一种表述形式是：依照目前流行的各种理论，即使在古代社会，著作权法律制度也具有正当性，但是为何古代社会不能产生著作权呢？

第三节　来自"古近之问"的证伪

著作权的"古近之问"的用途在于证伪著作权的正当性理论。

一、对劳动理论的证伪

大致而言，劳动理论认为，作品是作者的劳动成果。作者基于对自身的所有而延长至对作品的所有。有学者认为"智力创造者对智力成果享有财产权是道德要求。"[1] 这种观点同样无视古代社会与近代社会的区别。依据劳动理论，不论是对洛克观点的直接运用，还是劳动报酬说、增量说抑或创造说，都将古代社会与近代社会等同。

---

[1]　张楚等："知识产权的文化内涵"，载《首都经济贸易大学学报》2011 年第 6 期。

依据洛克观点的直接运用，在古代社会仍然会将作品视为作者的劳动成果。所以，在古代社会也应该存在对作品这种劳动成果的保护。但为何这种著作权并不存在呢？仅从逻辑上言，劳动理论还是无法回答这个问题，所以也面临被证伪的危险。其他劳动理论亦如是。依据劳动报酬说，著作权是对作者劳动的回报，那么，即使在古代社会劳动也需要回报，为什么在古代社会就不存在著作权这种劳动回报呢？增量说很好地解释了著作权制度中的期限、公有领域以及限制的问题，而仍然无法回答"古近之问"。创造说亦如是。

归属于劳动理论的各种观点都难以回答著作权的"古近之问"，这是因为各种劳动理论的观点都是超越时代、超越地域、超越民族的表述。在劳动理论看来，不论古代还是近代，作者都应当基于其作品而享有著作权。面对作品观和著作权"古近之问"的质疑，各种劳动理论都不能给予任何恰当的答案。

本书列举了作品观和"古近之问"两个证伪的问题，各种劳动理论都不能给予合格的答案。所以，在众多竞争性的正当性理论中，劳动理论应当属于首先被淘汰的理论。

二、对人格理论的证伪

总体而言，人格理论并没有很好地回答著作权的"古近之问"。但是，也有的人格理论作出了较好的答复，代表是康德的主体行为说。

康德将作品理解为作者向读者的说话，将著作权理解为作者和出版者之间的对人权，即出版者代理作者从事的一项业务。这种正当性的理论可以通过著作权"古近之问"的质疑。康德笔下的著作权并非现代意义上的著作权，而是作者与出版者的合意。不论是古代社会，还是现代社会，民事主体都应当有权委托他人从事自己的一项业务，未经许可而从事自己业务的行为不具有正当性，作为向读者说话的作品则属于作者的这样一项业务。所以，不论古代社会还是现代社会，都应该存在康德所言的著作权。在古代社会没有产生现代意义上的著作权，是因为不存在以印刷为业的出版者，即没有被许可从事作者业务的人；如果存在印刷者，在特许出版权时期，作者向印刷者交付手稿的行为已经是一种许可，那么就产生了康德笔下的作为对人权的著作权。正是由于康德将著作权界定为一种类似于债权的对人权，导致康德的主体行为说通过了著作权"古近之问"的质疑。

拉丁将人格理解为物比其自身多出的部分，认为作品接近人格的一端。如果基于此而认为作品中含有作者的人格属性的话，却仍然无法回答著作权的"古近之问"。在该理论看来，不论是古代社会还是近代社会，作品与作者的关系是不变的——作品具有作者的人格属性。这样就无法回答为何古代社会不存在著作权，而近代社会存在著作权的问题。

人格理论的核心观点仍然是人格权说，即将著作权的本质理解为人格权。人格受到保护，与古代社会或近代社会无关。所以，对著作权乃至其他人格权都应是古代社会与近代社会共存的制度。不过不幸的是，从历史的角度而言，人格权的历史比著作权还短。从1710年《安妮法》至今已有300年的历史；众所周知，潘德克吞体系中并没有人格权的位置，人格权的奠基之作是1895年德国学者基尔克（Otto v. Gierke）的《德国私法》（*Deutsches Privatrecht*）一书，❶ 而人格权这一概念直到第二次世界大战以后才被德国学者广泛承认。❷ 古代对所谓人格权的保护主要集中在对侵犯生命、身体、健康、自由和名誉的禁止。这些人格要素和作品显然是不同的。用著作权的"古近之问"拷问著作权的人格权说，将会延伸至人格权自身所面临的"古近之问"的问题。

即使不考虑人格权自身的问题，将著作权视为人格权的观点也难以回答"古近之问"的质疑。将著作权视为人格权，基础在于将作品视为人格的表达，对作品的保护则成为作者人格的保护。但是，这种作品表现人格的观点也不区分古代社会与近代社会。一部作品是否表现该作者的人格，

---

❶ 薛军："人格权的两种基本理论模式与中国的人格权立法"，载《法商研究》2004年第4期。

❷ ［日］星野英一著，王闯译：《私法中的人——以民法财产法为中心》，见梁慧星主编：《民商法论丛（第8卷）》，法律出版社1997年版，第179页。

与作品产生的时代无关。不能因为作品产生于古代，就认为该作品不表现人格。即使在古代社会，作品仍是作者人格的表达。古代社会中的作者也需要尊重。但为何古代社会并没有体现对作者尊重的著作权呢？这个问题，该学说无法回答。

自由意志说亦是如此。比人格权说境况好的是，不论是古代社会还是近代社会，作为自由意志表现的财产权都受到保护。而同样作为自由意志表现的著作权并非如此。自由意志说不区分古代社会与近代社会，也不区分著作权与其他财产权。这样，自由意志说也不存在解答著作权"古近之问"的可能。

综上，除了康德的主体行为说，其他著作权的人格理论都被著作权的"古近之问"所证伪。由于康德的主体行为说无法回答作品观的选择问题，所以人格理论也难以逃脱被证伪的厄运。

三、对功利主义的证伪

著作权的功利主义认为著作权是对创作的激励。在经济激励理论看来，这种激励并没有严格的古代社会与近代社会的区分。即使在古代社会仍可以通过著作权来促进创作，那么为何在古代社会却没有著作权呢？故总体而言，经济激励理论同样无法解答著作权的"古近之问"。

社会规划理论作为经济激励理论的演变，也没有很好地回答"古近之问"的问题。社会规划理论期望的是一种"可欲社会"，著作权是通向"可欲社会"的途径。例如，通过著作权可以资助创造者和言论者等。不过这种资助同样不区分古代社会与近代社会。所以，社会规划理论不能很好地解释著作权"古近之问"的问题。庆幸的是，社会规划理论也许仅仅是对"可欲社会"的规划。作为规划中应当存在的制度，在现实中并不存在也许是一种常见的现象。

功利主义中也存在对古代社会与近代社会区分的解释。这种解释的代表人物是美国学者波斯纳。其认为，由于复制技术的落后，著作权在古代社会中的激励作用过小，以至于著作权制度在古代社会并不必需。❶ 这也可以认为是对著作权"古近之问"的一种回答。

如前所述，"社会公意"说和罗尔斯观点的演绎往往依托于前三种流行的著作权正当性的理论而存在。就古代社会与近代社会的区分而言，这些观点都是一种无视的态度。所以，这些观点同样不可能回答著作权的"古近之问"。马克思主义的适用倒是存在解答的可能。马克思主义不仅区分了古代社会和近代社会，还细致地区分了原始社会、奴隶社会、封建社会、资本主义社会等社会形态，并认为这些社会形态存在根本的不同。如前所述，马克思主义最终只可能将著作权的正当性诉诸于特定的生产力及生产关系。我们固然可以说这种论断回答了著作权的"古近之问"，但是这种回答过于整齐划一且笼统抽象。当然，本书的回答也可视为对这种笼统抽象的细化。

在目前各种著作权正当性的理论中，也许只有否认正当性的观点较好地回答了著作权的"古近之问"。例如，有学者将著作权理解为历史上利益斗争的产物，其仅仅是利益集团的话语。❷ 在这种语境下，不论古代社会还是近代社会，著作权都不具有正当性。这也很好解释了近代社会产生著作权的理由。虽然否认正当性的理论较好地回答了作品观和"古近之问"的质疑。但是，本书并不赞同否认著作权正当性的观点。下文将展开笔者对著作权正当性问题的求索。

---

❶ ［美］威廉·M. 兰德斯、理查德·A. 波斯纳著，金海军译：《知识产权法的经济结构》，北京大学出版社 2005 年版，第 64 页。

❷ 黄海峰：《知识产权的话语与现实——版权、专利与商标史论》，华中科技大学出版社 2011 年版，第 40 页。

第四章　正当性的路径：作品上的利益

> 除了几个顶级畅销书作家，中国作家绝大部分都收入微薄，
> 很多网络作家更是一天要写一万字，靠着千字两分钱的下载收入
> 维生。
>
> ——韩寒

第一节　路径的提出

本书将作品观和"古近之问"作为证伪著作权正当性理论的方法。同样基于作品和历史，本书提出了历史模型这一寻找著作权正当性的路径。在历史模型中，本书将着重于作品上利益的分析。

在作品观的证伪一章中，本书认为，著作权的正当性决定了著作权法律规范，而著作权法律规范决定了作品的属性。但是又是什么决定了著作权的正当性呢？决定著作权正当性的事物应当不同于著作权，否则陷入自我决定的悖论；同时著作权又不需要且不可能具有其他学科的基础。依据前者，这个决定著作权正当性的事物应当在著作权以及著作权法之外；而依据后者，这个决定著作权正当性的事物，不属于其他学科，即在著作权法学范围之内。

对于这一事物的寻求，本书提出一个"社会生活"的假说，即社会生活决定了著作权的正当性，进而决定了著作权法律规范。社会生活是各个社会科学都关注的对象，其既在著作权及著作权法之外，又在著作权法研究视野之中。符合前文的要求。如果笼统地将著作权的正当性和著作权具

体的法律规范不作区别，那么也可以认为，社会生活决定了著作权法，而著作权法决定了作品的属性。

这种决定方式是通过"需要"这一方式完成的，即著作权法对作品属性的需要决定了作品的属性；社会生活对著作权法的需要决定了著作权法。近年来，学界提出了"分配伦理"，❶ 认为著作权乃至知识产权的"基本功能是分配符号财产利益"，❷ "知识产权制度应当走下鼓励创造的神坛，步入分配利益的俗境"。❸依照此种思路，那么社会生活对著作权的需要，则是通过分配利益来实现的。社会生活需要著作权法律制度这种分配利益的规则。这样，所谓著作权的正当性，即著作权法律制度这种利益分配规则的正当性。故本文将作品上的利益作为寻找著作权正当性的路径之一。

本章将着重探讨作品上的利益。需要简要说明的是，本书称"作品上的利益"，而没有称"作品中的利益"，理由在于历史。参照著作权的历史会发现，技术的进步导致作品的利用方式增加，各种利用方式产生的各种利益增加。故本书认为此处的利益是附着于作品之上的，而非作品本身所具有的。故本书称之为"作品上的利益"，而非"作品中的利益"。

第二节　需求与利益

学界对利益的分析，往往始于一些抽象的表述，诸如"利益是社会主体的需要在一定条件下的具体转化形式，它表现了社会主体对客体的一种主动关系，构成了人们行为的内在动力"。❹ "利益是一个客观范畴，根源于人们的需要，即人们受社会物质条件所制约的需要，并与满足这些需要的手段和措施相关。"❺ 之后往往涉及人的需求、社会关系、权利对象等诸多论述。但是此类论述失之抽象。如前所述，此类表述只能实现对该领域

---

❶　李琛：《论知识产权法的体系化》，北京大学出版社 2005 年版，第 139 页。

❷❸　同上书，第 141 页。

❹　张文显主编：《法理学》，法律出版社 1997 年版，第 265 页。

❺　冯晓青：《知识产权法利益平衡理论》，中国政法大学出版社 2006 年版，第 1 页。

探讨的陌生化，而不会有实益。本书认为，利益即对人需求的满足。利益的各种形式，即人的各种需求满足的形式。所以对利益的分析起点在于对人的需求的分析。而我国学界对人需求的分析，往往止于恩格斯在马克思墓前讲话的层次。❶

对人的需求作出系统分析的学者当属美国学者马斯洛（Abraham Harold Maslow）。本书对人的需求的论述也是从马斯洛的表述开始。马斯洛提出了"类本能"的观点，即与本能相关、专属于人的基本需要。❷ 其认为，"我们学会一日三餐……渴望金钱。然而，这一切强大的习惯在受到挫折时可以没有痛苦，甚至间或还有积极的结果。在某些情况下，例如在泛舟或野营时，我们轻舒一口气抛开这一切，承认它们的非本质性质。但对于爱、安全或尊重，却绝不可能如此。"❸ 而这里的爱、安全和尊重就是马斯洛所说的类本能。马斯洛将这种类本能分出五个层次，由低到高依次为生理需求、安全的需求、爱的需求、尊重与被尊重的需求、自我实现的需求。❹

值得一提的是，马斯洛将创造作为人的一种自我实现的典型来理解。❺此处和功利主义所说的创作作品的"表达成本"正好相悖。❻ 在功利主义看来创造对于创造者来说是一种成本的承担；而依据马斯洛的需求理论，

---

❶ "人们首先必须吃、喝、住、穿，然后才能从事政治、科学、艺术、宗教等。所以，直接的物质的生活资料的生产，从而一个民族或一个时代的一定的经济发展阶段，便构成基础，人们的国家设施、法的观点、艺术以至宗教观念，就是从这个基础上发展起来的。"［德］弗·恩格斯：《在马克思墓前的讲话》，载《马克思恩格斯文集》，人民出版社2009年版，第601页。

❷ 也有版本译为"似本能"。参见［美］亚伯拉罕·马斯洛著，成明译：《马斯洛人本哲学》，九州出版社2003年版，第27页。

❸ ［美］亚伯拉罕·马斯洛著，许金声译：《动机与人格》，中国人民大学出版社2007年版，第67页。

❹ 同上书，第70页。

❺ 同上书，第199页。

❻ ［美］威廉·M. 兰德斯、理查德·A. 波斯纳著，金海军译：《知识产权法的经济结构》，北京大学出版社2005年版，第47页。

创造是创造者的一种高层次需求的满足。

在马斯洛看来，这五个层次的需求作为人的类本能，为所有人所共有。这些共有的类本能已经呈现出多元的需求。而人其他的非本能、非类本能的需求可能会更加多样繁复，因人而异。所以，本书从马斯洛的研究出发，得出本章第一个命题，即人的需求是多元的。

面对人多元的需求，对各种需求的满足都可以构成主体的利益。所以主体的各种利益也必然会呈现出多元的现状。但是将法律视为利益调整之器，需要将被调整的利益整合统一及类型化。那么多元的利益是否具有统一及类型化的可能呢？这样的问题是分析作品上的利益首先要面临的一个问题。作品上的利益必然附着于作品之上，所以上面一个问题转换成下面一个问题，即作品上多元的利益是否具有统一及类型化的可能？

本书认为，虽然在作品之上附着的利益是多元的，但是存在统一及类型化的可能。通过法律这一因素的介入，首先进行的类型化就是将多元的利益一分为二：一部分是法律所关注的；一部分是法律不关注的。法律也有自身的限度，不可能调整所有的利益。不需要法律调整和不能被法律调整的利益都属于法律所不关注的部分。通过交易这一因素的介入，又可以使得多元的利益具有统一的可能。交易，是能够满足人各种需求的权利对象可以流转。这种外在主体的权利对象的流转意味着主体的需求本身也可能进行转移。人的需求虽然是多元的，但是此种流转和变动则为其统一提供可能。这样，交易使得利益一分为二。可以通过交易进行交换的，都可以被认为具有同质性，可以通过交易进行统一；不可以通过交易进行交换的，则被认为具有异于交易的性质。前者为财产性利益，后者为非财产性利益。如表4-1所示。

表4-1 可交易与不可交易的利益

利　　益	可交易（财产性利益）	不可交易（非财产性利益）
法律关注的	财产权	人身非财产权
法律不关注的	∅	法律不关注的非财产性利益

　　财产性的利益是法律关注的重点，财产性利益基本都为法律所关注。但在非财产性的利益方面，有许多利益是法律选择性忽视的。在法律所关注的利益中，可交易的利益往往被称为财产权，不可交易的利益则往往被称为人身权。对应于作品之上，则是著作财产权和著作人身权。

　　民法上财产权与人身权的分立备受争议。❶ 但这并非本文关注的重点。本文关注的是作品之上所附着的人身、财产等各种各样的利益形式。如前文"隐喻"的方法所言，民法上关于人格与财产分离的争议隐喻的是生命、身体、健康、姓名、肖像、隐私、名誉等人格要素之上的人格权与物权、债权等财产权之间的分离。其中基本没有考虑作品之上的利益。❷ 所以将生命、身体等人各要素之上的人格权与财产权对立的结论直接适用于作品之上各种利益本身就是欠缺理由的。与其如此，不如直接讨论作品之上的各种利益。而作品上各种利益的讨论，也将以前文所言的"交易"为中心分别讨论。

---

　　❶　这种争议主要体现在人格财产二分的讨论。传统的潘德克吞体系中存在家庭财产二分，而没有人格权，德国法上的各种人格权乃至一般人格权的出现是为了弥补侵权法一般条款的不足。而我国通说则将人格权视为与财产权对立的一种权利类型。在侵权法倾向于法国模式的情形下，对生命、身体、健康、姓名、名誉、肖像、隐私等人格权的要素而言，这样将面临如下尴尬：若这些要素可以和人身分离，那么其将被视为财产而不能被视为人身；若这些要素不可以和人身分离，那么这些要素之上的利益无变动的可能，其归属也将不会产生纠纷，进而无需法律的介入；若与这些要素的有关的法律仅限于侵权法，则人格权没有独立的必要。详情可参见王利明：《人格权法研究》，中国人民大学出版社 2005 年版，第 32 页以下；梁慧星：《民法总论》，法律出版社 2001 年版，第 113 页；杨立新：《人格权法专论》，高等教育出版社 2005 年版，第 26 页以下；张俊浩主编：《民法学原理》，中国政法大学出版社 2000 年版，第 140 页以下；陈卫佐：《德国民法总论》，法律出版社 2007 年版，第 107 页以下；［德］卡尔．拉伦茨：《德国民法通论》，王晓晔等译，法律出版社 2003 年版，第 171 页以下；［日］五十岚清：《人格权法》，［日］铃木贤、葛敏译，北京大学出版社 2009 年版，第 9 页等文献。

　　❷　德国明镜案中，明镜杂志擅自将一封读者来信发表。鉴于德国著作权法对作品独创性较高的要求，读者来信不被视为作品，故该行为被法院认定为侵犯该读者的人格权。该案中涉及了作品上的利益。但是这种情况特殊并非常态，也并非学者关注的重点。关于该案，参见王利明主编：《民法》，中国人民大学出版社 2005 年版，第 248 页。

第三节　作品上的财产性利益

作品上的财产性利益，即可以通过交易进行统一的利益形式，这也是著作权法所关注的最主要的部分。学界目前对这部分利益讨论的内容主要集中于具体的著作财产权上，对它的分类和把握也主要是复制、发行、出租、表演等形式。本书将换一角度，认为这部分利益存在着分配和交换的过程，从而进行细化而对此过程的研究，目前仍停留在如下层次，"从知识产权制度中获益最多的主体不是创造者，而是利用智力成果从事市场交易者。在智力成果的分配体系中，创造者获得的利益是最少的，因为它离市场远。"❶ 著作权"在表达上是作者的权利，现实中则造就商人的独占。"❷ 严格地说，以上表述都不恰当。本书将作品上的财产利益细化，将其分为三个层次：权利、交易和金钱。

一、权利、交易、金钱三个层次

（一）权利

权利，即法律上的权利，主要是指著作权，也包括其他权利，如手稿的所有权，甚至可以包括我国学者提出的"形象权"。❸ 从作品作为生产要素的历史来看，作品手稿的所有权、特许出版权和著作权在整个利益实现和分配的过程中，起着至关重要的作用。在权利层面上，作品上的财产利益存在如下分野：在著作权确立之前，法律上的权利以手稿所有权和特许出版权为主；著作权确立之后，则以著作权为主。

---

❶ 李琛：《论知识产权法的体系化》，北京大学出版社 2005 年版，第 63 页。

❷ 黄海峰：《知识产权的话语与现实——版权、专利与商标史论》，华中科技大学出版社 2011 年版，第 41 页。

❸ 吴汉东："形象的商品化与商品化的形象权"，载《法学》2004 年第 10 期，第 77 页。

著作权的确立，以 1710 年的《安妮法案》（*Statute of Anne*）❶ 为标志。在这之前，作者对其作品手稿的所有权一直都被承认，但其对文本的著作权却不存在。❷ 书商通过购得作品手稿的所有权而接触作品，进而出版印刷，而作者通过出售手稿所有权实现其财产利益。❸ 此时，对作者而言，在作品上的权利体现为对其手稿的所有权。除了手稿的所有权外，这个阶段出现的特许出版权往往被认为是著作权的萌芽。❹ 这种公会内部的书商享有的基于出版审查的特权对交易以及书商自身利益等各方面影响很大。就对利益分配的影响而言，这种特权被认为是法律上的权利更为恰当，即享有该特权的书商可以禁止其他人的复制。❺《安妮法案》通过后，作者成为整个出版产业的权利源头，对其文本享有在一定期限内禁止他人复制的权利。❻ 而后，作者可以如同处分其手稿的所有权一样处分其作品的著作权。

（二）交易

交易，则是利益的第二个层次。作者手中的权利需要通过交易方能实现其价值，书商手中的权利也需要通过交易来实现其价值。交易处于作品上利益实现的核心环节。虽然交易在民法中可以抽象成为买卖合同，交易中仍可认为存在着各种合同上意定的权利，但这与前文所说的所有权、著

---

❶ 亦有译为《安娜法》，全称为 *An Act for the Encouragement of Learning*，*by Vesting the Copies of Printed Books in the Authors or Purchasers of such Copies*，*during the Times therein mentioned.*

❷ Mark Rose，*Authors and Owners：The Invention of Copyright*，Harvard Uniersity Press，1933，p. 17.

❸ Mark Rose，*Authors and Owners：The Invention of Copyright*，Harvard Uniersity Press，1933，p. 18.

❹ 刘春田主编：《知识产权法》，高等教育出版社、北京大学出版社 2010 年版，第 47 页。

❺ 除了特许出版权外，作品上的专利也有类似作用，但仍以特许出版权为主。详情可参见黄海峰：《知识产权的话语与现实》，华中科技大学出版社 2011 年版，第 9 页；John Feather，A History of British Publishing，Croom Helm Ltd，Provident House，1988，p. 38 等。

❻《安妮法》的原文及其中文译文可参见刘春田主编：《中国知识产权评论》（第二卷），商务印书馆 2006 年版，第 539 页。

作权等权利明显不同。在交易过程中，合同权利不过是当事人意思自治的工具；合同是当事人意志和力量较量的结果。而前文所言法律上的权利则构成此种交易的基础。而且，在作品上利益实现和分配过程中，所有权、著作权等权利和交易中的合同权利处于不同阶段。鉴于此，本文将交易从权利中分离出来而成为一个独立的层次。交易过程中，往往形成各种商业习惯，所以商业习惯也成为这个层次关注的重点。

交易这一层次大概而言可以分为两个方面，一为作者与出版社（书商）之间的交易；一为出版社（书商）与批发商、零售商之间的交易。在这两个方面中，以前者研究较多。交易的内容由当事人合意而定，形式繁多、举不胜举。据笔者所知，作者和出版社之间的交易模式至少包括以下几种。

第一，出版社出版作者的作品，作者向出版社支付一定的费用。所需费用的多少与出版社的影响力相关。因为作品的出版会增加作者的名气、社会影响等，所以即使付费，仍有不少不知名的作者愿意将其作品公之于众。

第二，出版社出版作者的作品，但作者需要自行购买一定比例的作品复印件。此种情况不仅目前较为常见，而且自古已有，例如1586年，《法内西婚礼之歌》的作者马梅拉努就被迫自购400~500册。❶

第三，出版社出版作者的作品，作者无稿费也不需要支付费用或购买作品复印件。

第四，出版社出版作者的作品，作者一次性地获得一笔费用。此种情况在著作权产生之前较为惯例。通常，"一份手稿售出，即告买断，尔后的出版利润，概与作者无关。"❷ 但目前此种情况也并非罕见，例如一些支付稿费的期刊杂志，通常采用此种模式。

第五，出版社出版作者的作品，并根据销量给予作者费用。此种情况

---

❶ ［法］费夫贺、马尔坦著，李鸿志译：《印刷书的诞生》，广西师范大学出版社2006年版，第154页。

❷ 同上书，第156页。

为目前出版业常见，在畅销书的出版中尤其如此。在著作权产生之前，有影响力的作者也可能和出版社达成此种协议。例如，"米尔顿在 1667 年 4 月 27 日，以 5 英镑将《失乐园》手稿授予西门斯之际，西门斯允诺，只要第一版印出的 1300 本售完，将另外致酬 5 英镑；若有机会印制第二与第三版，且顺利出清，还会追加同额的稿酬"。❶

第六，其他。例如莎士比亚可以因为剧本的优秀而成为剧院的股东。❷

在这几种交易模式中，第五种模式往往会引起学者的重视。此种交易模式中，作者可以依据销量而获益，与目前所说的版税制极为近似。但著作权法并非由此种交易模式转化而来。理由有二：第一，在实践中，著作权一次转让而不按销量计费的情况也十分常见，著作权的确立并不意味着对著作权的处分必须采用第五种模式。第二，在理论上，交易和权利处于不同层次，二者的样态完全不同——权利层次上的变化，并不必然带来在交易层次上的影响。

（三）金钱

金钱是作品上财产利益的最终形式。对作者乃至书商而言，权利需要通过一个个的交易转化为金钱，方有价值。单纯的权利的多少抑或是交易中对价力量的对比不足以直接体现利益的多少。只有将利益以金钱为单位进行计算，才能知道获益的多少。

在著作权制度确立之前，作家的酬劳甚薄，"想要填饱肚皮，光靠写书是绝不可能"。❸ 但也有例外，例如"在伊丽莎白时代，任何一位作家都认为写剧本是最有利可图的差事。一部新剧本平均报酬是 6 英镑"，"比当教

---

❶ ［法］费夫贺、马尔坦著，李鸿志译：《印刷书的诞生》，广西师范大学出版社 2006 年版，第 157 页。

❷ ［英］彼得·艾克洛德著，郭俊、罗淑珍译：《莎士比亚传》，国际文化出版公司 2010 年版，第 221 页。剧院不同于书商，但就作品的传播而言有着类似的效果。

❸ ［法］费夫贺、马尔坦著，李鸿志译：《印刷书的诞生》，广西师范大学出版社 2006 年版，第 155 页。

师的年收入要高出两倍。"❶ 而莎士比亚每年的收入约 250 英镑，不是特别富有，但也算得上一个富人。❷ 此种情况并没有因为著作权的确立而有所改变。虽然作者获得了著作权，但通过交易转化成的利益而言，大多数作者也是十分窘迫。诸如韩寒对百度的声讨、❸ 科幻作者全部兼职的现状❹等。只有极少数畅销作家，如《哈利·波特》的作者 J. K. 罗琳，才可能会收入不菲。

二、三个层次之间的关系

权利、交易和金钱，构成了作品上财产利益实现的三个层次。这三个层级之间相对独立，但又可以相互影响。简言之，这三个层次是作品上财产利益实现的过程：作品上的权利通过交易转化为金钱。

就这三个层次之间的关系而言，至少可以得出以下命题。

第一，权利的增加不意味着交易模式的改变，也不意味着金钱的增加。

单独地赋予作者著作权并不能直接改变作者与出版社之间的交易模式，也不可能直接增加作者的收入。这是三层财产利益相互独立这一方面的表现。这一点与学界的通说颇有不同。依据目前流行的观点，"知识产权制度是创造者获取经济独立的权利宪章"；❺ 甚至有学者认为著作权法的首要目

---

❶ ［英］彼得·艾克洛德著，郭俊、罗淑珍译：《莎士比亚传》，国际文化出版公司 2010 年版，第 330 页。

❷ 同上书，第 369 页。

❸ 2011 年的 3 月，韩寒连发两篇博客声讨百度侵犯著作权的行为，引起社会广为关注。其中提及了目前文字作品作者的现状："大部分作家两三年才写一本书，一本书就赚一两万……很多网络作家更是一天要写一万字，靠着千字两分钱的下载收入维生。"韩寒：《为了食油，声讨百度》，韩寒的博客 http：//blog. sina. com. cn/twocold，2011 年 6 月 26 日访问。

❹ 在一篇对科幻作者刘慈欣的采访中，其言"现在科幻世界这个圈子里，最有读者的几个作者有一个共同特点，我、王晋康、何宏伟，都是小地方的，都是基层的，大家都有工作，都是业余地在做，不是靠这个生存的，不然早饿死了。"而刘慈欣本人则是山西娘子关电厂工程师。《南方周末》2011 年 4 月 21 日，第 E27 版。

❺ 刘春田："知识产权制度是创造者获取经济独立的权利宪章"，载《知识产权》2010 年第 6 期，第 18 页。

的是保护作者。❶ 类似观点仍有很多，这些观点误将权利与金钱等同。权利固然可以通过交易转化为金钱，但是权利和金钱之间并非处于同一层次。单纯的著作权的增加，通过交易的过滤之后，到达作者手上的金钱却未必会增加。在没有著作权的时代，作者出让手稿所有权换取金钱；增加了著作权之后，作者则主要出让著作权以换取金钱。这种著作权的增加，对于出版商而言，效用并没有什么改变。同样获得出版该作品的权利，购买手稿所有权与购买著作权之间在金钱方面的不同是需要证明的。但是这种证明却被学界所忽略。古今中外大部分文字作品的作者不能以创作为职业，不能以作品来谋生，此种情况非常常见。因为作品而富有的例子实属罕见。此种情况可以认为由于作者往往远离市场所致，与是否拥有著作权无关。著作权的增加并不能改变这一情况。虽然在权利层次上，作者获得了著作权，但通过交易对这种变化的减损，到达以金钱为单位的利益层次时，此种利益的增加已经微乎其微。❷ 作品上虽然附着着利益，并且这个利益因为传播技术的发展而增加，但在分配的格局中，作者并没有天然的优势。作者手中的权利，不论是手稿所有权还是著作权都注定要被作者处分给书商。故与出版审查时期相比，如果认为作者因为著作权而获益，那么这种获益仅仅停留在法律上的权利层次之上，并没有到达以金钱为单位的利益这一层次。

第二，交易模式的改变，不意味着权利的改变。前文中提及几种交易模式，第五种模式中作者依据作品销量获益与版税制较为接近，但是此种交易模式和著作权制度有着根本不同。前文提及权利层次的变化并不意味着交易层次的改变，同样交易层次的变化也不意味着权利层次的改变。例如，目前大量门户网站通过广告收取费用弥补支付作品使用费的支出，而不向接触作品的公众收费。学界对此有过这样一类观点，认为这种交易模

---

❶ 冯晓青：《知识产权法利益平衡理论》，中国政法大学出版社 2006 年版，第 94 页。

❷ 严格地说，增加著作权这一权利，在金钱层次上，作者获益应该会有少量的增加。因为废除出版审查后，皇室不能因为出版而获得许可的收益。这部分利益会被作者、书商以及读者所瓜分。

式的改变将可能最终导致著作权法律制度的改变。诸如荷兰学者斯密尔斯认为，"在人们收听音乐或是用其他作品时不设置过多障碍，而是通过植入广告赚取收入"❶是替代著作权制度的方法。但是这种推断还是缺乏依据的。毕竟交易模式和著作权处于作品上财产利益的不同层次。二者并不存在一一对应的关系。对公众而言，有没有著作权是近似甚至是相同的，因为都可以免费接触到作品。但是，对于产业链条上的作者和门户网站来说，则完全不同。更何况，传播者之所以能够通过植入广告收益，其基础就是著作权。倘若没有著作权，任何人都可以传播作品，那么这种广告收入就会大幅减少。所以，认为交易模式的变化可以引起权利层次中著作权的变化还需要必要的论证。

第三，三个层次可以相互影响，在权利或金钱层次的改变中，交易层次可以起到缓冲的作用。前两个命题都主要针对三个层次中相对独立的一方面，这个命题则主要关注三者之间的相互影响。权利通过交易转化为金钱，在这个过程中交易可以起到缓冲的作用。这种例证在著作权确立前的混乱时期表现得最为明显。

在《安妮法案》通过之前的出版史大致可以分为两个时期，一为出版审查时期，一为自由出版时期。出版审查时期可以截至 1641~1642 年英国王室丧失对国家的控制以及内战的爆发，而《安妮法案》1710 年方付诸实施。在这期间存在着出版审查和自由出版的混杂。而自由出版时期以 1695 年以后《许可证法》（the Licensing Act）未能续展为典型。❷ 17 世纪 40 年代的英国内战爆发后，1679~1685 年，1695~1709 年等多个时期，出版不需要审查而处于自由状态，此种状态被英国学者费瑟描述为"混乱"（cha-

---

❶ ［荷］约斯特·斯密尔斯、玛丽克·范·斯海恩德尔著，刘金海译：《抛弃版权——文化产业的未来》，知识产权出版社 2010 年版，第 10 页。

❷ John Feather, *A History of British Publishing*, Croom Helm Ltd, Provident House, 1988, pp. 43~83.

os)。❶ 的确，翻印者"不但不用负担各页版面编排调整的成本（仅需逐页照印即可），更无须支付作者分毫"❷。如此，购买手稿进行出版的书商将丧失竞争上的优势。但是在没有特权的混乱之中，书商仍然可以通过交易习惯在一定程度上维持出版业的秩序。原来有特权的书商与大的批发商有长期的贸易往来。在混乱中，此种交易习惯才可以被维持。出版业的秩序并没有因为自由出版而完全崩溃。❸ 如是则说明了作品利益分配过程中，权利层次的变化对交易层次乃至金钱层次的影响——权利层次上的变化，需要通过交易才能到达金钱层次，交易作为一个层次，可以减少权利层次上变化带来的冲击。

第四节　作品上的非财产性利益

作品上的非财产性利益以作者为核心，对于作品的传播者而言基本没有此种类型的利益。作品上的非财产利益不胜枚举，本书只能有限地例举如下几种。

一、创造的需求

作品的创作对于作者而言本身就是一种高层次需求的满足。这一点在前文已有所说明——例如在马斯洛看来，当人的低层次需求满足到一定程度之后，就会产生高层次的需求，即当生理需求、安全需求等各种低层次的需求基本满足后，创造将成为人的一种需求形式。❹ 满足创造需求的这

---

❶ John Feather, *A History of British Publishing*, Croom Helm Ltd, Provident House, 1988, p. 50.

❷ ［法］费夫贺、马尔坦著，李鸿志译：《印刷书的诞生》，广西师范大学出版社2006 年版，第 237 页。

❸ John Feather, *A History of British Publishing*, Croom Helm Ltd, Provident House, 1988, pp. 69 ~ 73.

❹ ［美］亚伯拉罕·马斯洛著，许金声译：《动机与人格》，中国人民大学出版社2007 年版，第 199 页。

种利益不可能进行交易，故也是一种非财产性利益的一个方面。同时，这种利益也不可能受到法律规范的调整。这只能是一种法律所不能关注的利益形式。

二、社会关注和评价

社会的关注和评价，往往也被称为"社会评价受有利益"。❶ 作品的传播增加了社会公众对作者的关注和评价，这本身对作者而言就是一种利益。如果这种关注和评价是正面的，那么这种利益将会更多。正如斯密尔斯所言，"名气也会产生收益。"❷ 也正是因此，很多作者宁愿贴钱出书，很多电影和软件宁愿通过盗版的传播来提高自身的知名度。

社会公众关注程度以及如何评价，对社会公众而言应当属于言论和表达自由。❸ 对关注和评价本身法律不应当介入。但是不当的行为可能会降低这种关注和评价，从而进入法律的视野。此处所对应的权利主要是名誉权和著作人格权中的保持作品完整权。一般认为，"名誉权就是自然人或法人依法享有的维护所获得的社会公正评价并排斥他人侵害的权利。"❹ 而保持作品完整权就是"保护作品不受歪曲、篡改的权利。"❺ 学界一般认为此处的歪曲篡改对于已发表的作品而言，应当以损害作者声誉为标准。❻ 故对应作品上的非财产利益而言，此处主要涉及保持作品完整权，而引起损害的不当行为则是对作品的歪曲篡改。

对大多数作品而言，作品一旦发表，即推定为公众所知晓。此时对作

---

❶ 王利明主编：《民法》，中国人民大学出版社 2007 年版，第 737 页。

❷ ［荷］约斯特·斯密尔斯、玛丽克·范·斯海恩德尔著，刘金海译：《抛弃版权——文化产业的未来》，知识产权出版社 2010 年版，第 70 页。

❸ 我国法院有一种倾向认为，对作品乃是作者的不良评价侵犯了其名誉权。这种倾向在知识产权学界乃至民法学界饱受争议。详情可参见"刘春田评说范曾状告郭庆祥侵犯名誉权案"，载《中华读书报》2011 年 6 月 22 日，第 5 版；姚辉等："文艺批评中的名誉权界限"，载《东方法学》2011 年第 6 期。

❹ 王利明主编：《民法》，中国人民大学出版社 2005 年版，第 275 页。

❺ 刘春田主编：《知识产权法》，中国人民大学出版社 2009 年版，第 73 页。

❻ 李琛：《知识产权法关键词》，法律出版社 2006 年版，第 118 页。

品的改动都难以达到歪曲篡改，也不太可能会影响到对作品乃至作者的社会评价。正如同有学者将"足以造成公众对于该作品的误解"作为侵害保持作品完整权的要件。❶ 对于已经发表的作品，他人的改动造成公众的误解这种情况不太可能发生。但对于一些特定的作品，诸如雕塑、绘画等美术作品，由于存在原件和复制件的区分，对原件的改动可能会造成一定的损害。所以，很多国家赋予作者保持作品完整权乃是"着眼于人类文化事业的发展。"❷ 若不考虑此种公益色彩而将此种损害和作者相联系，必然要借助表现说的作品观方能实现。而借助表现说的作品观的理由仍然是缺乏说明的。

所以，社会公众因为作品而产生的关注和评价，对作者而言也可以算作一种非财产性的利益。的确有立法例将这种非财产性的利益归属于作者的控制之下。但是对已发表的作品而言，将对其的改动和作者相联系缺乏仍有力的论证。而对未发表的作品而言，对作品改动的控制，当属作者的创作自由和表达自由之义。

三、表达自由

表达自由，可以包括言论、出版、游行等自由，是典型的第一代人权，属于宪法上的基本权利。❸ 表达自由和著作权关系密切，甚至有学者将这二者与人权联系，笼统地称呼它们为"人权意义"。❹ 一般认为这二者存在如下关系：一方面表达自由对应于作品自由的传播与著作权控制作品传播

---

❶ 刘有东："论侵犯保护作品完整权之行为"，载《西南民族大学学报（人文社会科学版）》2010 年第 4 期。

❷ 李雨峰："精神权利研究——以署名权和保护作品完整权为主轴"，载《现代法学》2003 年第 2 期。

❸ 我国《宪法》第 35 条规定，"中华人民共和国公民有言论、出版、集会、结社、游行、示威的自由"。

❹ 吴汉东：《知识产权基本问题研究（总论）》，中国人民大学出版社 2009 年版，第 14～15 页。

相悖；另一方面，表达自由又被认为是著作权产生的历史条件。❶

保护基于作品的社会关注和评价，仅仅是一种特定作品观的产物；但保护表达自由这种作品上的利益却不能如此认为。固然，我们可以认为，只有将作品视为作者内心情感、思想的表达，才能将作品与表达自由相联系。但是从表达自由的角度来说，表达自由只能通过作品来实现——对表达自由的控制即对作品传播的控制。这种途径的限制，却与作品观无关。

表达自由进入法律的视野主要有两种情形：第一种是对国家公权力的限制，即公权力机关不能审查言论、出版等表达形式，从而构建民主法治的社会制度；第二种是对著作权的限制。前者属于作者的根本利益，后者则可能造成作者利益在一定程度上的丧失。故在一个民主社会，学界多强调二者之间的平衡关系。❷ 当然也有学者认为，著作权激励了人们的表达。❸ 不可否认的是，表达自由是作品上一项重要的非财产性利益。由前文也可得知，对未发表作品的保持作品完整权的保护也可依据表达自由。

四、对意思自治的限制

第一项利益创造需求满足完全在法律视野之外，与此对应，限制意思自治这一项完全在法律视野之内。意思自治，又称为私法自治，是民法的一项基本原则，其含义是指"法律确认民事主体得自由地基于其意志进行民事活动的基本准则。"❹ 其主要体现为民法上的合同自由。对意思自治的限制主要体现在公共政策、诚实信用、公序良俗等方面。与著作权有关的对意思自治的限制主要体现为对著作权合同的限制。这种利益并非是作品之上所固有的利益，而是法律规则因为其他原因对意思自治所作出的例外

---

❶ 金海军：《知识产权私权论》，中国人民大学出版社 2004 年版，第 51 页。

❷ Eric Barendt, *Copyright and Free Speech Theory*, Jonathan Griffiths&Uma Suthersanen, *Copytight an Free Speech*: *Comparative and International Analyses*, Oxford University Press, 2005. pp. 11～33.

❸ ［美］威廉·费歇尔著，黄海峰译：《知识产权的理论》，见刘春田主编：《中国知识产权评论（第一卷）》2002 年版，第 7 页。

❹ 王利明主编：《民法》，中国人民大学出版社 2005 年版，第 37 页。

规定。

对作者而言，作品上存在着这样一种利益，作者不被允许对此种利益作出处分。这样的一种非财产性利益，完全是人为规定的产物。形象地说，这些利益仿佛从作品上的财产利益中挖出来的一部分。典型的权利形态有收回权❶和修改权。❷ 正是如此，在功利主义的视野下，方如波斯纳所言，"这些法律（收回权等权利）减少了对知识财产创造的激励"。❸ 因为被转移的利益少了，作者通过交易获得的金钱也少了，即所获得的"激励"也少了。

五、其他

以上的四种非财产性的利益是本书所列举的事例，也可能会有其他的非财产性的利益被本书遗漏。就各种具体的著作人格权而言，上述的四种利益也仅涉及了修改权、保持作品完整权和收回权，并没有涉及发表权和署名权。发表权和署名权虽然也被认为是典型的著作人格权，但是发表权不能单独行使，必须依附于其他财产权的行使；而署名权在实际运行过程中存在着类似于财产权的转让，并且被认为合法。所以，严格地说，发表权并不能独立地代表一部分利益，而署名权并非财产性的利益。所以上述的四种较为典型的非财产性利益也就不包括发表权和署名权这两种著作人格权所对应的部分。

通过以上几种作品上的非财产利益可以发现，在法律的视野中，作品上的利益以财产性利益为核心。对应于权利，正如我国学者所言，著作权

---

❶ 收回权是指"作者在其作品的某些权利被转移以后，导致作品合法地在社会上流传。事后，由于思想或情感上的改变，致使作者不希望作品继续流传，而收回已经转让出去的权利，以制止作品流传"。刘春田：《知识产权法》，中国人民大学出版社 2009 年版，第 74 页。

❷ 关于修改权争议较大。依其本意，修改权较为恰当的一种形式，是意大利法上作者享有的在作品再版时修改作品的权利。

❸ ［美］威廉·M. 兰德斯、理查德·A. 波斯纳著，金海军译：《知识产权法的经济结构》，北京大学出版社 2005 年版，第 47 页。

本性为著作财产权，"人格权之渗入纯系偶然"。❶

第五节　作者与作品上的利益

学界一般将著作权界定为"基于文学艺术和科学作品依法产生的权利"。❷ 而对此的理解又大致可以分为两种理解：一为控制，一为利益。❸ 第一种理解将著作权视为作者对作品的控制。这种控制可以理解为是对作品传播的控制，也可以理解为对作品利用方式的控制。这种将著作权理解为对作品控制的观点可以追溯至德国学者伯恩哈德·温德沙伊德（Josef Hubert Bernhard Windscheid）❹ 的权利主观说。温德沙伊德认为，权利的本质是意思自由，权利的范围即权利人的"意思能够自由活动或能够任意支配的范围"。❺ 而对应于著作权，权利人的此种意思自由则体现为对作品传播和利用的各种控制。此种理解虽然被称为权利的主观说，但其是以权利的对象为视角——在权利流转过程中，不变的是权利的对象和在其上的权利，变动的是控制权利的人。对应于著作权而言，不变的是作品，变动的是控制作品传播和利用的人。这种视角在学界非常普遍，乃至于整个民事权利的变动的规则皆以此视角。前文中也有将著作权视为作者对作品控制的论述。

如果将著作权理解为作者对作品的控制，那么既可以理解为对作品传播的控制，也可以理解为对作品各种利用形式的控制。这两种理解是一致的，著作权通过交易转化为金钱的过程，就是作品传播扩散的过程，而传

---

❶　李琛："质疑知识产权之人格财产一体性"，载《中国社会科学》2004 年第 2 期。

❷　刘春田主编：《知识产权法》，中国人民大学出版社 2007 年版，第 48 页。

❸　对权利的理解，可以细分为"意思说""利益说""法力说"和"框架说"四种主要观点。但是这四种学说应于本文而言，只有"意思说"和"利益说"具有意义。故本文也只是追溯至这两种观点。参见王利明主编：《民法》，中国人民大学出版社 2005 年版，第 121 页。

❹　一译温德夏特。

❺　王利明主编：《民法》，中国人民大学出版社 2005 年版，第 121 页。

播的具体形式是作品的各种具体的利用形式，诸如复制、发行、出租、广播，等等。而对其的控制成为著作权的核心内容。那么与"权利＝控制"相对应，是否可以将著作权的正当性理解为作者对作品控制的正当性呢？

本书认为不可以。因为所谓"作者控制作品"的正当性，实际为"作者应当控制作品"的缘由。如导论所言，应然性的问题需以实然性的问题为基础。"作者是否应当控制作品"的问题并非首先应当解决的问题。首先应当解决的问题是"作者是否可以实际控制/不控制作品"，即在实然上，制度上是否可以选择让作者控制作品，也可以选择不允许作者控制作品。因为如果作者不具备控制作品的能力，也就不存在是否应该控制作品的问题；如果作者不具备不控制作品的可能，也就同样不存在是否应该控制作品的问题。依据社会现实，作者作为一个民事主体，具备控制作品的能力。❶ 但是作者是否具备不控制作品的可能呢？

本书认为不存在。即使在没有著作权法的时代，作者也可以通过手稿所有权来实现对作品的控制。这种类似于商业秘密的控制是制度上不能排除的。作者对作品存在着天然的控制。不论对作者的解释是依据版权体系还是作者权体系，作者都是第一个接触作品的民事主体，也是作品最初的控制者。作者对作品的这种天然的、最初的控制是不可能改变的，也不会因为法律规定的不同而有所不同。所以不存在"作者是否应该控制作品"的问题，只存在"作者是否应该将这种天然、最初的控制延长"的问题。所以，著作权正当性的问题所追问的不是"控制"的正当，而是这种控制"延长"的正当。这样，作者对作品最初的控制成为考量著作权正当性问题时不能被忽视的一个实然因素。

所谓作者对作品最初的控制，即在实然上，作者是作品上利益的源头。而著作权法在应然上将作者视为权利的源头，这可以理解为对这种实然的承认。在特权时代结束之后，这种著作权的制度形式也基本成为法律对这

---

❶　此处的能力，不可以理解为权利能力抑或行为能力，而应该是康德哲学中的"理性"。

种天然的、最初的控制承认的唯一方式。但是仍然没有回答法律为何要承认作者对作品的这种天然的、最初的控制，即为何法律要将作者对作品的控制延长。故这种延长的正当性不能从控制本身中找到答案，而必须转换角度，即从本章所讨论的利益角度出发。

利益是与控制对应的另一种对著作权的理解，即将著作权视为作品之上的利益。著作权法律制度则是这种利益流转、分配和保护的具体形式。这种理解可以追溯至德国学者鲁道夫·冯·耶林（Rudolph von Jhering）的权利客观说。其认为，权利的本质是一种"法律所保护的利益"。❶ 这一种理解虽然被称为客观说，但是是以权利的主体为视角——在权利的对象流转的过程中，主体所控制的利益形式不断地变动。对应于著作权，以作者这一权利主体而言，其所得的利益形式就是一个由作品文本变为金钱或者其他利益的过程。这种视角在法学界涉及较少。但是如果将著作权理解为作品上的利益，将著作权法律制度理解为利益分配的规则，那么这种视角就必不可少。本章也正是在这一视角下的探讨。

如前章所述，本书认为，社会生活对著作权法的需要决定了著作权的正当性，而这个"需要"又是通过利益这一形式出现来实现的。由于存在作者对作品最初的控制，所以作者必然参与在作品上利益实现和分配过程。所以，作者是作品上利益分配的天然参与者。由于著作权属于作品上的利益，著作权法律制度则是作品上利益分配的制度。所以，著作权的正当性，可以理解为作品上利益分配的正当性。

---

❶ ［德］卡尔·拉伦茨著，王晓晔等译：《德国民法通论》，法律出版社 2003 年版，第 279 页。

第五章　著作权"有无"的正当性

> 在图书交易中，教训是明显的：替代控制的是混乱。
>
> ——费瑟

与以往笼统的讨论正当性的问题不同，本书对著作权正当性问题的解答是从具体化开始的。

第一节　著作权正当性的具体化

目前学界在讨论著作权的正当性时过于笼统，往往将两个问题混为一谈，即著作权的有无等同于著作权的强弱；著作权"有无"的正当性等同于著作权"强弱"的正当性。更常见的情况是将前者视为整个问题的全部。这种情况与前文所提及的隐喻的思考方式是一致的，即所谓知识产权正当性隐喻的是著作权的正当性，而著作权的正当性隐喻的是著作权"有无"的正当性。与这种隐喻对应，本书提出了具体化的思路。如同将知识产权的正当性具体化为著作权、专利权、商标权的正当性等问题，著作权的正当性问题也可以具体化为著作权"有无"的正当性和著作权"强弱"的正当性。而著作权"强弱"的正当性又可以以著作权各种强弱的指标来细分，如期限、权项、合理使用的范围等。

这种笼统的思考方式会导致有学者认为，过强的著作权的保护所导致的弊端（如垄断）可以通过消除著作权来解决。❶ 也会让人认为，著作权的正当性问题决定着著作权法具体规则的设计。这也是本书开始所提出的一种观点，如图 5 - 1 所示。

图 5 - 1 著作权正当性对著作权法的决定意义

图 5 - 1 所示的这种理解并不能算有误，只是不够严谨。本书认为，著作权的正当性并非一个问题，而是多个问题。而这多个问题并非抽象的问题，而是具体的问题。严格地说，著作权正当性问题的解答等同于法律规范应当如何规定乃至法律规范应当如何适用的问题。但就将著作权正当性问题的解答当作法律规范的规定和适用问题的理论解答方面而言，仍然可以认为著作权正当性问题的解答决定着法律规范的规定和适用。但是鉴于目前著作权正当性的理论将著作权的正当性等同于著作权有无的正当性。那么图 5 - 1 中著作权正当性决定法律规范的论断将会被理解为著作权有无的正当性决定着著作权法律规范的规定和适用。那么，这种理解将不免会片面。

其实，著作权的有无也可以认为是著作权强弱维度上的一极。如果将著作权不同的强弱状态用一个个点来表示的话，这些点的集合将会呈现出一条射线的形状，如图 5 - 2 所示。

图 5 - 2 著作权的强弱状态

在这条射线上可以存在 A、B、C、D 乃至 E 这样一些点。这些点分别

---

❶ ［荷兰］约斯特·斯密尔斯、玛丽克·范·斯海恩德尔著，刘金海译：《抛弃版权——文化产业的未来》，知识产权出版社 2010 年版，第 95 页。

代表着著作权强弱的状态。例如点 A 所代表的是没有著作权保护的状态；而点 B、C、D 所表示著作权的强弱程度为 B < C < D；点 E 表示著作权强势保护的极限。著作权的正当性问题的解答则是在这些点中找到最为恰当的点，或者是最为恰当的区间；或者如果不能找到这个点或区间，那么应当如何处理。

本章首先所要回答的问题是：点 A 是否是著作权保护最为恰当的点？易言之，没有著作权保护的状态是否恰当？

第二节　著作权"有无"正当性的历史依托

不同的著作权正当性的理论将著作权"有无"的正当性诉诸不同事物，或劳动、或主体行为、或自由意志、或社会福利等。如上章所述，这些理论或多或少地存在着难以解答的问题。本书在此基础上提出"秩序说"的假说，认为在著作权"有无"的问题上，著作权存在的正当性在于社会经济秩序的维护。

对著作权正当性理论的论述，大致而言，可以有两个路径，一为先验哲学，一为历史。如前文所述，从先验哲学出发的路径基础往往是洛克、康德、黑格尔等人的哲学思想。这种路径存在着天然的缺陷，即这种先验地运用各种哲学（包括法哲学）的理论缺乏正当性的理由。这种路径假定了知识产权的性质这一问题的解答存在着哲学基础，而这个哲学基础则是劳动理论抑或是人格理论。但是，如前文所述，洛克、康德乃至黑格尔时代的哲学不同于现代的哲学。现代哲学存在着相互竞争、不能统一的各种流派，对同一问题的解答也并无固定的答案。如果让其为知识产权提供一个基础，那么其所给出的答案也必然是杂乱无章，甚至相互冲突的。例如基于马克思的理论，知识产权的任务是将知识与资本结合，❶ 而法国学者

---

❶　［澳］彼得·德霍斯著，周林译：《知识财产法哲学》，商务印书馆 2008 年版，第120 页。

利奥塔则坚决反对知识的商品化。❶ 哲学上的解答是多元的答案，所以在这个多元答案中选择某个答案作知识产权的依据是需要论证的。更何况，哲学和法学这两个学科的结论是对不同问题的解答，正是解答问题的不同导致了学科的分野；也正是因为解答问题的不同导致了先验地将哲学上的答案存在的根本上的困难。所以，这种先验地从哲学出发的路径并不可取。

本书对秩序说的论证，正是第二条路径，依托著作权的历史展开。历史对于知识产权的理论具有重要的意义。本书曾以著作权的"古近之问"为方法来证伪各种著作权正当性的理论。而在著作权正当性理论的证成方面，历史也可以作为理论演示的路径。如谢尔曼和本特利所言，"过去和现在是紧密相连的……现代知识产权法的许多方面，只有透过过去才能得到理解"。❷ 也如德霍斯所言，"理论以历史为依托"，❸ "历史同样也会对知识财产的经济学分析或逻辑推理分析产生影响。"❹ 所以，历史分析往往成为学界最重要的方法之一。

如前文所述，在对历史资料的运用方面，学界仍然存在着分歧。将历史上发生的事件视为偶然，则会认为著作权产生发展的历史只不过是存在于空间和时间的具体条件。❺ 著作权的正当性根源于概念本身，而不应将"产自外部的和产自概念的混为一谈"。❻ 而将历史上发生的有关视为必然，则会认为著作权产生发展过程中每一个因素都和著作权有关，著作权的产生是整个"社会结构变迁的结果"。❼ 本书认为，这两种观点都失之片面。

---

❶ ［法］让—弗朗索瓦利·奥塔尔（利奥塔）著，车槿山译：《后现代状态》，上海三联书店1997年版，第94页。

❷ ［澳］布拉德·谢尔曼、［英］莱昂内尔·本特利著，金海军译：《现代知识产权法的演进：1760~1911英国的历程》，北京大学出版社2006年版，第2页。

❸❹ ［澳］彼得·德霍斯著，周林译：《知识财产法哲学》，商务印书馆2008年版，第24页。

❺ 李雨峰："版权的正当性——从洛克的财产权思想谈起"，载《暨南学报（哲学社会科学版）》2006年第2期，第72页。

❻ 李雨峰：《枪口下的法律——中国版权史研究》，知识产权出版社2006年版，第189页。

❼ 金海军：《知识产权私权论》，中国人民大学出版社2004年版，第12页。

不过，运用历史的方法来作为依托探求著作权的正当性，如何对待历史上的事件则成为首先要面对的问题。

即使历史上的事件与著作权存在着必然性的联系，也仍然会面临着如下问题：这种联系是否是因果关系；如果是因果关系，那么何者为因，何者为果？最常被引用的一个例子如下：通过观察发现，富豪一般都开奔驰宝马等高档车，那么高档车是否是致富的原因呢？一般人应该会倾向于相反的解释，即富裕是开高档车的原因。又如近期国内反日情绪高涨，日本车上往往贴有五星红旗和爱国标语，是不是日本车主比其他人更加爱国呢？一般人应该会倾向于相反的解释，即并非爱国而是防止被砸导致其在车上张贴国旗等标志。在知识产权领域中同样存在着这种情况。例如作者的权利意识和著作权的产生是相伴而生的。那么是否是作者权利意识的觉醒导致了著作权的产生呢？确实也有学者如是观点，进而认为"中国古代知识分子著作权观念的阙如是我国未能创制出著作权制度的主要原因。"❶ 同样有学者认为，"作者的权利意识不是原因，而是结果。"❷ 不管这种争论如何，这种争论至少告诉我们，认定因果关系也是在历史方法运用过程中所必须面临的问题。

这样在著作权法的历史分析方面将面临着至少两个最基本的问题：著作权与一系列历史事件是否有必然性的联系，是否有因果关系；如果有因果关系，那么何者为因，何者为果。在同一个时期发生大量的事件，如何辨别其中的关系呢？

本书提出一个解答的路径，即历史模型的假设和竞争。本书认为，在对待历史事件对著作权的影响而言，应当假设一个模型。这里模型和前文所言的"隐喻"的思考方式不同，而是具体的一个模型，如公式所示：

$$y = f(a, b, c\cdots\cdots)$$

---

❶ 郭凯峰：《中国特许出版权和著作权制度的历史变迁（唐宋至清末时期)》，见刘春田主编：《中国知识产权评论（第二卷)》，商务印书馆 2006 年版，第 341 页。

❷ 李琛："关于'中国古代因何无版权'研究的几点反思"，载《法学家》2010 年第 1 期，第 56 页。

在这样一个公式中，因变量 y 可以表示著作权的出现，a、b、c 等自变量表示影响著作权产生的因素，f 表示这个模型的内容，即 a、b、c 等因素以 f 的方式结合产生了 y。这样则实现了除"古近之问"之外，历史与逻辑的第二种结合的方式。不同的学者可以提出不同模型 f，在不同的模型之间可以相互竞争，最终实现优胜劣汰。

不严格地说，我国也有学者试图提出类似的观点，将几个自变量分别对应技术条件、文化条件、经济条件和作者的权利意识。[1] 即在依据上文的模型，存在四个自变量。a，造纸术、印刷术的发明和推广；b，一定数量的作者和较大规模的图书市场；c，图书产业利益壮大及冲突；d，作者权利意识。暂且不论这些因素的选取如何，这种观点存在的最大缺陷在于没有具体展现各个变量之间的关系。易言之，在这种论述中 f 的缺失。所以，严格地说，这种观点仍然不能认为是历史模型的假设。也有学者提出诸如知识产权的哲学基础等观点，[2] 则更加抽象和混沌。本文将提出一个假设的模型，来说明著作权的产生。

第三节　历史模型中变量的选取

一、谷登堡印刷术

在模型 y = f（a、b、c……）中，本书选取了两个自变量，分别为谷登堡印刷术的发明和普及、出版自由的社会环境。易言之，在满足印刷术和出版自由这两个条件，则足以产生著作权。

本书选择自变量所遵循的规则是：自变量尽可能地少，且不重复。如前文所述，如果将较大规模的图书市场等因素作为自变量，则不符合这个

---

[1] 郭凯峰：《中国特许出版权和著作权制度的历史变迁（唐宋至清末时期）》，见刘春田主编：《中国知识产权评论（第二卷）》，商务印书馆 2006 年版，第 308 页。

[2] 吴汉东：《知识产权基本问题研究（总论）》，中国人民大学出版社 2005 年版，第 94 页。

规则。印刷业成为一个产业，相关市场是十分必要的，所以在整个著作权的历史中市场的因素常常被提及。但是市场自身不足以构成自变量。因为随着印刷术的改进和普及，图书的成本降低，自然增加了人们对图书的购买力；随着图书的普及，导致了识字率的提高，进一步扩大了图书的市场。所以，市场的扩大根源还在于技术的发展导致成本的降低。所以，市场这一因素的影响已经包含在技术因素之中了，其不能独立地构成一个因变量。

另外，前文所提及的造纸术也不能作为一个独立的自变量，因为造纸术是印刷术产生的前提。正如法国年鉴学派学者费夫贺（Lucien Febvre）和马尔坦（Henri-Jean Martin）所言，"印刷作业……理应在谷登堡之前就发展起来……当时欠缺的并不是技术，而是印刷的媒介，也就是——纸"，❶"如果当时没有纸张的催生，只怕印刷术也发明不出来。"❷ 所以，造纸术这一技术因素的影响对著作权的产生而言已经全部包含在印刷术的影响之中。在技术方面，造纸术也就不能再作为独立的自变量。除了造纸术和印刷术以外，也可能有其他的技术因素对著作权的产生有一定影响，诸如印刷师傅技艺的提高❸抑或是运输成本的降低。但是这些因素在本文看来对著作权的产生并不具有必然性的联系，自然也不会出现于本文所假设的模型之中。这样，整个模型中的技术因素也就仅限于印刷术。

此处作为自变量的印刷术仅限于谷登堡的活字印刷术，而不包括雕版印刷抑或是中国"四大发明"之一的活字印刷。不可否认，雕版印刷甚至在谷登堡印刷术发明之后仍然也对图书出版起到一定的积极作用，例如图书中插图的印刷。❹ 但是这种作用对于著作权的产生而言，几乎可以忽略不计。而中国古代文献所记录的活字印刷术根本不具有产业化的可能。如前文所述，清代翟金生依照毕昇的方法，耗时30年，举全家之力终于试印

---

❶　［法］费夫贺、马尔坦著，李鸿志译：《印刷书的诞生》，广西师范大学出版社2006年版，第1页。

❷　同上书，第2页。

❸　同上书，第124页。

❹　同上书，第24页。

成功。❶ 鉴于雕版印刷和毕昇的活字印刷术对著作权的影响甚微，此处的印刷术仅仅也只能限于谷登堡的印刷术。此外，谷登堡的印刷术发明在之后的三百余年的时间里并没有太大改动。如法国学者费夫贺所言，"就算令 15 世纪的谷登堡死而复生，并造访路易十六时期的法国印刷厂，他可能也会认为，1787 年所使用的印刷方法，与自己生前在店里所使用的，差别并不大。"❷ 所以，对著作权的产生而言，技术因素就是指谷登堡的活字印刷术。

二、出版自由

本书所选取的第二个自变量是出版自由。所谓出版自由，与口头表达形式的言论自由相对应，是以文字表达为形式的表达自由，也常被理解为广义的言论自由。❸ 言论自由和出版自由一般是同时存在的，"是表达自由最基本的、最典型的类型。"❹ 但是就著作权的诞生而言，最主要的还是出版自由。同样出于尽量减少自变量的考虑，本书并不将口头表达形式的言论自由作为自变量。众所周知，著作权的产生，除了技术因素外还需要一定的社会政治因素。其他的社会政治因素，如王权、贵族和市民三者相互制衡的政治结构，对著作权的产生具有根本意义上的影响。❺ 这种影响甚至超越制度规则本身，而是元规则层面上。❻ 但是，很难说这些政治结构等因素会对著作权具有直接的影响。如果这种影响不是直接的，而是通过出版自由来影响的话，在模型中只需选取出版自由作为社会政治因素的自变量即可。

---

❶ 张绍勋：《中国印刷史话》，商务印书馆 1997 年版，第 170 页。

❷ ［法］费夫贺、马尔坦著，李鸿志译：《印刷书的诞生》，广西师范大学出版社 2006 年版，作者序，第 5 页。

❸ 许崇德等：《宪法》，中国人民大学出版社 2007 年版，第 211 页。

❹ 韩大元等：《宪法学专题研究》，中国人民大学出版社 2008 年版，第 379 页。

❺ 金海军：《知识产权私权论》，中国人民大学出版社 2004 年版，第 43 页。

❻ 所谓元规则，即规则的规则。关于元规则可参见吴思：《血酬定律——中国历史中的生存游戏》，语文出版社 2009 年版，自序，第 3～6 页。

出版自由的因素是否也可以被技术因素所包含呢？平心而论，这个问题还是很难回答的。通常将出版自由理解为广义的言论自由，而在言论自由产生的过程中，确实有印刷术的因素。如美国学者斯帕（Debora L. Spar）所言："1517 年，一个叫马丁·路德的德国年轻牧师用谷登堡的印刷术印制了《九十五条论纲》。几百年以来一些心怀不满的教士也提出过类似的观点，但路德有印刷术的支持。所以《论纲》并没有被控制在一个教堂内，而是在欧洲广泛流传。如果没有谷登堡，路德只能是一个当地的英雄，充其量就是当地教会的眼中钉。"❶ 就此看来，正是谷登堡印刷术的出现导致了新教的传播。而正是汉普顿（Hampdon）、李尔本（lilburne）等新教早期的殉道者们奠定了言论和出版自由的基础。❷ 正如英国出版史学者费瑟所言，印刷术改变了西方知识世界的形式，并且促进了政治宗教和经济的改变。❸ 如是而言，出版自由和印刷术二者之间也存在重复之处。谷登堡的印刷术诞生于 15 世纪中叶，传入英国是 1476 年，❹ 而出版自由在英国的确立是在 17 世纪末。不论怎么计算，印刷术的因素与出版自由的因素之间相距也有二百余年。如果将其视为同一个因素则时间过长，较为勉强。所以，虽然印刷术与出版自由这两个因素之中存在一定的重合，但是本书仍然将其视为独立的两个因素。这种独立，在我国现阶段可能表现得更为明显。

文化因素是否也构成著作权产生的因素呢？本书持否定观点。在本书的模型中，并没有文化因素的存在。文化因素对著作权的产生即使有影响也并非是必然的。这一点将在后文中对 f 的解释中展现。

---

❶ ［美］德伯拉·L. 斯帕著，倪正东译：《从海盗船到黑色直升机——一部技术的财富史》，中信出版社 2003 年版，前言，第 6 页。

❷ ［美］伯尔曼著，梁治平译：《法律与宗教》，中国政法大学出版社 2003 年版，第 59 页。

❸ John Feather, *A History of British Publishing*, Croom Helm Ltd, Provident House, 1988, p. 7.

❹ Ibid. , p. 10.

第四节 "秩序说"的证成

一、从印刷术到产业

本部分则是对模型 f 的说明。这个说明的过程同时是"秩序说"证成的过程。这二者是一致的。如前所述，本书所选取的两个自变量是谷登堡的活字印刷术和出版自由的社会环境，因变量是著作权的产生。将其代入 y = f (a, b) 则得出如下模型：

$$著作权的产生 = f（印刷术，出版自由）$$

著作权产生的过程是一个历史过程。对著作权产生的说明也必然是对这段历史的回顾。我们可以认为历史是客观的，但是对历史的解释却是解释者的解释。诸如如果解释者强调作者不过是被出版商所把持，[1] 强调著作权法产生过程中各种利益的斗争和妥协，那么著作权的正当性不过是出版商的话语。[2] 如果解释者强调著作权法对社会经济的促进作用，那么著作权自然也可以成为一个国家的产业政策。[3] 本书通过模型的假设来对著作权建立的这样一段历史所进行的回顾，同样也是解释者的解释，也不可避免地带着笔者的各种选择和偏好。

变化是从谷登堡印刷术的发明开始的。谷登堡的印刷术大大降低了图书复制的成本，使大规模地复制图书成为可能。谷登堡的字块采纳的是一种特制的合金，印刷的次数并没有特定的限制；由于字块可以活动，故一个印刷厂可以印制的图书种类繁多，例如英国第一个出版者威廉·卡克斯

---

[1] Catherline Seville, *Literary Reform in Early Victorian England*: *the Framing of the* 1842 *Copyright Act*, Cambridge Press, 1999, p. 4.

[2] 黄海峰：《知识产权的话语与现实——版权、专利与商标史论》，华中科技大学出版社 2011 年版，第 40 页。

[3] 肖志远：《知识产权权利属性研究——一个政策维度的分析》，北京大学出版社 2009 年版，第 165 页。

顿（William Caxton）在其处于英国的 15 年里所印的书籍多达 100 余种。❶
虽然我国古代存在着毕昇的活字印刷术，但是或因为油墨、或因为字模材
料、或因为纸张等各种因素，都和谷登堡的印刷术相距甚远，印制成本也
是居高不下。作为我国古代印刷业主流的雕版印刷，更是将印制局限于一
部作品。所以，即使作为不正当竞争手段的"文告""公据"，其所申上司
不能覆板者，不过个案个例，并不普遍。正是谷登堡这种大规模印刷的技
术导致了印刷业的诉求可以不再可能局限于个案个例。

谷登堡印刷术的传播是非常迅速的。谷登堡发明印刷术的时间推测是
1450 年左右，而 1460 年印刷者就来到了意大利、荷兰、瑞士和法国；1473
年，第一批印刷厂在布达佩斯、克拉科夫和巴塞罗那建立；印刷术于 1476
年由卡克斯顿带到英国；1482 年，斯堪的纳维亚也有了印刷厂；1540 年，
印刷术横跨大西洋来到了墨西哥；1563 年，印刷术来到俄国。❷ 可以说，
谷登堡的印刷术在它被发明的世纪就几乎传遍了欧洲主要地区。

谷登堡印刷术的发明和传播，直接导致了印刷的产业化，从而形成了
专门的从业人员，例如印刷工人。印刷的分工甚至可以细致到印刷师傅、
排字工、校对工、零工等。❸ 而在印刷本身之外，还促进了上下游的产业。
诸如造纸业的发展、❹ 职业写者的出现、❺ 图书交易的繁荣❻等。这样伴随
着印刷术的普及，围绕着印刷产业逐渐形成了一个产业链条。在产业链条
上所生存的各个主体可以因此而谋生。这就构成模型 f 第一个推论，如

---

❶ John Feather, *A History of British Publishing*, Croom Helm Ltd, Provident House,
1988, p. 10.

❷ Ibid., p. 8.

❸ [法] 费夫贺、马尔坦著，李鸿志译：《印刷书的诞生》，广西师范大学出版社
2006 年版，第 125 页。

❹ 同上书，第 11 页。

❺ Edwin H. Miller, *The Professional Writer in Elizabethan England*, Harvard University
Press, 1959, pp. 160~162.

❻ [法] 费夫贺、马尔坦著，李鸿志译：《印刷书的诞生》，广西师范大学出版社
2006 年版，第 220 页。

图 5 - 3 所示。

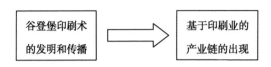

图 5 - 3　印刷产业的出现

与以抄写为主的复制手段的情况相比,谷登堡印刷术带来了一种全新的产业。中国古代也存在着以雕版印刷为主的印刷业,甚至有"已申上司,不许覆板"的利益诉求。如前所述,以雕版印刷为主的印刷业的利益诉求只能局限于某部作品,只能是"声气广通"之个别印刷者的要求。雕版印刷术属于农耕社会的印刷术,而谷登堡的印刷术属于工业社会,其所带来的印刷业则属于工业社会的产业。

二、对产业的利益分析

如果我们以印刷者为视角看待这个产业链条,每一本书都是一件商品,探究其中的投入产出的各个因素,将会如图 5 - 4 所示。

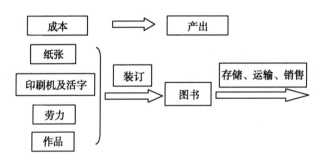

图 5 - 4　印刷产业链

当然以上的图示仅仅是一种简单的表示,还有很多成本没有计入,诸如房租的成本,销售自身的成本等;❶ 而整个印刷业的产出也并非仅仅是

---

❶　关于各项成本的描述参见 [法] 费夫贺、马尔坦著,李鸿志译:《印刷书的诞生》,广西师范大学出版社 2006 年版,第 101 页。

图书，除了图书外，报纸也很常见。❶ 但就问题的分析而言，该图所示内容已经基本足够。如图 5－4 所示，作品对与整个出版产业链而言，与纸张或者劳力处于相同的地位，相当于原料抑或是成本。正如我国有学者所言，"写作者在图书贸易中的地位并不显著，因为在出版商看来，写作者与印刷工、装订工等并无不同"。❷

本书曾涉及作品上财产利益的三个层次：权利、交易和金钱。而图 5－4 所示的图形则是从金钱角度对印刷产业的解读。但是这种解读更多适用的是现代社会条件下出版自由环境下的出版。

在印刷术广泛传播之后，著作权产生之前，广泛地存在着一个出版审查、特许出版的时期。这个时期可以认为始自 1582 年亨利八世严格限制雇用外国人的数量并且禁止外国人开设新的书店或者印刷厂的谕令，❸ 终于17 世纪的英国内战。在本书模型之中对应的是"出版自由"这一因素。此时出版受到严格的审查，故不存在出版自由。将这个因素考虑到图 5－4 之中，所减少的是成本部分。在一个没有出版自由的时期，出版需要经过特许，那么其成本将会增加一项，将呈现出图 5－5 所示。

图 5－4 中特许出版证是出版商向皇室购买而得。❹ 在出版商看来，这种特许出版证的获得也处于一个成本的地位。但这种成本除了资本的投入外，还关系到市场竞争者的排斥。故特许出版证在一定程度上意味着该图书的市场销售状况和收益。出版特权这一因素在作品上利益的不同层次上有着不同意义。在权利层次上，出版特权属于出版者获得的行政特许的权利；在利益层次上，如同图 5－5 所示的成本地位。中国古代基于雕版印刷

---

❶ 关于新闻、报纸对印刷业的影响可参见：John Feather, *A History of British Publishing*, Croom Helm Ltd, Provident House, 1988, p. 44.

❷ 黄海峰：《知识产权的话语与现实——版权、专利与商标史论》，华中科技大学出版社 2011 年版，第 9 页。

❸ John Feather, *A History of British Publishing*, Croom Helm Ltd, Provident House, 1988, p. 16.

❹ 这种购买的形式可能是出版商公会购买而后转让给某个出版商。不过这种形式的不同对于分析而言并没有太大的意义，所以本书就将这部分历史忽略。

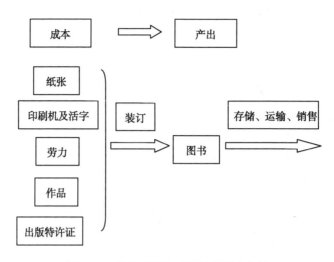

图 5-5 特许出版权时期的印刷产业链

术也出现过类似于出版特许的制度形式。中国最早的出版特许甚至可以追溯至唐文宗的禁止私自印刷历法敕令。❶

出版自由的出现，对整个印刷产业链而言，就是特许出版证这一因素的消失。从金钱层次上看，出版自由这一因素的出现所引起的变动对出版者而言，仅仅是某一成本的减少，抑或是某个市场竞争的增加。其实，这种成本收益的变化对出版者而言却影响至深。在权利层次上导致出版特权到著作权的转变。

讨论著作权的正当性问题，所关注的出版者除了合法得到授权的（不论这种授权来自皇室还是作者），还必须关注没有得到合法授权的翻印者，即盗版者。这二者之间的关系在金钱层面上是竞争关系，他们之间存在着严重的利益冲突。为了较为直接地展现印刷出版产业中的利益冲突状况，本书进一步考察盗版者的成本收益，如图 5-6 所示。

---

❶ 敕令中言"诸道府不得私置历日版。"中国与西欧不同的是，在中国皇室并不借助出版商的力量来实行言论的控制。这种言论控制是直接通过强有力的皇权实现的。参见郭凯峰：《中国特许出版权和著作权制度的历史变迁（唐宋至清末）》，见刘春田主编：《中国知识产权评论（第二卷）》，商务印书馆 2006 年版，第 311 页。

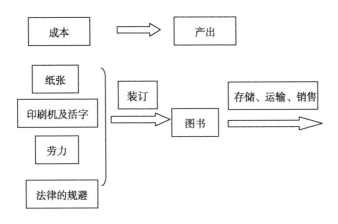

图 5 - 6　特许出版权时期的盗版产业链

我们可以从图 5 -6 发现盗版者和得到授权的出版者之间存在着很多相同之处，如纸张、印刷设备、人力的投入、装订的过程以及最后图书的存储、运输和销售。这些因素相同，故在分析过程中可以归为一类。

其实，严格地说，得到授权的出版者和盗版者之间这些相同的因素也未必会一致。例如纸张、印刷、装订都可以有优劣之分，而图书的存储环境、运输途径以及下游销售的合作伙伴也会存在不同之处。尤其是图书的销售过程中，销售者可以被认为是出版者和读者之间的一个桥梁。这三者之间存在着交易的关系。这个关系处于作品上利益三个层次的第二个层次，即交易。但是为了论述的便利，仍将其归入一类，其中差别在本书的模型中被舍去了。

相较而言，盗版者与合法的出版者之间的成本存在着两个差别。第一个差别是作品购买成本无须付出。不论作者和出版者之间的交易形式如何，合法的出版者往往需要向作者购买该作品。当然最常见的形式是作品手稿的交易。在对作品的控制上，存在着作品流转至出版者的过程。得到授权的出版者接触到作品是经由作者许可的，而盗版者则无须作者许可。盗版者只需要在市场上购买一本复制件即可。这种成本过低，以至于本书模型中将其忽略。第二个差别是出版特权的有无，得到授权的出版者出版印刷作品是经由皇室许可的，盗版者则无须皇室许可。而不论是哪种许可都是存在着对价的。盗版者没有得到来自作者或者皇室的授权，那么就必须承受违背法律所付出的各项成本。如前所述，本书将纸张、印刷设备等因素归为一类（本文将其命名为"其他成本"），那么得到授权与否的分析将如表 5 – 1 所示。

表 5 – 1　特许出版权时期正版与盗版的比较

		得到授权的情况	盗版的情形
成本	作品手稿的获得	承担	不承担
	特许出版的获得	承担	不承担
	其他成本	承担	承担
该图书市场的占有（收益）		法律允许的独占	非法

在特许出版的时期，我们当然可以将其描述为"官商合流"，❶ 将其中的某些利益的保护描述成"商人的独占"。❷ 但是这些表述却忽略了特许出版时期这种利益分配模式的基础——秩序。任何利益分配的模式都有一个最基本的要求，即利益需要有秩序的分配。易言之，在出版印刷这条产业链上，不论出现何种利益分配的模式抑或是何种制度形态，其最基本的要求就是保证产业链的延续和稳定。

正是由于对这种"秩序"的关注，促使本书形成了著作权"有无"正当性的依据——秩序。易言之，在著作权有无的问题上，著作权的正当性在于有秩序地分配作品上所依附的利益。

与秩序相对应，经常会涉及的一个词是"利益平衡"。对知识产权法的利益平衡的探讨学界多有论述。❸ 但是各种利益平衡的理论所无法回避的缺陷是标准的缺失，即究竟何种状态的利益平衡是难以判断的。但是，有一点是明确的：一个制度对产业本身产生的影响越恶劣，那么这种制度

---

❶　黄海峰：《知识产权的话语与现实——版权、专利与商标史论》，华中科技大学出版社 2011 年版，第 15 页。

❷　同上书，第 41 页。

❸　冯晓青：《知识产权法利益平衡理论》，中国政法大学出版社 2006 年版。

就越发地不平衡。著作权法也是如此：如果没有著作权法则造成出版印刷产业的混乱乃至崩溃，那么没有著作权的状态就是不平衡、不合理的。所以，也可以将本书所言的"秩序说"当成是利益平衡理论的一种解读。

如表 5-1 所示，在特许出版时期，这种状态是一种平衡的状态。虽然盗版者无须承担获得作品和特许出版权的成本，但需承担违法的成本。这种违法的成本来自特许出版权的缺失。相对应地，获得许可的出版者承担着获得作品和特许出版权的成本，同时也受到法律的保护。但是，历史的演进改变了这一状态。

三、混乱中的利益分配

1641～1642 年，英国王室崩溃，随后内战的爆发对出版印刷产业产生了深远影响。这些年政治和军事事件的发生有益于印刷者。对公共事件的新闻需求产生了大量的小册子和新闻书籍（newsbooks）。但大量的潜在的原有利益在交易建立中改变，它们中大量的印刷没有许可且在大街上出售。即使是表面的许可控制也在 1642 年春天崩溃。原本出版商公会控制着图书交易，但议会（House of Commons）怀疑在出版商公会的上层有王室的同情者，所以出版商公会整体上失去了作用。在随后的两年，情况进一步恶化，盗版成风。不论是 1642 年议会对公会直接的法令，还是 1643 年公布的印刷规则条例，对印刷洪水毫无影响。❶

还有一个事件常被学界提及：1644 年，弥尔顿（John Milton）发表《论出版自由》（*Areopagitica*：*A speech for the liberty of unlicensed printing to the parliament of England*）。其实，弥尔顿并不如同有学者所言的支持完全的出版自由。❷ 弥尔顿所支持的是有限制的出版自由，他设想存在一定分类许可系统的需要。当然这种差别也许并不重要，因为很快就有人要求出

---

❶ John Feather, *A History of British Publishing*, Croom Helm Ltd, Provident House, 1988, p. 43.

❷ 金海军：《知识产权私权论》，中国人民大学出版社 2004 年版，第 50～51 页。

版印刷的完全自由。❶

　　除此之外，出版特权所带来的垄断也饱受非议。1641 年反对特许出版权的领导者 Michael Sparke 从荷兰进口《圣经》以反对现行的特许出版制度，并发表了《透进黑屋的一缕光》（*Scintilla, or a light broken into dark warehouses*）。❷ 在该文中其认为，特许出版权造成书价出奇的高。

　　自 17 世纪 40 年代到 1710 年的《安妮法案》，这个时期的出版自由因素时常处于变动之中。如前所述，尽管在法规层面上陆续颁布过一些限制出版自由的法案，诸如 1641 年、1643 年、1647 年、1649 年、1653 年、1662 年等时期都有管理出版印刷的法令颁布，但盗版却逐渐猖獗，各种未经许可的出版印刷已经成为大势。甚至到 1695 年，许可法的延续没有在议会上通过，这种名义上的出版审查也荡然无存。❸ 这个时期被称为印刷史上"自由的尝试"（a taste of freedom）。❹

　　这个时期呈现出如是一种状态：特许出版权的约束较少并最终消失，基于出版审查的法律也逐渐地消亡。这种自由状态之下，表 5-1 呈现出如表 5-2 状态。

表 5-2　自由状态下正版与盗版的比较

		得到授权的情况	盗版的情形
成本	作品手稿的获得	承担	不承担
	特许出版的获得	无需	无需
	其他成本	承担	承担
该图书市场的占有（收益）		法律不关注	法律不关注

---

❶ John Feather, *A History of British Publishing*, Croom Helm Ltd, Provident House, 1988, p. 47.

❷ Ibid. , pp. 43 - 44.

❸ Lyman Ray Patterson, *Copyright in Historical Perspective*, Vanderbilt University Press, Nashville, pp. 134 - 142.

❹ John Feather, *A History of British Publishing*, Croom Helm Ltd, Provident House, 1988, p. 43.

这个时期，在没有出版许可特权的情形下，出版者出版某一部图书仍需从作者处获得或接触该作品。这种获得或接触的形式则从作者手中购买手稿。而其他的盗版翻印者在第一家出版者出版印刷该作品之后，购买一件复制件即可接触并复制该作品。本书的模型中忽略盗版者购买一件复制件的成本，而强调作品手稿的购买成本，将会清晰地展现出这个时期的利益分配状态——失衡，即第一个出版的人需要承担更多的成本，而第一个出版者本身的先发优势不足以弥补这一种成本。如法国学者费夫贺、马尔坦所言，盗版翻印者"不但不用负担各页版面编排调整的成本（仅需逐页照印即可），更无须支付作者分毫"。❶ 这种失衡的状态与之前特许出版的状态相比，英国学者费瑟认为，"在图书交易中，教训是明显的：替代控制的是混乱。"❷ 这种混乱对于整个出版印刷产业来说是致命的。与混乱相反的一个利益分配状态则是"秩序"——权利层次上的改变，由源自皇权的出版特权转变为源自作者的著作权，使得作品上利益的分配模式可以与原出版特权时期利益分配模式近似式地存在。

如本书第二章所述，作品上利益分配的三个层次的存在，大大减少了这种利益分配模式的变动所带来的影响。权利层次上出版特权的消亡对于整个出版业所带来的混乱，也尽可能地通过大出版商与大批发商之间原有的交易习惯所减小。而另一方面，这种混乱也会逐步破坏依附于整个出版印刷产业链上的各种交易习惯。如果不能结束这种混乱，整个出版印刷产业最终将会有灭顶之灾。《安妮法》则可以认为是结束这种混乱的产物。

四、作者：权利的源头

当出现混乱的时候，最容易想到的措施就是恢复原先的出版特权形式的秩序。但是作为近代因素的出版自由已经不可能再改变，所以特许出版

---

❶ ［法］费夫贺、马尔坦著，李鸿志译：《印刷书的诞生》，广西师范大学出版社2006年版，第237页。

❷ John Feather, *A History of British Publishing*, Croom Helm Ltd, Provident House, 1988, p. 50.

权的年代也不可能再重来。其次所能想到的措施就是模仿出版特权的秩序。而著作权则是这一模仿的产物。

特许出版权和著作权有太多近似的地方。这些近似的地方足以为出版印刷业提供近似的秩序。在众多近似的地方之中，最明显的一点就是提供了权利的源头。这个源头对应于市场来说，就是构成了垄断某一作品市场的正当性。所以本书的另一个推论如图 5 - 7 所示。

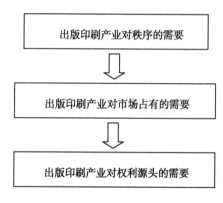

5 - 7　秩序对作者权利的决定

在特许出版权时期，权利的源头在皇室；而在混乱时期，没有权利的源头；《安妮法》则将权利的源头赋予作者，从而成功地模仿了出版特权所形成的秩序。这种模仿的提出则可以追溯至 1707 年 13 个出版商对众议院的上书。❶ 该文献采纳了洛克的劳动财产权理论，将作品视为作者劳动的结果，作者及其授权者应当获得对作品的财产权。然而，《安妮法》却在维持秩序的前提下，对各方利益折中，采纳了功利主义的理论，正如《安妮法》的全称——"在所规定时间内将已印刷图书之复制件授予作者或者该复制件购买者以鼓励学术之法律。"❷

---

❶　Ronan Deazley, *On the Origin of the Right to Copy: charting the movement of copyright law in eighteenth-century Britain* (1695 ~ 1775), Oxford: Hart Publishing, 2004, p. 33.

❷　原文为 "An Act for the Cncouragement of Learning, by Vesting the Copies of Printed Books in the Authors or Purchaser of such Copies, during the Times therein mentioned." 原文及译文参见金海军：《知识产权私权论》，中国人民大学出版社 2004 年版，第 214 ~ 225 页。

《安妮法》颁布以后，对出版者而言的成本收益情况如表5-3所示。

表5-3　《安妮法》颁布后正版与盗版的比较

		得到授权的情况	盗版的情形
成本	作品手稿的获得	承担	不承担
	特许出版的获得	无需	无需
	其他成本	承担	承担
该图书市场的占有（收益）		法律允许的独占	非法

得到授权的出版者通过购买手稿获得作品，承担获得作品的成本，同时获得法律上所允许的该作品市场一定期限的独占。而未经许可的翻印者虽然不会承担购买手稿的成本，却要承担违法的成本。这样维系了整个出版印刷产业的平衡和秩序。

就著作权法逐步确立的整个过程而言，历史上还存在一个由立法到司法的过程。因为以判例法为典型的英国，普通法上是否承认著作权，是否承认永久的著作权，在《安妮法》确立之后仍然存在着争议。这种争议通过 Millar v. Taylor，Donaldson v. Beckett 等案件最终得到平息。❶ 前一个案件承认了永久的著作权，后一个案件最终否认了永久的著作权，将其改变为法定期限的著作权。不过不论著作权的期限如何，已经无关著作权的"有无"问题、也无关整个出版印刷产业秩序的有无。

五、秩序说中的历史模型

纵观英国整个确立著作权的过程，本书所采纳的模型 f 如图5-8所示。

在这个模型之中，谷登堡印刷术和出版自由是两个自变量，这两个因素共同作用下，最终产生了著作权法律制度。这个作用的过程概要如下：

---

❶ ［澳］布拉德·谢尔曼、［英］莱昂内尔·本特利著，金海军译：《现代知识产权法的演进：英国的历程（1976～1911）》，北京大学出版社2012年版，第11～49页。

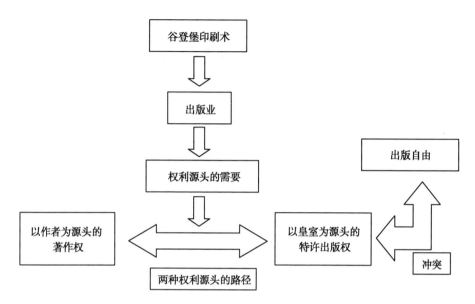

图5-8　著作权制度确立的模型"程序说"

谷登堡印刷术的产生和普及导致了作品上财产利益的增加，并导致出版印刷产业的产生。由于出版者从作者手中获得作品存在对价，故若该产业需要有序地分配作品上的利益，就必须对该作品的市场占有存在一定的优势地位。而这个优势地位的保证需要依赖法律上的权利，即可以从权利源头继受到该权利。这种权利的源头可能有两种存在的方式，一为皇室，一为作者。出版自由因素的出现导致从皇室继受权利不再具有正当性。所以，从作者处继受权利成为整个出版印刷产业唯一的出路。为了整个产业利益的有序分配，最终形成以作者为权利源头的著作权法律制度。

　　由于在整个模型f之中，对秩序的需要起到了模型的核心作用，所以本书将该模型所体现的假说命名为"秩序说"。秩序说也可以简要地通过图5-9来表示。

　　六、对文化因素的否定

　　在本书的模型中，并没有文化这一因素。如果存在文化因素，那么该因素对于著作权产生的影响，也应当通过这一模型起作用。文化因素的代

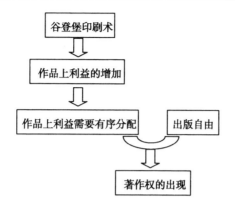

图 5 - 9　"秩序说"简图

表人物是美国学者安守廉。其认为，古代中国没有产生著作权的主要原因
之一是中华帝国的文化因素。❶ 这些文化因素的代表表述是"窃书不算
偷"❷ "述而不作，信而好古"❸ 乃至程朱理学中的"存天理、灭人欲"。
所以，在支持文化因素的论者看来，中国传统文化将作品视为公共产品，
不能私有。❹ 而作者对作品的追求，更多的目的在于"立言"。在这种文化
之下，作者不具有著作权的意识。这种观点，在本书的模型中反映在作者
与出版者交易的这一环中。依据文化论者的观点，将如表 5 - 4 表示。

表 5 - 4　文化论中正版与盗版的比较

		得到授权的情况	盗版的情形
成本	作品手稿的获得	不承担	不承担
	其他成本	承担	承担
该图书市场的占有（收益）		—	—

---

❶ ［美］安守廉，李琛译：《窃书为雅罪——中华文化中的知识产权法》，法律出版社 2010 年版，第 11～33 页。

❷ 鲁迅：《孔乙己》，见《鲁迅小说全编》，人民文学出版社 2006 年版，第 15 页。原文为"窃书不能算偷……窃书！……读书人的事，能算偷么？"

❸ 《论语·述而》第七。

❹ 郭凯峰：《中国特许出版权和著作权制度的历史变迁（唐宋至清末时期)》，见刘春田主编：《中国知识产权评论（第二卷)》，商务印书馆 2006 年版，第 347 页

不论是否获得作者的授权（如果存在作者授权的可能），出版者都不需要支付获得作品手稿的对价。在这种情况下，对出版者和翻印者而言，成本和收益都是近似的。于是，前文所言的混乱状况就不会出现，所以作为制止混乱的著作权也就没有出现的必要。这种理解是文化论者在本文模型 f 中的解读，也如同图 5 – 10 所示。

图 5 – 10 文化论者的模型

所以，在文化论的语境下，至少还要包括文化的因素，以确保作者在转让手稿时要求出版者的对价。而这个对价正是整个著作权法律制度产生的基础。所以，文化论者的模型至少包含技术、出版自由和文化三个因素。

本书坚决反对文化因素的作用。本书认为图 5 – 10 中"作者著作权意识的缺失"导致"出版者无需购买手稿"的结论是不恰当的。作品自产生之日起，即为作者所控制，作者最初决定着作品的公开和传播。这一点与社会制度、政治文化、经济条件都没有关系。作者对作品最初的控制在任何社会状态下都是始终无法改变的法则。作者转移或者放弃对作品的控制，可以要求对方的对价，也可以不要求对方的对价，这是作者自身的权利。这一点无论有无著作权都不会发生改变。从这个意义上来讲，作品天然地归属于作者，作品是作者天然的财产。

所谓古代中国的文化导致了作者权利意识的缺失，从这个意义上来讲，就是古代中国的文化导致了作者没有意识到作品是自身的财产。这一点对于名门望族士大夫等人可能成立，因为他们已经通过作品获得了相应的社会地位和资源，而无需再转让作品的对价。但对于以写作为生的人，则绝对不可能出现。而对于出版印刷产业而言，坊间大量流传的应试类、色情类的各种作品正是以获取作品转让的对价为目的而进行的写作。由中国文化得出作者不会要求转让作品的对价，本书认为这种观点并不恰当。所以，本书认为图5-10中第一步无法实现，即古代中国的文化无法在本模型中起作用。所以在本文所采纳的模型中，没有文化因素这一自变量。

综上，基于模型"著作权的产生 = f（谷登堡印刷书，出版自由）"，本文认为，在著作权"有无"问题上的正当性在于出版印刷产业的秩序，易言之，即作品上利益的有序分配。

第五节　"秩序说"的证伪

本书所采纳的思路是一种证伪的思路。关于著作权的正当性存在众多的学说，不同的学说之间相互竞争，优胜劣汰。那些被证伪的学说被淘汰，从而留下暂时未被证伪的学说。所以，本书提出"秩序说"之后，仍然要面临着被证伪的考验。在"秩序说"的证成过程中，本书主要运用对作品上利益的分析；而在证伪的考验中，本书则如同对待著作权正当性的现有理论，主要运用作品观和"古近之问"这两个方式。

一、来自作品观的证伪

首先是作品观。在摹仿说、表现说、再现说、文本说、读者说、产品说等众多的作品观中，为何采取其中的一种或两种作品观呢？本书的"秩序说"将著作权有无的正当性归因为出版印刷产业利益分配的秩序。这种观点将作品视作产业上的一环。与功利主义类似，由于"秩序说"并没有以特定的作品观为基础，所以很好地回答了作品观选择的诘问。如果一定认为"秩序说"存在一定的作品观的话，那么这种作品观应该接近产品说。我们诚然可以找到与之近似的产品说的作品观，但是这种作品观并非整个模型的基础。

如前所述，在作品上利益分配的过程中，最开始的一环是作者对作品最初的控制。这种控制是无法改变的事实，是整个著作权构建的事实基础。我们诚然可以找到各种各样的作品观，但是不论采纳何种作品观，这种控制的事实都不会改变。如前所述，作品天然就是作者的财产。从作品观这种非时空、非历史的角度而言，正是这种作者对作品最初的控制导致了著作权的产生。以往的作品观都是对作品的解读，是对作品本身的理解。而作者对作品天然的控制则是从法律关系上的理解。将著作权的基础建立在法律关系之上，而不是作品观之上，这也很好地回答了作品观选择的诘问。

二、来自"古近之问"的证伪

将著作权理解为近代社会的产物，为何古代社会不能产生著作权呢？这种"古近之问"的质疑，要求著作权正当性的理论中必须包含古代社会与近代社会差别的因素。本书所提出的"秩序说"基于 f（印刷术、出版自由）这一历史模型。而这个模型是从历史中选择取舍而得出，本身就已经包含了社会演变的因素。

在模型 f 之中，谷登堡印刷术和出版自由都是近代社会的因素，同时也推动着古代社会向近代社会的演变。如前文所述，谷登堡印刷术不同于以往的抄写或是雕版印刷，是可以实现大规模印刷的技术；而出版自由出现的时间则比谷登堡印刷术更晚，更具备近代社会的气息。整个模型 f 全部的自变量都可以来自近代社会，是近代社会的因素。

而"秩序"二字，更是直接表现出古代社会和近代社会对著作权法律制度需求的差异。在古代社会，没有著作权法律制度，作品上的利益分配仍然不会出现无序混乱的状态（古代社会中作品上的利益远不如近代社会，也几乎没有分配的可能）；而在具备谷登堡印刷术和出版自由的近代社会，作品上的利益需要有序地分配，除了著作权法律制度，并没有第二条有序分配的路径可以选择。所以，正是古代社会和近代社会秩序的不同，最终导致了对著作权法律制度需求的不同，从而导致著作权在近代社会方具有正当性。

对著作权正当性的质疑，可以说是一个无休止的过程。而作品观和"古近之问"也仅仅是本文所提出的两种较为独特的质疑角度。除了这两种质疑之外，也可能存在着其他质疑的方式。而且不同的正当性理论质疑的问题也可能不同，正如数据对应着功利主义，期限对应着人格理论等。

即使本文所提出的"秩序说",也可能在其他地方存在着被质疑之处并最终被证伪。各种理论正是在不断地被证伪的过程中逐步发展的,本书期待着这种证伪。

第六节 自然权利与功利主义之间

将本书的"秩序说"与现有的著作权正当性理论相比较,会发现:秩序说处于自然权利和功利主义之间,故也可以认为是自然权利理论和功利主义理论的折中。

目前而言,对著作权正当性的理解,有种流行的观点将著作权理解为"以实定法的名义反映的自然权利"❶"基于自然权利的法定之权"。❷ 但是自然权利和功利主义反映着不同的理念和逻辑。自然权利理论视野下,先有著作权,再有著作权法,法律不过是权利的确认,法律不能够随意地改变权利的内容和范围;而在功利主义视野下,先有著作权法,再有著作权,著作权的规定基于社会福利等其他原因,所以法律当然可以基于各种理由来规定权利的内容和范围,甚至是不保护著作权。所以,一般而言,自然权利理论和功利主义理论之间是不能够折中的。这种将著作权理解为法定的自然权利,在逻辑上是不通的。

本书将著作权"有无"的正当性归结为对秩序的需要,这种理解的出发点是模型化的历史,而不是自然权利和功利主义的理论。其逻辑上是否恰当在于模型本身,而不在于自然权利理论与功利主义理论之间的矛盾。只是将这种"秩序说"的结论套用在自然权利与功利主义对立的状态之中,发现"秩序说"既非自然权利,也非功利主义,而是处于二者之间。

目前所流行的折中说将自然权利和功利主义都认为是著作权的属性,二者的区别不过是著作权不同的侧面。这样,著作权既是自然权利,又

---

❶ 吴汉东:《知识产权本质的多维解读》,载《中国法学》2006 年第 5 期,第 98 页。
❷ 彭学龙:《知识产权:自然权利亦或法定之权》,载《电子知识产权》2007 年第 8 期,第 16 页。

是功利主义理论之下的权利，而自然权利和功利主义在很多方面不同共存，故上述的折中是失败的。本书所提出的"秩序说"，既非自然权利，也非功利主义。故在本书看来，自然权利和功利主义并非著作权的侧面。"秩序说"可以对自然权利理论和功利主义理论之间所争论的问题给出第三种答案。

第一个问题是权利与法律的先后问题。自然权利理论将著作权视为自然权利，这种权利是先在的，或源于上帝、或源于理性、或源于劳动、或源于人格自身等。著作权法是对著作权的确认。而功利主义将权利追溯至社会福利等因素，为了鼓励创作抑或其他社会公共利益而制定著作权法。基于著作权法，产生了著作权。在上文的模型 f 中，出版印刷产业对有序分配作品上利益的需要导致了出版印刷产业对作品上权利源头的需要，进而导致了对著作权法律制度的需要。整体而言，在整个模型中著作权和著作权法处于同等地位，并无先后之分。在微观上，的确是先有著作权法（《安妮法》），才使得著作权得以确立；在宏观上，正是整个出版印刷产业对著作权的需求导致了著作权法最终得以通过。所以，在"秩序说"看来，著作权与著作权法并无先后之别，如果一定区分二者的先后，那么在宏观上与自然权利理论一致，先有权利后有法律；在微观上与功利主义一致，先有法律后有权利。

但是这个问题所提问的初衷处于应然层面。如果从实然—应然二分的角度来看，秩序说对著作权和著作权法的先后问题如下：先有法律后有权利是一种实然的解答；先有权利后有法律是一种应然的解答。而功利主义和自然权利理论对此问题的解答都处于应然层面上。所以在应然层面上，"秩序说"更接近自然权利理论。

第二个问题是国家对待著作权以及著作权法的态度。这个问题处于实然层面。依据自然权利理论，"知识产权被定位为一项普遍的人权"，❶ 故

---

❶ 吴汉东：《知识产权法基本问题研究（总论）》，中国人民大学出版社 2009 年版，第 17 页。

国家应当尊重和保护包括著作权在内的知识产权，而不能通过立法等形式回避著作权；而依据法定权利功利主义理论，著作权不过是国家社会经济发展的工具，国家可以根据自身需要决定是否保护著作权、保护著作权的强弱。本书所提出的"秩序说"只针对著作权"有无"的正当性，而不涉及著作权"强弱"的正当性。故对此问题的回答也仅限于对著作权有无的选择，而无关著作权"强弱"的选择。在著作权"有无"的问题上，国家是否有权依据本身的社会经济条件决定是否保护著作权呢？在"秩序说"的语境下，国家不保护著作权将带来产业的崩溃。所以，如果立法者无视整个产业的发展，也可能会作出不保护著作权的决定。但是随着国际条约尤其是 TRIPS 的订立，对知识产权的保护已经成为各成员国的义务。这种实然性的假设已经越来越没有意义。

虽然本人认为"秩序说"既非自然权利理论也非功利主义理论。但是仍能找到其与这二者的相似之处。这种相似与对第一个问题的回答也有类似之处，即在微观上，"秩序说"更接近功利主义理论；在宏观上，"秩序说"更接近自然权利理论。

在微观上，"秩序说"与功利主义理论是接近的。二者所关注的都是对与著作权相关的产业的经济分析，通过考虑其投入产出等因素来解释法律规则。"秩序说"不认同功利主义所言的对社会经济等方面的激励作用。但是如果这种"激励"仅限于回收成本的话，"秩序说"和功利主义在很大程度上也是一致的。例如，面对著作权的"古近之问"，功利主义的代表人物波斯纳认为，在印刷术发明之前，复制成本高，创作成本所占比例低，翻印者的优势不明显，也就不足以需要著作权的保护。❶ 其实，这种表述与本文的"秩序说"是一致的，只不过缺少了本书"秩序说"所赖以存在的历史模型。

在宏观上，"秩序说"与自然权利理论是接近的。在应然上，二者都

---

❶ ［美］威廉·M. 兰德斯、理查德·A. 波斯纳著，金海军译：《知识产权法的经济结构》，北京大学出版社 2005 年版，第 64 页。

认为著作权先于著作权法而存在。当然，这里的自然权利理论应当是拉德布鲁赫所言的"内容不断变化"的自然权利。❶ 这个不断变化的内容取决于各种自变量，在"秩序说"的语境中，这里的自变量是印刷术和出版自由。整个出版印刷产业对著作权的需求，就是法律所调整的社会对著作权的需求。正是基于对著作权的需求而确立了著作权法。这个意义上，著作权并非功利主义语境下实现其他目的的工具，也就与功利主义相去甚远。

综上，"秩序说"认为著作权"有无"的正当性在于出版印刷产业利益分配的秩序。这种观点不属于自然权利和功利主义这两类理论中的任何一种。如果一定从这自然权利/功利主义分立的视野来看待"秩序说"的话，那么只能认为"秩序说"处于自然权利理论和功利主义理论之间。

---

❶ ［德］拉德布鲁赫著，王朴译：《法哲学》，法律出版社 2005 年版，第 18 页。

第六章 著作权"强弱"的正当性

垄断是一种恶。为了获得善，我们必须采纳这种恶。但是，这种恶的期限不应当比确保这种善所必须的期限多一天。

——洛德·麦考利（Lord Macaulay）

第一节 "秩序说"的适用

本书在讨论著作权的正当性时，将其一分为二，区别了有无和强弱。在这种区分之下，著作权"有无"的正当性从历史中假设模型，从而提出了"秩序说"的假说。但正是由于这种区分，导致著作权"有无"正当性的结论不能直接适用于著作权"强弱"的正当性。

如果说著作权有无的正当性的解答在一定程度上可以适用著作权强弱的正当性的解答，那么这种程度也是十分有限的。考虑著作权保护的状态，当著作权已经弱到几近于无时，的确仍然可以认为有著作权，但是因为太弱，以至于这种有和无没有太大的差别。在这种状态下，足够弱的著作权是应该被否定的。易言之，著作权"有无"的正当性在于产业秩序的维系。虽然保护著作权，但却是一种弱保护的状态，如果这种弱的保护仍不足以维系整个产业秩序的话，那么这种程度的著作权仍然是不正当的。我们可以回到第 5 章一开始的这条射线，如图 6–1 所示。

A   B   C   D   E

图6–1 著作权的强弱状态

A 点表示没有著作权的状态，这种状态在本书看来不足以维系产业秩序而被否定；B 点表示著作权的强度刚刚足以维系作品上利益分配的秩序；C 点表示著作权强弱最为恰当的状态；D 点表示著作权过强的状态；E 点表示著作权强保护的极限。

前文中本书基于历史模型的假设提出"秩序说"，从而否认了 A 点状态的正当性；将这种观点延伸至著作权强弱的正当性，可以进一步否认 A、B 两点之间的状态，因为在这个状态之下仍然无法维系产业秩序。但对线段 BE 上应当如何选择，需要采取其他的解答路径。

第二节　两种解答路径

著作权强弱的正当性的解答，就在于 C、D 两点的确定。抑或是退而求其次，找到 C、D 所处的范围。确定 C 点和 D 点是一致的。因为当 C 点确定之后，那个 C 点右边的范围即属于 D 点。所以关键还是 C 点的确定。对于这个答案的选择，大致而言，可以有两种路径。

第一种路径来自现有的著作权正当性的理论。著作权正当性的理论大致可以分为自然权利理论和功利主义理论。对于 C 点来说，自然权利理论是毫无用处的，只能从功利主义中寻找答案。如前文所述，功利主义将著作权视为实现社会福利等目的的工具。故以实现其目的为标准，必然存在实现目的的最佳强度。不论这个目的是社会福利的最大化，还是可欲社会的实现，抑或是发明创造的激励。因为著作权在赋予作者权利的同时，也增加了整个社会的负担。在没有著作权的状态下，这部分作品上的利益被过大地归入公有领域导致"公地悲剧"；❶ 但在著作权过强的状态下，社会公众又被赋予过多的负担。这二者都是不可取的。比较恰当的一种选择是

---

❶　关于"公地悲剧"和其在知识产权法中的应用及反思可参见 Jessica Litman, The Public Domain, *Emory Law Journal*, （1990）vol. 39；Edward Samuels, The Public Domain in Copyright Law. *Journal of Copyright Society of the U. S. A.* （1993）vol. 41；David Lange, Rethinking Public Domain, *Law and Contemporary Problems*, （1982）vol. 44.

在二者之间寻找一定的平衡。

这一种路径的另外一种演绎是将这种平衡与一国的社会经济发展状况相结合。进而认为著作权强弱最为恰当的 C 点会因为一国经济社会发展状况的不同而不同。著作权的强弱程度需要与该国的经济社会发展状况相适应。这种观点在著作权法第三次修改过程中影响十分广泛，可以被认为是我国学界的主流观点。❶ 如同存在着"内容不断变化的自然法"，❷ 一样存在位置不断变化的 C 点。

第二种路径与现代法哲学的演进方向❸一致，是一种由内容后退至程序的做法。在正当性的寻求中，由对实质内容的寻找后退至立法程序的正当，即程序正义论。❹ 代表观点诸如哈贝马斯的"对话理论"❺ 以及罗尔斯的《正义论》。❻ 对应于著作权而言，则表现在著作权法律规则的正当性源自社会公众意见的广泛表达、立法过程中的民主投票等方面。这在著作权法第三次修改过程中表现得也十分明显，诸如国家版权局公布修改草案，

---

❶　例如有学者认为，"修改《著作权法》是为了应对时代的挑战和国情的巨变。"刘春田："《著作权法》第三次修改是国情巨变的要求"，载《知识产权》2012 年第 5 期，第 7 页；有学者认为，在著作权法修改过程中，"本次草案亦考虑了本国的经济、科技与文化的发展水平，没有盲目借鉴发达国家标准，而是谨慎地配合我国版权产业的发展阶段与特点来进行制度设计。"吴汉东："著作权法第三次修改草案的立法方案和内容安排"，载《知识产权》2012 年第 5 期，第 13 页。有学者认为，"目前进行的第三次修改则是基于我国经济社会现实的需要而进行的主动修改。"李明德："我国《著作权法》的第三次修改与建议"，载《知识产权》2012 年第 5 期，第 25 页。

❷　[德] 拉德布鲁赫著，王朴译：《法哲学》，法律出版社 2005 年版，第 18 页。

❸　[德] 阿图尔·考夫曼、温弗里德·哈斯默尔主编，郑永流译：《当代法哲学和法律理论导论》，法律出版社 2002 年版，第 14～23 页。

❹　[德] 魏德士著，丁晓春、吴越译：《法理学》，法律出版社 2005 年版，第 167～168 页。

❺　[德] 哈贝马斯著，沈清楷译：《对话伦理学与真理问题》，中国人民大学出版社 2005 年版，第 1 页。

❻　[美] 约翰·罗尔斯著，何怀宏等译：《正义论》，中国社会科学出版社 2009 年版。

征求社会意见并几易其稿。❶ 我国也有学者认为应当基于"共识理论"来确定著作权的正当性。❷ 这种路径不再从内容上寻找 C 点而在程序上通过程序的正当来确保法律规则内容的正当。

不可否认的是这两种路径又各有缺陷。以内容为追求的第一条路径存在着三个缺陷。第一个缺陷是失之抽象，即确定作为最恰当点的 C 点的依据是抽象的。最常见的是将我国归入发展中国家或者拥有丰富的传统文化等表述，并以此作为论证或反驳的依据。❸ 这一点在对待民间文学艺术作品的态度上最为明显。❹ 第二个缺陷是内容不确定，即 C 点的位置仍然是十分模糊的。唯一能够确定的是 C 点在 BE 这条线段之上。本书试图避免第一条路径的这两个缺陷，采用了具体化的方法。如同前文将著作权的正当性具体化为"有无"的正当性和"强弱"的正当性。在著作权"强弱"的正当性之中，本书也试图将其具体化为一定的指标，抑或是采纳一定的例证来说明判断强弱的过程。

第一条路径的第三个缺陷在于正当性论证的失败。对于此种缺陷，本书认为，与其认为著作权是对社会经济乃至社会福利的促进，不如认为这是人们的一种美好愿望。

第二条路径的缺陷在于逃避。将著作权强弱的正当性转化为立法程序的正当性，从而规避了实质内容的论证。如果我们可以将著作权"强弱"的正当性转化为程序上的正当，那么任何权利和法律的正当都可以如此转

---

❶ 诸如版权局发布的《关于〈中华人民共和国著作权法〉（修改草案）公开征求意见的通知》、《关于〈中华人民共和国著作权法〉（修改草案第二稿）公开征求意见的通知》，详情参见版权局网站"通知公告"：http：//www. ncac. gov. cn/，2012 年 12 月 4 日访问。

❷ 熊文聪："后现代主义视角下的著作权的正当性及其边界——从个体权利到基于商谈的共识"，载《政治与法律》2010 年第 6 期，第 70 页。

❸ 郑成思："国际知识产权保护和我国面临的挑战"，载《法制与社会发展》2006 年第 6 期，第 3 页。

❹ 张广生："试论民间文学艺术作品的著作权保护"，载《中国法学》1992 年第 1 期，第 42 页；赵蓉、刘晓霞："民间文学艺术作品的法律保护"，载《法学》2003 年第 10 期，第 50 页。

化。但是，这种转化却存在着严重的风险。如前所述，假设在一个民主国家通过投票的方式确定某项法律抑或是某项权利是否通过、是否有效，那么结果必将是选票多的获胜（暂时不考虑保护少数派的规则，至少在著作权法方面还没有这种规则）。每一张票都是一个微小的力量，票的多少就是力量的多少。那么这种立法的结果不过是力量的对比。所谓的正当性理论，就演变成了力量理论，即谁的力量大，谁就是正当的。这种结果本身就违背了探讨正当性的初衷。

所以，本书对第二条路径的判断方式采用极为谨慎的态度。本书认为，这种立法程序的正当虽然在立法过程中是必要的，却无法成为法律内容上判断正当性的依据。只有在其他方法全部无效时，这一条路径才能成为不得已的选择。

以上的两种路径一为内容，一为程序，虽然方向根本不同，但在确立著作权强弱的实然层面却可以同时存在。至于是否可以实现互补的结果，还有待时间的检验。

下文将沿袭上文所述具体化的观点，分别讨论著作权强弱的指标。这些指标主要有如下三项：权利期限的长短、权项的增减、权利限制范围的大小。

第三节　著作权的期限

一、著作权期限的规定

著作权是一种有期限的民事权利，其期限的长短是著作权强弱的一个十分明显的指标。例如 2003 年，美国最高法院裁定支持国会年延长著作权期限的法案，将这个期限延长至作者死后 70 年。随后《纽约时报》就批评道，"很快，版权就意味着永远"。❶ 著作权的期限的改变总是伴随着各种

---

❶ ［荷兰］约斯特·斯密尔斯、玛丽克·范·斯海恩德尔著，刘金海译：《抛弃版权——文化产业的未来》，知识产权出版社 2010 年版，第 10 页。

讨论和争议。就总体趋势而言，这个期限呈现出越来越长的状况。

而在最初的《安妮法》中，对著作权的保护也只有 14 年，经续展可再延长 14 年。❶ 到 1814 年时，对著作权保护的期限改变为 21 年和作者终生中的较长者。❷ 在英国，著作权的期限则第一次延长至作者死亡后的时间是 1838 年。❸

在法国，1791 年首个保护著作权的法令将保护期限设为作者终身加死后 5 年，1793 年则将这个期限延伸至作者死后 10 年。❹ 至 1866 年，这个期限延长至作者终身加死后 50 年。❺

德国历史上第一部近代著作权法可以被认为是 1794 年普鲁士的著作权法。1837 年普鲁士著作权法将期限定为作者终身加死后 30 年。这个期限直至 1934 年德国著作权法时被延长至作者终身加死后 50 年。1965 年著作权法又将这个期限延长至作者终身加死后 70 年。❻

美国 1790 年第一部著作权法则延续了《安妮法》的规定，将著作权的期限规定为 14 年；如果期限届满时作者仍在世，则可续展一次。❼ 1831 年著作权法将首次期限设定为 28 年，续展期限于 1909 年延长至 28 年，1962 年延长至 47 年。1976 年版权法废除了续展的要求，将期限延长至作者终

---

❶ 14 年也仅仅是笼统的说法。严格地说，《安妮法》规定，1710 年 4 月 10 日为节点，已经印刷的图书保护期限最长不得超过 21 年；尚未印刷的图书保护期限为 14 年，自首次出版之日起计算；14 年届满之后，作者仍然生存的，期限可再延长 14 年。金海军：《知识产权私权论》，附录 1 "英国 1710 年《安妮女王法》（译者译本以及英文文本、影印件）"，中国人民大学出版社 2004 年版，第 214～225 页。

❷ David Saunders, *Authorship and Copyright*, London and New York: Routledge, 1992, p. 127.

❸ Ibid. , p. 128.

❹ [西] 德利娅·利普希克著，联合国译：《著作权与邻接权》，中国对外翻译出版公司 2000 年版，第 19 页。

❺ 同上书，第 191 页。

❻ Gillian Davies, *Copyright and the Public Interest*, London, Sweet&Maxwell, 2002, p. 187.

❼ [西] 德利娅·利普希克著，联合国译：《著作权与邻接权》，中国对外翻译出版公司 2000 年版，第 18 页。

身加死后 50 年或 75 年；匿名作品或法人作品则自创作完成之日起 100 年。❶ 1998 年，国会通过了著作权保护期延长法（Sonny Bono Copyright Term Extension Act），将这个期限延长至作者终身加死后 70 年。❷

亦有少数国家规定过永久期限的著作权，不过很快就放弃了这种做法。❸

就国际条约而言，1886 年的《伯尔尼公约》并没有规定保护期限；1908 年的柏林文本则规定了作者终身加死后 50 年的基本保护期；1948 年的布鲁塞尔文本则将作者终身加死后 50 年的期限作为最短保护期。❹

我国 1910 年《大清著作权律》将著作权的期限限定为作者终身加死后 30 年，自注册之日起计算。❺ 1915 年北洋政府著作权法及 1928 年、1944 年著作权法延续了这一期限的规定。❻ 至我国 1991 年《著作权法》，这一期限方延长至作者终身加死后 50 年。

---

❶　[美] 罗伯特·P. 墨杰斯、彼特·S. 迈奈尔、马克·A. 莱姆利、托马斯·M. 乔德著，齐筠等译：《新技术时代的知识产权法》，中国政法大学出版社 2003 年版，第 338 页。

❷　该法案规定，一般作品的保护期限为作者终身加死后 70 年，雇用作品的保护期限由发表后 75 年或创作完成后 100 年（以先届满者为准），延长至发表后 75 年或创作完成后 120 年（以先届满者为准）。参见 [美] 威廉·M. 兰德斯、理查德·A. 波斯纳著，金海军译：《知识产权法的经济结构》，北京大学出版社 2005 年版，第 270 页。

❸　荷兰、葡萄牙、危地马拉和墨西哥都曾经有过永久保护的规定。[西] 德利娅·利普希克著，联合国译：《著作权与邻接权》，中国对外翻译出版公司 2000 年版，第 191 页。

❹　同上书，第 196～197 页。

❺　《大清著作权律》第 5 条规定，"著作权归著作者终身有之；又著作者身故，得由其继承人继续至三十年。"第 11 条规定，"凡著作权均以注册日起算年限"周林、李明山主编：《中国版权史研究文献》，中国方正出版社 1999 年版，第 90 页。当然，作者终身加死后 30 年也仅仅大致而言，合作作品、照片作品等作品的著作权期限另有规则。

❻　《北洋政府著作权法》第 4 条规定，"著作权归属著作人终身有之。著作人死亡后，并得由其继承人继续享有三十年。"1928 年《著作权法》第 4 条规定，"著作权归著作人终身有之。并得于著作人亡故后，有继承人继续享有三十年"。周林、李明山主编：《中国版权史研究文献》，中国方正出版社 1999 年版，第 136 页、第 225 页、第 252 页。

二、自然权利视野下著作权的期限

在劳动理论和人格理论的基础之上所建立的著作权法律制度对著作权尤其是著作权财产权规定了一定的期限，并且提供了确定著作权应然期限的一些依据。这些讨论主要体现在欧洲对著作权法的讨论之中。劳动理论之下将著作权视为作者劳动所得抑或是劳动报酬等，而人格理论却将著作权与人格相关联。总体而言，其将著作权视为一种善。正如有学者所言，任何一个从头脑中创造作品的人，都会被授予了一项保护他在其全部作品利用方面的精神和经济性利益的具体权利。[1] 自然权利理论将著作权视为作者的个人权利，将作者的个人利益放在社会公众利益之上。[2]

总体而言，对著作权期限的保护呈现出不断延长的趋势。将著作权的期限延长至作者死后对于著作权期限的探讨而言是一件极其重要的事件。在英国，著作权的期限第一次被延长至作者死后是 1838 年。[3] 当时，英国众议院议员、高级律师汤姆斯·努·塔尔福德（Thomas Noon Talfourd）为了延长保护期在演讲中如是说道：

> 从弥尔顿到科尔里奇的作者，为了各种人的获益而被出版。而获益的人中却惟独没有他的孩子们[4]……当他的名字变成庄严的坟墓，当他微笑和耸肩的怪癖或弱点不再的时候，当他一生被封印的时候，你们的法律声明，他的作品应该变为你们的财产。

---

[1] Lucie M. C. R. Guibault, *Copytight Limitations and Contracts：An Analysis of the Contractual Overridability of Limitations on Copytight*, London：Kluwer Law Inernational, 2002, p. 8.

[2] David Saunders, *Authorship and Copyright*, Routledge, 1992, p. 76.

[3] 该法令将著作权的期限延长至作者死亡后 7 年。对该法令的通过也不乏反对者，诸如著名历史学者 Lord Macaulay. Gillian Davies, *Copyright and the Public Interest*, London：Sweet&Maxwell, 2002, p. 33.

[4] "Arguing that authors from Milton to Coleridge are now 'published for the gain of others than [their] children', Talfourd rejected the lifespan time limit imposed upon an author's exclusive right'." David Saunders, *Authorship and Copyright*, London and New York：Routledge, 1992. P. 128.

你们就是通过夺取他的孩子们的遗产来报答他的。❶

从上述的表述中我们也可以找到自然权利理论之下对确定著作权期限的一些端倪。类似于所有权，对著作权期限保护的极致即将著作权作为一种永久保护的权利来对待。有趣的是提出永久保护著作权方案的代表人物却是功利主义者。其认为，即类似于商标权，允许著作权的无限续展。❷虽然允许无限续展，但是只有极少部分著作权会成为永久。允许无限续展可以适当地增加著作权的持有成本，将导致事实上扩大了落入公有领域的作品数量。❸当然该学者的观点因为违背该国宪法而不可能实现。❹

如前文所述，在立法例中确实也有荷兰等极少数国家在极短的时期采取了永久保护著作权的做法。❺ 但是这种永久保护的做法并不长久。西班牙学者利普希克给出了如下理由：（1）作品的产生需要他人的作品；（2）超过一定的期限，继承人难以找到或意见难以一致，导致作品难以流通；（3）永久权利仅仅会有利于继承人，公众会付出更大的代价，并且不能激发创造力。❻在这些理由中第二条是现实的困难，永久保护著作权过高的成本直接导致这种永久保护无法实现，故法律亦不可能如是规定。虽然也有学者认为 "导致高昂的追踪成本的，并非由于永久性财产权而是因为

---

❶ "... at the moment when his name is invested with the solemn interest of the grave-when his eccentricity or frailties excite a smile or a shrug no longer-when the last seal is set upon his earthly course, and his works assume their place among the classics of his country-your law declares that his works shall become your property, and you requite him by seizing the patrimony of his children." Gillian Davies, *Copyright and the Public Interest*, London: Sweet&Maxwell, 2002, p. 34.

❷❸ ［美］威廉·M. 兰德斯、理查德·A. 波斯纳著，金海军译：《知识产权法的经济结构》，北京大学出版社 2005 年版，第 270～272 页。

❹ 美国宪法规定著作权必须是一种有期限的权利。《美国联邦宪法》第一条第八款规定，"……为促进科学和实用技艺的进步，对作者和发明人的作品和发明，给予在一定期限的排他权利……"

❺❻ ［西］德利娅·利普希克著，联合国译：《著作权与邻接权》，中国对外翻译出版公司 2000 年版，第 191 页。

缺乏登记"，❶ 但是继承人意见难以一致的成本却并非可以通过登记来解决。这同样会导致著作权高昂的成本。所以，永久保护著作权仍然是不可行的。

在永久保护著作权不可能的环境下，对著作权保护的最长期限应当为权利人的收益不再大于权利人的成本时。这个时间点则是权利人"力所不能及"之处，即此时著作权的保护对权利人而言行使权利的成本等于行使权利的获益。

目前世界主要国家对著作权的保护已经达到作者终身加死后 50 年或者 70 年。这个长度在学界通常已经被认为足够长。而目前对著作权期限的解释往往是将这个期限的长度解读为"覆盖作者死后两代人的生命周期"。❷ 这个惠及三代的观念，也充满着将其视为一种"善"的气息。❸

三、功利主义视野下著作权的期限

在功利主义的视野下，著作权的存在在短期内缩小了公有领域的范围，增加了作品的接触成本。所以著作权被视为必要的恶，这种恶的期限仅为必要所需，此外应当越短越好。1841 年，洛德·麦考利（Lord Macaulay）在美国众议院的演讲中如是说道：

> 除非作者获得很好的回报，否则我们不会有好的书籍的供应；同时最不让人反感的回报方式就是著作权……作者应当获得报酬是一种善，这种报酬的方式就是一种垄断。但是垄断是一种恶。为了获得善，我们必须采纳这种恶。但是，这种恶的期限不应当

---

❶ ［美］威廉·M. 兰德斯、理查德·A. 波斯纳著，金海军译：《知识产权法的经济结构》，北京大学出版社 2005 年版，第 275 页。

❷ ［西］德利娅·利普希克著，联合国译：《著作权与邻接权》，中国对外翻译出版公司 2000 年版，第 193 页。

❸ 当然这种惠及三代的表述通常也被认为是一种商人利益的体现，将其视为自然权利中的善的表述也许也有不当之处。William Cornish, David Llewelyn, *Intellectual Property: Patents, Copyright, Trade Marks and Allied Rights*, London: Sweet&Maxwell, 2003, p. 379.

比确保这种善所必需的期限多一天。❶

这种恶也被我国学界归纳为侵蚀公共领域，违反法治❷等表述。如果将著作权视为一种恶，不幸的是确定这个期限往往被学界认为是不可能的。❸ 庆幸的是，这种恶的有害程度，在法律规则的设计时，却被假设为较为微弱。因为，学界一般认为，"作品与物质生活的联系不甚密切"，且"著作权法不保护思想，任何人都可以用自己的方式表达相同的思想，设定较长的期限不会过分阻碍文化的后续发展。"❹ 正是作品实用性的匮乏、思想的公有以及合理使用制度的规定，大大限制了著作权长期的保护所带来的弊端。也正因如此，克雷格·乔伊斯（Craig Joyce）等人认为，我们没有必要害怕著作权长时间的"垄断"。❺ 虽然也有违反法治等貌似严厉表述，不过从这种考虑的影响来看，其形式意义大于实质意义。所以，在功利主义的视野下，著作权被视为一种低程度但又必需的恶。

将著作权的不利视为一种"恶"，这样的表述也许深受自然权利理论的影响。在经济分析中，"恶"一词所对应的是成本这一概念。而著作权所带来的对公有领域的侵害乃至对法治的违反都被划入著作权制度所产生的成本。而著作权所带来的收益则是优秀作品的产生和传播。功利主义所追求的是社会福利的最大化，那么这个时间点应当是著作权制度的社会收

---

❶　"It is good that authors should be remunerated; and the least exceptionable way of remunerating them is by a monopoly. Yet monopoly is an evil. For the sake of the good we must submit to the evil; but the evil ought not to last a day longer than is necessary for the purpose of securing the good. " Paul Goldstein, *Copyright*, *Patent*, *Trademark and Related State Doctrines*: *Cases and Materials on the Law of Intellectual Property*, New York: Foundation Press, 1999, pp. 8 ~ 9.

❷　因为著作权的保护自作品创作完成之日起计算，但对于 20 世纪 80 年代的中国等"前版权"社会，在著作权法生效时起，对作品的著作权保护必然延及著作权生效前的作品。这样导致了著作权具有溯及既往的效力。李雨峰：《著作权的宪法之维》，法律出版社 2012 年版，第 118 页。

❸　Craig Joyce, Marshall Leaffer, Peter Jaszi, Tyler Ochoa, *Copyright Law*, Matthew Bender&Company, Inc. , LexisNexis, 2003, p. 336.

❹　李琛：《知识产权法关键词》，法律出版社 2006 年版，第 16 页。

❺　Craig Joyce, Marshall Leaffer, Peter Jaszi, Tyler Ochoa, *Copyright Law*, Matthew Bender&Company, Inc. , LexisNexis, 2003, p. 336.

益不再大于社会成本之时。如前文所述，在自然权利理论视野下，期限应当确定在权利人"力所不能及"之时，即权利人的获益等于其成本之时；而在功利主义理论视野下，期限应当确定在社会福利最大之时，即社会收益等于社会成本之时。

四、著作权的应然期限

我国有学者将著作权期限的演变理由归结为三类：❶ 一为技术，通过延长期限面对技术对著作权带来的威胁，同时技术和传媒的发展导致了作品商业利用时间的增加；一为"接轨"，国际化使得短保护期的国家延长了保护期；一为自然权利，诸如"适应人的平均寿命逐渐延长的需要"。❷

学界同样有一种趋势认为著作权期限的演变仅仅是商人的利益的表达。❸ 例如人类寿命的延长并不必然导致法律上保护期限的延长，因为在作者终身加一定期限的模式下，人类寿命的延长已经导致作者终身部分的延长，而无需在固定期限部分延长。而通说更是认为，长期限的保护受益的与其说是作者，不如说是作为权利购买者的商人。❹

对待著作权的期限可以有两种态度。第一种是无视期限的正当与否，如前文中将著作权期限的延长归因为技术、"接轨"和商人利益的观点。

---

❶ 李雨峰：《著作权的宪法之维》，法律出版社 2012 年版，第 116 页。美国学者 Nimmer 也有类似的观点，Melville B. Nimmer and David Nimmer, *Nimmer On Copyright*, Matthew Bender, 1992, pp. 7 ~ 8.

❷ ［西］德利娅·利普希克著，联合国译：《著作权与邻接权》，中国对外翻译出版公司 2000 年版，第 193 页。

❸ 相关常见文献可参见 ［澳］彼得·达沃豪斯、约翰·布雷斯韦特著，刘雪涛译：《信息封建主义》，知识产权出版社 2005 年版，第 17 页；［美］苏珊·K. 塞尔著，董刚、周超译：《私权、公法——知识产权的全球化》，王传丽审校，中国人民大学出版社 2008 年版，第 2 页。黄海峰：《知识产权的话语与现实——版权、专利与商标史论》，华中科技大学出版社 2011 年版，第 41 页；李雨峰：《著作权的宪法之维》，法律出版社 2012 年版，第 116 页；Janet Wasko, *The Magical-Market World of Disney*, Monthly Review, Apr. 2001, p. 56；

❹ William Cornish, David Llewelyn, *Intellectual Property: Patents, Copyright, Trade Marks and Allied Rights*, London: Sweet&Maxwell, 2003, p. 379.

这种态度更多地在实然层面上解释著作权期限的演变;第二种则是以确定著作权的正当期限为目的。这种态度则是寄希望于正当期限的确定以影响实然期限的规定。前文所提及的在自然权利理论和功利主义视野之下对著作权应然期限的探讨则更多地采纳此种态度。

本书所探讨的是著作权的应然期限。在此目的之下,只能采纳第二种态度。而第一种态度中只能考虑其中所涉及的技术、商人利益等因素,而其无视正当性的核心内容则被本书所抛弃。就第二种态度的应用而言,自然权利理论和功利主义都作出了较好的示范。这表明,虽然著作权"有无"的正当性与"强弱"的正当性是两个不同的问题,但是在期限长短的问题上,著作权"强弱"的正当性与著作权"有无"的正当性也是有关联的。

如前文所述,本书在"有无"正当性的问题上采纳的是"秩序说",即维系整个产业秩序所需而设立著作权。这是一种介于自然权利和功利主义之间的观点。而对待著作权期限的判定问题上,其答案也与这二者不尽相同。

自然权利与功利主义理论都将最佳的著作权期限设定在成本与收益平衡之处(一为权利人的成本与收益,一为社会的成本与收益)。但是,"秩序说"只将著作权最初的功能设定为维持产业秩序,既否认作者对著作权的应然支配,也否认著作权对优秀作品的促进作用。如果模仿自然权利与功利主义对待著作权期限的态度,那么本书对待著作权期限的态度将是:在保证产业利益的有序分配的期限范围内,尽可能限制著作权的存在。

在对待著作权的态度上,本书与功利主义更为接近。但是理由却并非是侵害公有领域等片面的表述。仔细观察各种著作权的理论,似乎都有一种片面的倾向。例如自然权利理论强调的是作者的获益,而功利主义理论强调的是对公有领域的侵害。我们不可否认,在洛克的理论也存在着"足够多且同样好"的限制性条件,但是总体而言,最初的劳动理论仍然强调的是作者的利益。而功利主义又完全从社会公益出发,甚至对作者利益保护的目的都是实现社会福利的最大化。本书认为,应该综合考量著作权人与社会公众之间的利益分配。

　　一个较为简单直观的方法，就是采纳经济分析的方式来解释著作权在利益分配中的作用。❶ 当然这种经济分析建立的一个默认的条件就是产业秩序已经得以建立并维持。那么将如图 6 - 2 所示。

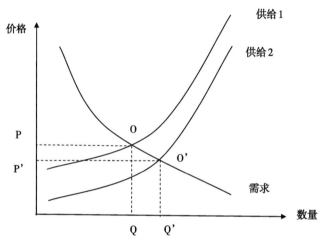

图 6 - 2　作品的供求曲线

　　图 6 - 2 可以表示某一作品的供求曲线。"供给 1"曲线代表存在著作权的情况下作品的供应，与需求曲线相较于均衡点 O，分别对应的作品的销量为 Q 及作品的价格 P；"供给 2"曲线表示不存在著作权的情况下作品的供应，与需求曲线相交于均衡点 O'，分别对应作品的销量为 Q'及作品的价格 P'。由于"供给 2 曲线"的产品成本中没有著作权这一项，所以整体价格比著作权存在时较低，反映在图 6 - 2 中，则可以认为"供给 2 曲线"是通过将"供给 1 曲线"向下移动而形成的。

　　存在著作权的情况下，消费者剩余❷为价格轴、需求曲线和 PO 三者所

---

　　❶ ［美］威廉・M. 兰德斯、理查德・A. 波斯纳著，金海军译：《知识产权法的经济结构》，北京大学出版社 2005 年版，第 12 页。
　　❷ 所谓消费者剩余，指消费者总共的获益，即一种物品的总效用与其总市场价值之间的差额。［美］保罗・萨缪尔森、威廉・诺德豪斯著，萧琛等译：《经济学》，人民邮电出版社 2004 年版，第 76 页。

围成的面积；生产者剩余❶为价格轴、供给 1 曲线和 PO 所谓围成的面积。经济剩余，即生产者剩余与消费者剩余之和，❷ 即价格轴、需求曲线和供给 1 曲线所围成的面积，我们设其为 S1。同理，在不存在著作权的情况下，消费者剩余为价格轴、需求曲线和 P'O' 所围成的面积；生产者剩余为价格轴、供给 2 曲线和 P'O' 所围成的面积。此时经济剩余为价格轴、需求曲线和供给 2 曲线所围成的面积，我们设其为 S2。我们比较 S1 和 S2 则会发现，S2 大于 S1，大于部分为价格轴、需求曲线、供给 1 曲线和供给 2 曲线之间所围成的面积。

S2 大于 S1，意味着在没有著作权的情况下，生产者和消费者的总获益大于著作权存在的情况，即使在考虑生产者获益的情况下，著作权的消失仍然促进了社会总福利的增加。易言之，在不考虑产业秩序的情况下，著作权对社会福利的作用只存在减少，而没有促进。

当然，基于图 6 – 2 所示的表述仅仅是一种简单的分析，仍然忽略了各种情况。诸如著作权给作者带来收益以促进其后续作品的产生、其他作者基于现有作品所进行的再创作、表达成本是否可以与复制件的成本分离考虑、创作的风险与回报等因素。但是，如果考量可能存在的各种因素可能将导致这种简明的经济分析不可行。

基于上述的分析，本文采纳了与洛德·麦考利（Lord Macaulay）相近的一个立场，即在保证著作权所确保的秩序的前提下，尽可能地限制著作权的适用。那么对于著作权的期限而言，著作权的应然期限应当仅限于维持秩序所需。对著作权期限扩张的解读则可以采纳以下方式：若是维持秩序所需，则其正当；若非维持秩序所需，则其仅仅是商人利益的表达，不

---

❶ 生产者剩余，是与消费者剩余对应的概念，是指生产者总共的获益，包括企业和特殊投入所有者的租金和利润，意味着超过生产成本的超额收入。［美］保罗·萨缪尔森、威廉·诺德豪斯著，萧琛等译：《经济学》，人民邮电出版社 2004 年版，第 127 页。

❷ 经济剩余，是从生产和消费某一种物品中所得到的福利或净效用；它等于消费者剩余和生产者剩余之和。［美］保罗·萨缪尔森、威廉·诺德豪斯著，萧琛等译：《经济学》，人民邮电出版社 2004 年版，第 127 页。

具有正当性。

但是对于不同的作品来说存在不同的使用寿命，不同作品的表达成本及收益风险也各有不同，所以不同作品上的利益分配的秩序所需的期限也未必相同，故对于不同作品而言规定相同的期限未免不当。

有研究表明，1930 年美国出版的图书到 2001 年只有不到 1.4% 还在印行❶——"大多数著作权迅速贬值了。"❷ 而对于不同类型的作品而言，电影明显会迅速地贬值，而文字作品的寿命相对会更长一些。如果对于不同的作品适用不同的著作权的期限，那么如何做出这种区分仍然是困难的。

当然，除了上述不足之外，还有一个明显的不足就是数据的缺乏。如美国学者波斯纳所言，"正如同没有任何有力的根据认为现有的保护期限过短，从而不能使表达性作品的生产者收回其全部成本，同样也不存在任何以激励为基础的相当论据，来支持这种延期。"❸

也许知识产权保护的国际化对该问题的探讨而言是一件值得庆幸的事情。由于 TRIPS 协议的存在，对著作权存在着最短的保护期限，即作者终身加死后 50 年。故不论在应然上探讨该问题的结果如何，都很难改变该问题的实然处理结果。所以，即使学界"不负责任"地回避这个问题，也很难说会造成什么恶果。

第四节　著作权的权项

一、技术与著作权的权项

除了期限以外，著作权权项的设置也可以反映出著作权的强弱。在整

---

❶　［美］威廉·M. 兰德斯、理查德·A. 波斯纳著，金海军译：《知识产权法的经济结构》，北京大学出版社 2005 年版，第 270～271 页。

❷　同上书，第 271 页。

❸　同上书，第 278～279 页。

个著作权制度的演变过程中，权项的增加也被解读为著作权扩张的一种表现。❶ 著作权最初仅为复制权，而今著作权所包含的内容已远大于此。例如《伯尔尼公约》（1986 年斯德哥尔摩版本）中规定的著作权的权项已经包含了表明作者身份、保持作品完整、翻译、复制、公开表演、广播、公开朗诵、改编等各项权利；❷ 我国现行的 2010 年《著作权法》所包含的著作权权项包括发表权、署名权、修改权、保护作品完整权、复制权、发行权、出租权、展览权、表演权、放映权、广播权、信息网络传播权、摄制权、改编权等十余项权利。❸

著作权权利内容的扩张、权项的增加，如同期限的延长，也是整个著作权演变的一种趋势。这种扩张往往是从技术的发展开始的。例如一般认为，录音技术、摄像技术和广播技术的出现和发展导致了邻接权的产生；而录音技术同时也造就了作者的表演权；❹ 而目前我国争议较多的信息网络传播权也只能在互联网的背景下才能出现。

抽象地说，技术发展所带来的结果是作品利用和传播方式的增加或者是作品利用和传播成本的降低。这使得作品上所依附的利益增加。本书将著作权作为维系利益分配秩序的产物，这个产物也同时面临着不断发展的技术所导致的不断增加的利益。这些利益如何分配与著作权法律制度如何设计息息相关。新技术所带来的新利益可能是法律所关心的，也可能是法律所不问的；既可能是可分配的，也可能是不可分配的。然而，主要而言，本书所关注的这部分新利益是可分配的财产利益。当然这种利益也可以细化为权利、交易和金钱三个层面。而著作权内容的变化直接体现在权利层面，同样也对交易和金钱层面的利益分配产生影响。

---

❶　冯晓青："著作权扩张及其缘由透视"，载《政法论坛》2006 年第 6 期，第 74 页。

❷　《伯尔尼保护文学和艺术作品公约》，载《知识产权国际条约集成》，清华大学出版社 2011 年版，第 20 页。

❸　详情参见我国《著作权法》第 10 条著作权的内容。

❹　Julie E. Cohen, Lydia Pallas Loren, Ruth L. Okediji, *Copyright in a Global Information Economy*, Aspen Law&Business Publishers, 2002, P. 34.

技术的发展是作品上利益增加最为主要的原因。从作品角度解读技术发生作用的途径，那么技术就是对作品形态的变化——在保持作品所指同一性的前提下，对能指所进行的改变。❶例如谷登堡印刷术将文字作品的能指转变为合金字块，再转化为纸上的文字，这种能指的改变大大降低了作品的复制成本；爱迪生的留声机是将空气振动为能指的声音改变为金属针的震动再改变为锡箔上的运行轨迹，这种能指的改变使得声音的再现成为可能；摄影技术是将光线的能指改变为感光材料，这种能指的改变使得图像的再现成为可能。通过在所指同一性的前提下，所进行的能指的改变，新的技术可以大大增加附着于作品上的各种利益。

当然，通常这种新增利益的获得最多的不是作者，而是技术的控制者。以出版业为例，正如英国学者费瑟所言，"从传播意义上，到16世纪末，文学已经变成一项商业商品。但是商业的奖赏为印刷者、出版者和书商所得，而不是作者。这完全不奇怪。因为正是印刷者将中世纪的书从抄写间带入市井之中。印刷者的经济现实和印刷书籍的贩卖意味着是印刷者融资进行书籍的生产和销售。因此，主要是他们收割了利润产生时的利益。同时出版者，无论他是否还为书籍的印刷者，自身承受着来自市场的压力。"❷

二、基于分类的正当性探讨

权项的增加对应的是作品上利益的增加。对其进行一定程度的分类往

---

❶ 能指可以理解为作品的形式，所能可以理解为作品的内容。详情可参见［瑞士］索绪尔著，岑麒祥等译：《普通语言学教程》，商务印书馆1980年版。目前对符号理论在知识产权法中的应用文献较多，可参见 Barton Bee, *The Semiotic Analysis of Trademark Law*, 51 UCLA L. Rev. 621；彭学龙：《商标法的符号学分析》，法律出版社2007年版；王太平："商标概念的符号学分析——兼论商标权和商标侵权的实质"，载《湘潭大学学报（哲学社会科学版）》，2007年第3期；谭玥：《著作权法语境下作品的符号学分析》，中国人民大学2009年博士学位论文等。

❷ John Feather, *A History of British Publishing*, Croom Helm Ltd, Provident House, 1988, p. 19.

往成为讨论的途径。

如果以技术产生的不同效果来进行分类，那么可以将作为利益产生基础的技术分为利用作品方式的增加和传播作品方式的增加。录音、摄影等技术增加了作品的利用方式，从而产生了摄影作品、视听作品等作品形态，同时增加了摄制权、表演权、放映权等权项以及复制权的内容；广播等技术增加了作品的传播方式，同时也增加了广播权等权项。同时，各种复制和传播技术的改进，也减少了作品复制和传播的成本。成本的降低意味着作品上可分配利益的增加。这种技术的改进虽然没有技术产生之初对制度影响深远，但亦不可忽视。这种分类可以明显地表现出著作权权项的演进。

根据权项背后所体现的利益关系是否是竞争关系亦可以分成两类。基于这种分类，可以对著作权制度进行正当性的探讨。

第一种是竞争关系，一种权项的出现可能直接导致另一种权项利益的减少，而对原有利益的维系可以通过新权项限制新的利益来实现。例如视听作品和计算机软件的出租权，由于二者可以通过租赁实现购买的目的，❶所以对视听作品和计算机软件的出租如果不加以控制，则直接威胁到原作品的市场。视听作品和计算机软件的出现打破了著作权对出租市场不问的状态，直接将原利益和新利益对立起来。这种对立的结果即：如果著作权不延伸至出租领域，产业秩序亦不能得以维系。所以，在这种关系的情况下，新利益必然归属于原利益的所有者。

第二种关系是非竞争关系，即某一作品的利用方式的出现对原有利益影响不大。由于新利益和原有利益都是基于具有同一性的作品。所以有可能二者之间还存在着相互宣传等促进作用。例如翻译作品。翻译作品与原作品之间作为能指的语言形式不同，但所指具有同一性。二者之间的市场基本不具有重合的可能，故基本不存在着竞争关系。而且原作品的畅销可能带来翻译作品的畅销；同样，翻译作品的畅销也可能带来原作品的畅销。这时，翻译作品所带来的新利益如何归属则存在可争议之处。目前来说，

❶ 李琛：《知识产权法关键词》，法律出版社 2006 年版，第 128 页。

各种制度及理论将对作品的翻译的权利归属于原作者。但是很多知名学者却并不认为如此，例如康德认为原作者不应当具有控制翻译作品的权利，❶鲁迅亦如是认为。❷

翻译是对作品演绎的一种典型的方式。大致而言，对作品的演绎都处于这种非竞争性的关系当中。随着技术的发展，这种演绎的类型也逐渐增多，与技术相关联的演绎的典型是摄制。摄制技术的出现和发展，使得文字作品可以被演绎成为视听作品。如前所述，视听作品和原文字作品之间很难说存在竞争关系，而且一般还存在着相互宣传的关系。但是目前普遍的做法仍然是给予了作者摄制权，对此并没有太多争议。就目前的著作权发展的趋势而言，类似于著作权期限的延长，技术发展所带来的利益，不论是否触及原利益都被当然地归入著作权的权项之中。

现实是著作权人享有对新增利益的控制。这种现状应当如何解释呢？至少可以找到以下三种解释方法。这三种方法都可以在前文中找到对应。第一种观点认为，大部分作者等著作权人收入惨淡，作者等著作权人应参加新增利益的分配。这种应参加的理由，可以是功利的，也可以是源自自然法上的论证。第二种观点可以将著作权人不断地通过作品利用方式的增加来扩大自身权利的现状解读为商人利益的表达。第三种则是前文对待著作权期限的态度，即通过经济分析，比较成本收益，认为在维系产业秩序的前提下，著作权的存在使得经济剩余减少。所以将著作权限制在维系产业秩序之需，对著作权的扩张采取严格的限制。

如前所述，基于"隐喻"这种工具的存在。本书对待问题的默认前提是，不同问题对应着不同的解答路径。故虽然本文在对待著作权的期限上采纳了第三种观点，但是在对待权项问题上却未必如此。本书认为，如果继续采纳第三种路径将存在着明显的缺陷。

---

❶ Immanuel Kant, *Von der Unrechtmäßigkeit des Büchernachdrucks*, erstmals erschienen in Berlinische Monatsschrift 5（1785），Seiten403 bis417.

❷ 杨文彬：《上海时期（1927～1936）鲁迅版权活动述论》，见刘春田主编：《中国知识产权评论（第五卷）》，商务印书馆 2011 年版，第 87 页。

本书首先将作品利用的利益分为竞争关系和非竞争关系。由于竞争关系的存在，为维系产业秩序，这部分利益应当为原利益人所享有。在非竞争关系下，新的利益如何分配，仍然是需要分情况讨论的。在前文所述的演绎情况下，并不能简单地适用对著作权期限的经济分析。因为演绎作品本身就是一件新的作品，会产生一个新的著作权。例如译者享有对原作品翻译而得翻译作品的著作权；制片人享有对文字作品演绎而得的视听作品的著作权。这种演绎者对演绎作品著作权的享有，仍然是维系基于这种演绎的产业秩序，是正当的。由于新的著作权的存在，导致了一个结果即是：即使原著作权人放弃对原作品的控制，演绎作品仍然处于一种通过权利垄断的状态，无法实现公众的自由利用。那么经济剩余仍然无法最大化。由于演绎者离市场更近，对技术控制更多，所以在整个演绎利益分配的过程中处于更优的地位。故在这个利益分配的过程中，演绎作品的著作权人是阻碍作品自由利用的主要因素，原作品著作权人反而是不重要的。所以，第三种路径对演绎这种非竞争性的关系并不能适用。同时，由于就社会平均收入而言，作者往往达不到平均水平。❶演绎作品利益分配方面允许作者的参与，也在情理之中。而这种允许作者参与分配的方式，则是通过作者对作品演绎的控制来实现的。

第五节 著作权的限制

一、著作权限制及其演进

不同于民法体系中"禁止权利滥用"等一些原则性的表述，权利限制对知识产权而言是一种"独立的、具体而明确的制度"。❷而对著作权的限制，往往被认为是著作权人作出的"利益让渡"。❸学界通常还认为著作权

---

❶ ［英］约翰·费瑟著，张志强等译：《传递知识——21世纪的出版业》，苏州大学出版社2007年版，第88页。

❷❸ 李琛：《知识产权法关键词》，法律出版社2006年版，第203页。

的限制是著作权这个权利内部所包含的公共利益的气泡。权利限制制度的存在大大限制了著作权的范围。如果认为著作权权项的增加增强了著作权的保护，那么著作权的限制方向正好相反，减弱了对著作权的保护。

对著作权的减弱，并非只有限制一种。对著作权最著名的制度上的减弱，是思想—表达二分法的出现。这要追溯至英国 18 世纪的文学产权大争论及其代表 Millar vs. Taylor 案和 Donaldson vs. Beckett 案。这场源于著作权的期限是否可以永久的讨论最终不可控制地延伸至著作权正当性的讨论。反对著作权的人们认为，"知识思想……不能合法地被看作一个财产种类。"❶ 同时，如果权利仅限于"被印刷出来的文字"，则略微的改动、节选、汇编等形式的盗版将使对著作权的保护形同虚设。❷ 所以，最终形成了思想—表达二分法，即著作权只保护"思想见诸文字的方法"，❸而不保护思想本身，从而使得不同的人都可以自由地表达同一个思想。这种将作品中的"思想"部分不予保护的做法，并非属于现行的著作权限制制度之中。但是相较于对作品全部内容予以保护的做法而言，却可以认为是著作权所受到的第一次的减弱。

当然，权利的限制仍然是本文所考量的最为主要的减弱著作权的制度。权利的限制，可以细分为权利的例外、法定许可和强制许可三种。对著作权而言，最主要的是著作权的例外——我国更倾向于称其为"合理使用"。❹ 美国法中规定了四项确定合理使用的标准，并以此判断是否落入合

---

❶　[澳] 布拉德·谢尔曼、[英] 莱昂内尔·本特利著，金海军译：《现代知识产权法的演进：1760 ~ 1911 英国的历程》，北京大学出版社 2006 年版，第 29 页。

❷❸　同上书，第 37 ~ 38 页。

❹　严格地说权利的例外和合理使用是不同的制度。合理使用是版权体系中的概念，因其将著作权视为一种必要的恶，故认为自由利用是一种常态，著作权是一种例外，故其合理使用的范围是开放的；著作权的例外是作者权体系的概念，因其将著作权视为一种善，故认为著作权是一种常态，而自由利用是一种例外，故著作权的例外的范围是封闭列举式的。就我国著作权法的规定而言，其形态更接近于作者权体系下的"著作权的例外"。参见李琛：《知识产权法关键词》，法律出版社 2006 年版，第 204 ~ 205 页。

理使用的范围;❶ 德国著作权法中规定了临时复制、司法与公安、残障人士等十余项著作权的例外;❷《伯尔尼公约》中除了"合法引用"等规定外,❸ 还规定了作为特殊情形下合法复制判断标准的"三步检验法"。❹ 我国现行的 2001 年《著作权法》第 22 条则规定了个人使用、教育科研使用、新闻报道使用等十二项"合理使用"的规定。

以版权体系为例,合理使用最初是由 1740～1839 年英国的一系列判例发展起来的。❺ 合理使用的第一个案例是 1740 年英国的 Gyles v. Wilcox 案。该案中,被告于第一章节略了(abridgment)原告侵权法律专著中对陪审团不足时的论述。❻ 审理法官洛德·钱塞勒·哈德威克(Lord Chancellor Hardwicke)认为,如果限制人们对他人的作品作出真实而恰当的节略,那么安妮法案就走得过远了。❼ 虽然在美国学者 Patry 看来节略版天生地侵占

---

❶ 学界通常认为这四项标准为:(1)是否商业目的适用;(2)被使用作品的性质;(3)被使用部分与整个作品的比例;(4)是否影响被使用作品的潜在市场。参见刘春田主编:《知识产权法》,中国人民大学出版社 2011 年版,第 128 页。

❷ 许超译:《德国著作权法》,见《十二国著作权法》,清华大学出版社 2011 年版,第 136 页。

❸ 对"合法引用"的规则较为复杂。诸如公众得合法地引用公开合法获得的作品,包括以报摘的形式引用期刊和报纸刊载的文章。只要这种引用符合善良习惯,并受为达到正当目的所需要的正当范围的限制等规定。参见《伯尔尼保护文学和艺术作品公约》,见《知识产权国际条约集成》,清华大学出版社 2011 年版,第 20 页。

❹ 通常认为,三步检验法为:(1)作为特殊情况存在;(1)不损害作品的正常使用;(2)不得无故损害著作权人的合法利益。参见《伯尔尼保护文学和艺术作品公约》,见《知识产权国际条约集成》,清华大学出版社 2011 年版,第 20 页。

❺ William F. Patry, *The Fair Use Privilege in Copyright Law*, Washington, DC: The Bureau of National Affairs, Inc. 1995, p. 3

❻ Ibid. , p. 6

❼ "But this must mot be carried so far as to restrain persons from making a real and fair abridgment, for abridgments may with great propriety be called a new book, because not only the paper and print, but the invention, learning, and judgment of the author is shewn in them, and in many cases are extremely useful. . ." William F. Patry, *The Fair Use Privilege in Copyright Law*, Washington, DC: The Bureau of National Affairs, Inc. 1995, p. 6.

着原版本的市场，❶ 但是在当时却认为真实合理地节略不是侵犯著作权的行为。甚至在 1817 年 Whittingham v. Wooler 案中，对作品批评也被归入这种正当的节略。❷ 这种对作品真实合理（real and fair）的节略即构成合理使用（fair use）制度最初的含义。

而后，合理使用通过 Folsom v. Marsh 案被引入美国，并逐步通过大量的案例发展为包括百科全书和历史作品引用（Toksvig v. Bruce Publishing Co. 等案）、批评和评论（Public Affairs Associates, Inc. v. Rickover 等案）、滑稽模仿（Loew's Inc. v. Columbia Broadcasting Systems, Inc. 等案）、教育和科学使用（Wihtol v. Crow 等案）等诸多内容。❸ 直至 1964 年，合理使用方在制定法中有所规定。其被称为"limitation on exclusive right：fair use"，并被概括为四个标准：（1）使用的目的和性质；（2）作品的性质；（3）使用的比例；（4）对著作权人潜在市场的影响。❹

二、合理使用的正当性分析

合理使用是最为主要的著作权的限制。本书对著作权限制的正当性分析也以合理使用为例展开。

大致而言，世界主要国家关于合理使用的规定在学理上是类似的。虽然从是否开放的角度，可以将其区分为"合理使用"的四个标准和权利例

---

❶ William F. Patry, *The Fair Use Privilege in Copyright Law*, Washington, DC：The Bureau of National Affairs, Inc. 1995, p. 7.

❷ William F. Patry, *The Fair Use Privilege in Copyright Law*, Washington, DC：The Bureau of National Affairs, Inc. 1995, p. 14.

❸ Ibid., pp. 19~256.

❹ （1）the purpose and character of the use; （2）the nature of the copyrighted work; (3) the amount and substantiality of the portion used in relation to the copyrighted work as a whole; and (4) the effect of the use upon the potential market for or value of the copyrighted work. See William F. Patry, *The Fair Use Privilege in Copyright Law*, Washington, DC：The Bureau of National Affairs, Inc. 1995, p. 277. 当然，之后对法律条文也历经了修改和解释，并最终于 1976 年形成现在的文本。即使在 1976 年以后录像机法案、计算机芯片设计法案等一系列法案也对合理使用产生了影响。

外的逐条列举两种模式。但是，对"合理使用"的几个标准的解释以及历史演进而言仍然是所列举的十余项各种情况；而列举的十余项情况的"权利例外"的正当性事由也往往从"合理使用"的判断标准上寻找依据。

学界对合理使用的性质是"权利限制""侵权豁免"还是"使用者权利"的问题争执不断。从对著作权的性质的角度，往往"使用者权利"说占优势；❶ 而从制度构建上，则"侵权豁免"说占优势。❷ 但是这种分类往往对合理使用的分析设定了一定的框架。本书基于正当性问题在前，法律在后的原则，认为：合理使用的正当性判断在其性质确定之前。

在对合理使用的解释中，通常将其解释为"为了维护社会公共利益，在不损害著作权人根本利益的前提下给公众保留自由使用作品的空间。"❸严格地说，对作品的任何利用都意味着利益。但是，权利人不可能参与所有利用作品所产生的利益分配。一方面是权利人行使权利的边际成本的增加；另一方面是行使权利边际收益的递减。此外，社会公众在生活中存在着免费使用作品甚至是非经许可使用作品的广泛需求。所以即使不考虑行使权利的成本，任由权利人行使权利，则公众的表达和交流将大大受限，而基于表达和交流的社会秩序也将被破坏。

我们固然可以通过思想表达二分法来解释，认为著作权所保护的是思想的表达，而不是思想本身，人们可以自由的用其他形式的表达来表达同一个思想。但是，思想表达二分法赖以建立的基础是一种摇摇欲坠的表现说的作品观。同时，思想表达的精确划分在具体案件中却是困难的。更有学者仅仅将其视为一种"隐喻"，❹ 著作权与表达自由存在着天然的紧张关

---

❶ 正因为此，有大量学者采此说。参见李雨峰：《著作权的宪法之维》，法律出版社2012年版，第162页。

❷ 合理使用常常存在于交易之中。诸如我国所规定的个人学习、欣赏等使用。在交易这个双方民事法律行为中，一方因合理使用而合法，一方因侵权而违法。又因为一个行为不能既合法又违法，所以在制度上将合理使用解释为侵权豁免方能符合逻辑。

❸ 李琛：《知识产权法关键词》，法律出版社2006年版，第204页。

❹ 李雨峰：《著作权的宪法之维》，法律出版社2012年版，第142页。

系。❶ 表达自由最初只是针对国家，❷ 晚近的发展为指向每一个人。❸ 每一个主体都是表达自由的主体，同时可能是侵害表达自由的主体。又因为著作权给予权利人对表达的控制，所以有学者认为，著作权与表达自由之间的冲突"不可避免"，❹ 应当在二者中寻求平衡。❺

如果著作权最初的正当性基础在于秩序的维系，那么会有如下结果：当著作权的强度已经强到破坏社会生活秩序时，那么这种强度是违背其目的的，因此是不正当的。❻ 而前文所述的表达自由正是现代社会需要维系的一种社会秩序。我国将个人使用作为合理使用的一种形态，则是这种社会秩序维系的一种表现。但是，在网络环境下，每个人都可以是发行者，作为合理使用的个人使用已经可以扩展至使得著作权名存实亡的地步。作为维系产业秩序的著作权和作为维系社会秩序的表达自由二者之间如果存在不可回避的矛盾的话，更为现实的做法，应当是产业秩序优先于自由表达的社会秩序。

有一些明显有益于公众，对著作权人利益损害轻微，且收费成本高的事项，往往也被归入合理使用之中。诸如为科学研究、保存版本、盲文翻译等使用。但是，随着成本的降低，这些情况是否也属于合理使用的范围，

---

❶ 李雨峰：《著作权的宪法之维》，法律出版社 2012 年版，第 135 页。

❷ 如《美国宪法》第一修正案规定，"国会不得制定法律剥夺言论或新闻自由，或剥夺人民和平集会与请愿政府伸张正义的权利"。此处对表达自由的保护，仅限于对国家权力的限制而言。

❸ 如《德国基本法》规定，"每个人都有权在言论、文字和图像中自由表达和传播其见解，并从通常可获得的来源中获取信息。通过广播和摄像的出版自由和报道自由必须受到保障，并禁止审查。"这种指向每一个人演进在德国已有"联合抵制电影案"等案例的支持。参见张千帆：《西方宪政体系（下）》，中国政法大学出版社 2001 年版，第 413 ~ 421 页。

❹ 李雨峰：《著作权的宪法之维》，法律出版社 2012 年版，第 136 页。

❺ Eric Barendt, *Copyright an Free Speech Theory*, Copyright and Free Speech：Comparative and International Analyses, Edited by Jonathan Griffiths &Uma Suthersanen, Oxford University Press, 2005, pp. 11 ~ 33.

❻ 这种表述类似于将知识产权视为人权。如果知识产权的保护根源在于人权，那么如果知识产权的保护不能导致对他人人权的侵害。这一点在药品专利中表现最为明显。

也存在可争议之处。因为，这部分公益可以由政府承担费用，而不一定要由权利人承担。不过，同样由于公益目的，且损害轻微，所以往往这部分利益诉求不会被提及，也就不会引起社会争议。

　　究竟如何确定合理使用的恰当范围，仍然是困难的。而最终所形成的这个范围往往与技术、社会环境、各方力量对比乃至政府本身的态度存在着莫大的关联。

第七章　余论：著作权正当性问题与中国

生存，还是毁灭，这是一个值得思考的问题。默然忍受命运的暴虐的毒箭，还是挺身反抗这个邪恶的世界？

——莎士比亚

本书将著作权的正当性区分为有无和强弱两种情况：有无的正当性在于秩序；强弱的正当性需要具体分析。而我国处于社会主义初级阶段，在这样一个阶段下逐步建立起来著作权制度又具有一些不同于世界主要国家的特性。其与著作权正当性的关系如何，即本章主要内容。

第一节　中国著作权法的修改与正当性问题

我国著作权法正面临第三次修改。在 2012 年知识产权法学研究会的年会上，包括著作权法在内的知识产权法的修改问题成为学界关注的焦点。对此，有学者引用《哈姆雷特》中的话认为，"生存，还是毁灭，这是一个值得思考的问题。默然忍受命运的暴虐的毒箭，还是挺身反抗这个邪恶的世界？现在是到了每个有良知的学者必须做出选择的时候了。"❶

本书对著作权正当性问题的探讨也是处于如此背景之下进行的。这里

---

❶　李扬：《知识产权行政执法问题》，中国知识产权法学研究会 2012 年年会发言，2012 年 12 月 8 日。

所涉及的因素有二：一为修法；一为政府。就其关系来看，我国对著作权法的修改都是政府直接推动的。

学界一般将我国著作权法的历史追溯至 1912 年的《大清著作权律》。直至 1990 年，新中国方才颁布了第一部著作权法，而后历经 2001 年和 2010 年两次修改。目前正处于第三次修改的进程之中。学界一般认为，2001 年修改著作权法是为了加入 WTO 的需要；2010 年修改著作权法是因为原法条中的第 4 条不符合 WTO 的规定。与以往不同的是，第三次修改更多的是本国产业利益的诉求，而非国际上的压力。同时，正是因为自身需求而修法，所以此次修改引起了包括学界在内的更多的社会关注和评论。

我国在著作权及相关法律制度中，公权力介入明显。我国包括著作权在内的各项知识产权法的立法有严重的部门立法的痕迹，最典型的表现是在立法过程中过多地加入了相关行政管理部分的行政权力；同时，我国除了清末民初一段时间外，自古以来就存在出版审查的传统，这也与作为著作权产生因素的出版自由相悖。此点目前更为社会舆论所指责。这两点构成了我国著作权法律制度建设之中较为特殊的因素，也是公权力介入的主要体现。其与作为著作权基础的正当性问题关系如何，也不容本书忽视。

第二节　行政权力与著作权的正当性

1990 年《著作权法》中规定，著作权行政管理部门可以没收非法所得、罚款甚至可以责令赔偿损失；❶ 2001 年《著作权法》中行政权力有所收敛，著作权行政管理部门可以责令停止侵权、没收违法所得和侵权工具、

---

❶ 1990 年《著作权法》第 46 条规定，"有下列侵权行为的，应当根据情况，承担停止侵害、消除影响、公开赔礼道歉、赔偿损失等民事责任，并可以由著作权行政管理部门给予没收非法所得、罚款等行政处罚……" 1991 年《著作权法实施条例》第 53 条规定，"著作权行政管理部门在行使行政处罚权时，可以责令侵害人赔偿受害人的损失。"

销毁侵权产品等，删除了责令赔偿损失的内容。❶ 2010 年修改内容甚少，不做评论。在 2012 年 3 月《著作权法》修改草案第一稿中，版权局增加了自身行政管理的权力，可以"查阅、复制"相关合同、发票等文件；可以"查封或者扣押"相关产品等。❷ 2012 年 7 月的第二稿中延续了这一规定。据报道，第三稿又进一步增加行政执法措施。❸

这次的修法过程中，大量的注意力集中在音乐作品的集体管理、网络等方面。对此次行政权力的扩张，大量学者的态度是沉默的。而与此相关的社会背景是经济危机、国进民退、重庆模式等方面的现状与争论。基于此，才有学者喊出："到了每个有良知的学者必须做出选择的时候。"

行政权力的扩张往往以保护著作权为名，而保护著作权则是以鼓励创新、建设创新型国家为名。但是，著作权是私权，著作权法是私法。❹ 作为私权的著作权首要目的是限制公权力的干预。❺ 行政权力的扩大所带来的是便利，牺牲的是安全。这种便利既是禁止侵权的便利，也是权力寻租

---

❶ 1991 年《著作权法》第 47 条规定，"有下列侵权行为的，应当根据情况，承担停止侵害、消除影响、赔礼道歉、赔偿损失等民事责任；同时损害公共利益的，可以由著作权行政管理部门责令停止侵权行为，没收违法所得，没收、销毁侵权复制品，并可处以罚款；情节严重的，著作权行政管理部门还可以没收主要用于制作侵权复制品的材料、工具、设备等；构成犯罪的，依法追究刑事责任⋯⋯"

❷ 著作权法修改草案第一稿，第 75 条规定，"著作权行政管理部门对与著作权或者相关权有关的涉嫌违法行为进行查处时，可以询问有关当事人，调查与涉嫌违法行为有关的情况；对当事人涉嫌违法行为的场所实施现场检查；查阅、复制与涉嫌违法行为有关的合同、发票、账簿以及其他有关资料；检查与涉嫌违法行为有关的产品，对于涉嫌侵犯著作权或者相关权的产品，可以查封或者扣押。"国家版权局网站 http：//www. ncac. gov. cn/，2013 年 1 月 15 日访问。

❸ "著作权法修改草案第三稿内容变化明显"，中国国家知识产权局网站 http：//www. sipo. gov. cn/，2013 年 1 月 15 日访问。

❹ 例如 TRIPS 协议在序言中规定，各成员"承认知识产权为私权"。

❺ 例如，我国学者张俊浩认为，"对于权力猖獗怀抱高度的怵惕之心，试图用公法私法的'楚河汉界'去阻隔"。我国学者王利明认为，私法领域中"尽可能减少国家的干预"，"充分尊重和保障自然人的财产权和人身权"。参见张俊浩主编：《民法学原理》，中国政法大学出版社 2000 年版，第 7 页；王利明主编：《民法》，中国人民大学出版社 2007 年版，第 13 页。

的便利；被牺牲的安全，既是著作权人的财产安全，也是公众的自由利用的安全。在保护著作权、制止侵权的过程中，盲目地扩大行政权力，无论对著作权人还是社会公众，都无异于饮鸩止渴。

在前文对著作权正当性问题讨论的过程中，一直没有出现的一个变量就是行政权力。本书认为这在著作权正当性问题是无关的变量。除了出版特权时期的出版审查以外，本书整个对著作权正当性的讨论，都是在一个市民社会的背景下进行的。而这个市民社会的背景，则是在逻辑上排除政治国家的结果。市民社会的法律即私法，"是个人相互间的意思和利益之交涉的法，原则上由那社会本身的力量维持，只当那社会的力量不足以资维持时，才第二次的由国家去担当其适用维持之任"。❶ 故在市民社会之中，公权力非经请求不得进入，从而实现限制公权力的目的。

所以，公权力本身并非著作权正当性问题应有的因素。通过公权力来促进著作权的保护本身就是十分危险的。更何况，我国目前公权力不存在实质性的监督和制约，且同时饱受各界的质疑和责难。在这个时期制定扩张公权力的法律条文并不恰当。

这一轮公权力的扩张背后的正当性理由是功利主义，试图通过著作权乃至知识产权"调整经济结构、转变经济增长方式""提高自主创新能力，建设创新型国家"。❷ 而功利主义正是本书所抛弃的一种知识产权法哲学的观点。本书将著作权的正当性问题分解为"有无"与"强弱"。有无的正当性在于产业秩序的维系；强弱的正当性不能一概而论，需要具体问题具体分析。不过笼统而言，本书将著作权的正当性归因于秩序。就著作权对出版传播等产业的秩序维系而言，其是正当的。但是，就其对经济结构的调整、增长方式的转变、创新能力的提高而言，著作权乃至知识产权的功

---

❶　[日] 美浓部达吉著，黄冯明译：《公法与私法》，中国政法大学出版社 2003 年版，第 21 页；朱炎生：《私法和公法：二分法的坚强与脆弱——关于〈公法与私法〉的两个支点》，见《厦门大学法学评论》第十二辑，厦门大学出版社 2006 年版，第 302 页。

❷　版权局"关于《中华人民共和国著作权法》（修改草案）的简要说明"，国家版权局网站 http：//www.ncac.gov.cn/，2013 年 1 月 15 日访问。

效是不明的。如果说著作权乃至知识产权所提供的产业秩序有助于经济增长或者自主创新，那么我们也必须承认著作权乃至知识产权制度所造成的社会成本和负担同样有害于经济增长和自主创新。所以，即使以经济和创新之名扩张著作权的保护，并非当然正确；而以经济和创新之名扩张公权力，则使我国本已脆弱的市民社会更处于岌岌可危的状态。

第三节　出版审查与著作权的正当性

与本书著作权历史模型中的出版自由不同，我国目前仍处于一个出版审查的阶段。这也是一种具有鲜明的中国特色的制度。日本学者大木雅夫曾将意识形态作为社会主义法的特征之一，[1] 而出版审查正是这种特征的体现。就出版审查而言，存在事前审查和事后审查两种。我国所采取的出版审查制度则是二者相结合。具体表现有我国《出版管理条例》中关于出版的各种批准审核的规定。[2] 而在 2001 年《著作权法》中甚至剥夺了违法作品的著作权。[3]

从古代社会与近代社会的划分来看，出版审查是一种具有古代法特征的制度。古代法和近代法存在着鲜明的不同。例如古代社会以集体主义为取向，近代社会以个人主义为取向；[4] 古代社会以身份主导，近代社会以契约主导。[5] 出版审查这项制度常见于古代社会，罕见于近代社会。不论

---

　　[1]　[日] 大木雅夫著，范愉译：《比较法》，法律出版社 2006 年版，第 139 页。

　　[2]　此种规定甚多，例如《出版管理条例》第 31 条规定，"从事出版物印刷或者复制业务的单位，应当向所在地省、自治区、直辖市人民政府出版行政主管部门提出申请，经审核许可，并依照国家有关规定到工商行政管理部门办理相关手续后，方可从事出版物的印刷或者复制"。2010 年《著作权法》删除了此项规定。

　　[3]　2001 年《著作权法》第 4 条规定，"依法禁止出版、传播的作品，不受本法保护"。

　　[4]　何兆武：《文化漫谈——思想的近代化及其他》，中国人民大学出版社 2004 年版，第 57 页。

　　[5]　英国学者梅因认为，"所有进步社会的运动，到此处为止，是一个从身份到契约的运动"。[英] 梅因著，沈景一译：《古代法》，商务印书馆 2011 年版，第 112 页。

是古代中国还是古代欧洲都存在着出版审查制度。我国宋代虽然以言论自由和开放著称，但是对出版的审查却仍然十分苛刻。❶ 在近代化的过程中，欧美逐步实现了出版自由，我国却并非如此。

从资本主义与社会主义法系的划分来看，出版审查是一种具有社会主义法系特征的制度。资本主义法系与社会主义法系的区别更多地被描述为经济基础和统治阶级意志的不同。❷ 而具体制度的不同往往为国内学者所忽视。就对意识形态的控制而言，出版审查是一种重要的手段。意识形态如果可以作为社会主义法系的特征，那么出版审查作为维系这种特征的制度，也足以具有社会主义法系的特征。

在著作权的历史模型中，本书将出版自由作为著作权产生的因素之一。可以说，在出版审查的环境之下不可能产生著作权法律制度。但是，我国的著作权法却是在出版审查的背景之下逐步移植并完善的。所以，在出版审查背景下讨论著作权的问题，也是一个具有鲜明中国特色的问题。

从作品传播所受到的阻力来说，技术进步、出版自由、出版审查和著作权存在以下关系如表 7-1 所示。

表 7-1　作品传播的阻力

制　　度	技术进步	出版自由	出版审查	著作权
传播的阻力	减小	减小	增加	增加

在本书所表述的著作权的历史模型中，出版审查这一阻力的缺失直接导致了著作权这一阻力的弥补。而在我国，并不存在出版审查阻力消失的状况。这样对作品的传播而言，就存在着出版审查和著作权双重阻力。这种阻力的增加，意味着传播成本的增加、对应消费市场的减小。前文在判断著作权强弱的正当性时，正是因为成本的增加而对著作权期限的延长持

---

❶　郭凯峰：《中国特许出版权和著作权制度的历史（唐宋至清末时期）》，见刘春田主编：《中国知识产权评论（第二卷）》，商务印书馆 2006 年版，第 297 页。

❷　孙国华、朱景文主编：《法理学》，中国人民大学出版社 2004 年版，第 75 页。

一种否定的态度。同样，出版审查的存在，增加了作品传播的成本，减少了经济剩余。所以，仅从经济分析角度而言，出版审查的存在并不恰当。从这个角度来说，可以认为著作权的存在削弱了出版审查的正当性。

著作权和出版审查存在着内在的相互竞争的关系。故从另外一个角度来说，出版审查的存在也削弱了著作权的正当性。本书将著作权的正当性归因为秩序的维系，这种秩序维系的结果增加了作品传播的成本。出版审查可以具有近似的功能，产生近似的结果。正是因此，在出版特权时期，没有著作权的情况下，产业秩序仍然得以维系。

由于二者相互竞争，所以有学者认为，一种制度可以补充另一种制度。诸如有学者认为，违法作品应禁止传播，但仍然享有著作权——其享有著作权故可以禁止他人的传播。❶ 这样，如果不考虑著作权人传播作品的需求，仅从法律角度而言，著作权可以在一定程度上补充出版审查制度。反之，如果著作权人行使收回权抑或是志在禁止作品的传播，这和其作品未能通过出版审查的结果相同。

出版审查制度旨在禁止违法作品的传播，其以禁止传播为目的；著作权制度旨在通过传播作品而使权利人获益，其以交易和传播为目的。尽管在前文所述的特殊情况下二者可以相互补充，但是就制度设计的目的而言，二者却是根本对立的。就这种对立与补充的关系而言，本书认为，对立是一种常态，补充是一种例外。例如著作权自动产生，但是这种自动产生的权利却受到来自公权力的限制。这种限制可以强大到著作权的目的不能实现。因为自动产生的著作权的基础——作品，往往被出版审查制度默认为非法作品。这样，只有通过出版审查，著作权才是一种完整的私权。所以，仅仅从力量对比而言，在著作权与出版审查冲突时，著作权的力量小于出版审查的力量。故这二种根本上冲突的制度关系是，出版审查为主，著作权为辅。不过从古代社会到近代社会的演变来看，本书相信，经过足够长

---

❶ 杨延超：《违法作品之著作权探究——兼论我国〈著作权法〉第 4 条之修改》，载《法学论坛》2010 年第 3 期。

的时期，著作权会逐步重要，而出版审查会逐步淡化。

我国目前所面临的情况是著作权与出版审查同时存在。从改革开放以来的历史来看，著作权法律制度的移植和完善根源在于开放以后国际社会的压力，新近则是在于著作权相关产业集团的需求；出版审查的根源在于我国社会主义法本身的特征。所以，从外在的原因来说，著作权和出版审查都能找到其存在的理由。但是二者却是根本对立的。同样由于外因的长期存在，这种对立共存的状况在相当长的时期内也不可能改变。

参考文献

一、中文文献

1 杨伯峻译注．论语译注．北京：中华书局，2006

2 姚春鹏译注．黄帝内经．北京：法律出版社，1999

3 田涛、郑秦点校．大清律例．北京：法律出版社，2007

4 陈卫佐．德国民法总论．北京：法律出版社，2007

5 从莱庭、徐鲁亚．西方修辞学．上海：上海外语教育出版社，2007

6 董学文．文学理论学导论．北京：北京大学出版社，2004

7 董学文主编．西方文学理论史．北京：北京大学出版社，2005

8 冯晓青．知识产权法哲学．北京：中国人民公安大学出版社，2003

9 冯晓青．知识产权法利益平衡理论．北京：中国政法大学出版社，2006

10 韩大元等．宪法学专题研究．北京：中国人民大学出版社，2008

11 韩水法．康德物自身学说研究．北京：商务印书馆，2007

12 何兆武．文化漫谈——思想的近代化及其他．北京：中国人民大学出版社，2004

13 胡曙中．西方新修辞学概论．湘潭：湘潭大学出版社，2009

14 黄海峰．知识产权的话语与现实——版权、专利与商标史论．武汉：华中科技大学出版社，2011

15 金海军．知识产权私权论．北京：中国人民大学出版社，2004

16 李琛．论知识产权法的体系化．北京：北京大学出版社，2005

17 李琛．知识产权法关键词．北京：法律出版社，2006

18 李明德等．欧盟知识产权法．北京：法律出版社，2010

19 李雨峰．枪口下的法律——中国版权史研究．北京：知识产权出版社，2006

20 李雨峰．著作权的宪法之维．北京：法律出版社，2012

21 梁慧星．民法总论．北京：法律出版社，2001

22 刘春田主编．知识产权法．北京：中国人民大学出版社，2009

23 刘春田主编．知识产权法．北京：高等教育出版社、北京大学出版社，2010

24 刘春田主编．知识产权法．北京：中国人民大学出版社，2011

25 刘茂林．知识产权法的经济分析．北京：法律出版社，1996

26 卢海君．版权客体论．北京：知识产权出版社，2011

27 鲁迅．孔乙己．见：鲁迅小说全编．北京：人民文学出版社，2006

28 陆扬．德里达的幽灵．武汉：武汉大学出版社，2008

29 马新国主编．西方文论史．北京：高等教育出版社，2008

30 苗力田．古希腊哲学．北京：中国人民出版社，1995

31 牛宏宝．美学概论．北京：中国人民大学出版社，2005 年版

32 彭学龙．商标法的符号学分析．北京：法律出版社，2007 年版

33 曲三强．窃书就是偷——论中国传统文化与知识产权．北京：知识产权出版社，2006

34 饶明辉．当代西方知识产权理论的哲学反思．北京：科学出版社，2008

35 孙国华、朱景文主编．法理学．北京：中国人民大学出版社，2004

36 汤宗舜．专利法教程．北京：法律出版社，2003

37 童庆炳主编．文学理论教程．北京：高等教育出版社，2004

38 童庆炳等．文学理论．北京：高等教育出版社、人民出版社，2009

39 汪民安．罗兰·巴特．长沙：湖南教育出版社，1999

40 汪子嵩等．希腊哲学史（第4卷）．北京：人民出版社，2010

41 王利明主编．民法．北京：中国人民大学出版社，2005

42 王利明．人格权法研究．北京：中国人民大学出版社，2005

43 王利明主编．民法．北京：中国人民大学出版社，2007

44 王利明．民法典体系研究．北京：中国人民大学出版社，2008

45 王一川．文学理论．成都：四川人民出版社，2003

46 王一川主编．西方文论史教程．北京：北京大学出版社，2009

47 吴汉东．知识产权多维度解读．北京：北京大学出版社，2008

48 吴汉东．知识产权基本问题研究（总论）．北京：中国人民大学出版社，2009

49 吴汉东等．知识产权法基本问题研究（分论）．北京：中国人民大学出版社，2009

50 吴思．血酬定律——中国历史中的生存游戏．北京：语文出版社，2009

51 伍蠡甫．西方文论选．上海：上海译文出版社，1979

52 肖志远．知识产权权利属性研究——一个政策维度的分析．北京：北京大学出版社，2009

53 许崇德等．宪法．北京：中国人民大学出版社，2007

54 杨冬．文学理论——从柏拉图到德里达．北京：北京大学出版社，2009

55 杨慧林．西方文论概要．北京：中国人民大学出版社，2007

56 杨立新．人格权法专论．北京：高等教育出版社，2005

57 张绍勋．中国印刷史话．北京：商务印书馆，1997

58 张俊浩主编．民法学原理．北京：中国政法大学出版社，2000

59 张千帆．西方宪政体系（下）．北京：中国政法大学出版社，2001

60 张慎主编．西方哲学史：德国古典哲学（第六卷）．南京：凤凰出版社、江苏人民出版社，2005

61 张文显主编．法理学．北京：法律出版社，1997

62 张志伟主编．西方哲学导论．北京：首都经济贸易大学出版社，2005

63 赵元果．中国专利法的孕育和诞生．北京：知识产权出版社，2003

64 郑成思．版权法．北京：中国人民大学出版社，1997

65 周林、李明山主编．中国版权史研究文献．北京：中国方正出版社，1999

66 朱立元．美学．北京：高等教育出版社，2001

二、中文论文

1 费安玲．论著作权的正当性．科技与法律，2004（4）

2 范开宏．试论中国古代的版权保护．晋图学刊，1999（3）

3 冯晓青．著作权扩张及其缘由透视．政法论坛，2006（6）

4 郭碧娥．版权背后的法律文化之因——从康德论版权谈起．内江师范学院学报，2007（5）

5 郭凯峰．中国特许出版权和著作权制度的历史变迁（唐宋至清末时期）．见：刘春田主编．中国知识产权评论（第二卷）．北京：商务印书馆，2006

6 金可可．康德视野中对人权与对物权的区分．云南社会科学，2005（4）

7 孔正毅．试论古代图书的版权保护．出版发行研究，2003（6）

8 李琛．法的第二性原理与知识产权概念．中国人民大学学报，2004（1）

9 李琛．质疑知识产权之"人格财产一体性"．中国社会科学，2004（2）

10 李琛．关于"中国古代因何无版权"研究的几点反思．法学家，2010（1）

11 李琛．"法与人文"的方法论意义——以著作权法为模型．中国社会科学，2007（3）

12 李明德．我国《著作权法》的第三次修改与建议．知识产权，2012（5）

13 李雨峰．精神权利研究——以署名权和保护作品完整权为主轴．现代法学，2003（2）

14 李雨峰．版权的正当性——从洛克的财产权思想谈起．暨南学报（哲学社会科学版），2006（2）

15 梁志文．政治学理论中的隐喻在知识产权制度调适中的运用．政治与法律，2010（7）

16 刘春田．知识产权制度是创造者获取经济独立的权利宪章．知识产权，2010（6）

17 刘春田．《著作权法》第三次修改是国情巨变的要求．知识产权，2012（5）

18 刘有东．论侵犯保护作品完整权之行为．西南民族大学学报（人文社会科学版），2010（4）

19 彭学龙．知识产权：自然权利亦或法定之权．电子知识产权，2007（8）

20 任燕. 论宋代的版权保护. 法学评论, 2011 (5)

21 孙新强. 委托作品著作权原始归属之辨析. 法学, 2009 (3)

22 田建平. 论宋代图书出版的版权保护. 河北大学学报 (哲学社会科学版),
    2010 (2)

23 王坤. 作品概念的科学建构及其在著作权法上的意义. 知识产权, 2010
    (6)

24 王太平. 商标概念的符号学分析——兼论商标权和商标侵权的实质. 湘潭
    大学学报 (哲学社会科学版), 2007 (3)

25 王莹. 知识产权正当性理论的质疑与批判. 求索, 2008 (5)

26 王莹、马治国. 关于知识产权正当性的反思——基于马克思主义理论的视
    角. 西北大学学报 (哲学社会科学版), 2008 (4)

27 魏森. 知识产权何以正当——几种主要的知识产权正当性理论评析. 自然
    辩证法研究, 2008 (5)

28 吴汉东. 法哲学家对知识产权法的哲学解读. 法商研究, 2003 (5)

29 吴汉东. 形象的商品化与商品化的形象权. 法学, 2004 (10)

30 吴汉东. 关于知识产权本质的多维度解读. 中国法学, 2006 (5)

31 吴汉东. 著作权法第三次修改草案的立法方案和内容安排. 知识产权,
    2012 (5)

32 熊文聪. 后现代主义视角下的著作权的正当性及其边界——从个体权利到
    基于商谈的共识. 政治与法律, 2010 (6)

33 徐枫. 论宋代版权意识的形成和特征. 南京大学学报 (哲学人文社会科学
    版), 1999 (3)

34 徐瑄. 知识产权的正当性——论知识产权法中的对价与衡平. 中国社会科
    学》, 2003 (4)

35 薛军. 人格权的两种基本理论模式与中国的人格权立法. 法商研究, 2004
    (4)

36 杨文彬. 上海时期 (1927～1936) 鲁迅版权活动述论. 见：刘春田主编.
    中国知识产权评论 (第五卷). 北京：商务印书馆, 2011

37 杨雄文. 知识产权熵论重述. 见：刘春田主编. 中国知识产权评论 (第三

卷）．北京：商务印书馆，2008

38 杨延超．违法作品之著作权探究——兼论我国《著作权法》第 4 条之修改．法学论坛，2010（3）

39 姚辉等．文艺批评中的名誉权界限．东方法学，2011（6）

40 易继明．评财产权劳动学说．法学研究，2000（3）

41 张楚等．知识产权的文化内涵．首都经济贸易大学学报，2011（6 期）

42 张广生．试论民间文学艺术作品的著作权保护．中国法学，1992（1）

43 张勤．知识产权客体之哲学基础．知识产权，2010（2）

44 张勤．论知识产权的道德基础．知识产权，2012（1）

45 赵蓉、刘晓霞．民间文学艺术作品的法律保护．法学，2003（10）

46 郑成思．有关版权主体的几个问题．见：郑成思主编．知识产权研究（第一卷）．北京：中国方正出版社，1996

47 郑成思．国际知识产权保护和我国面临的挑战．法制与社会发展，2006（6）

48 朱炎生．私法和公法：二分法的坚强与脆弱——关于《公法与私法》的两个支点．见：厦门大学法学评论（第十二辑）．厦门：厦门大学出版社，2006

三、译文译著

1 ［古希腊］赫拉克利特．著作残篇．见：北京大学哲学系外国哲学史教研室编译．古希腊罗马哲学．北京：商务印书馆，1961

2 ［古希腊］柏拉图．伊翁．王双洪译疏．上海：华东师范大学出版社，2008

3 ［古希腊］柏拉图．伊安篇——论诗的灵感．见：朱光潜译．柏拉图文艺对话集．北京：人民文学出版社，2008

4 ［古希腊］柏拉图．理想国（卷十）．见：朱光潜译．柏拉图文艺对话集．北京：人民文学出版社，2008

5 ［古希腊］亚里士多德．修辞术·亚历山大修辞学·论诗．颜一、崔延强译．北京：中国人民大学出版社，2003

6　[古希腊] 亚里士多德．诗学．见：郝久新译．诗学·诗艺．北京：中国社会科学出版社，2009

7　[古罗马] 普罗提诺．九章集．石敏敏译．北京：中国社会科学出版社，2009

8　[英] 洛克．政府论（下篇）．叶启芳、瞿菊农译．北京：商务印书馆，1964

9　[英] 休谟．人性论（下册）．石碧球译．北京：中国社会科学出版社，2009

10　[英] 边沁．道德与立法原理导论．时殷弘译．北京：商务印书馆，2009

11　[英] 约翰·斯图亚特·穆勒．功利主义．叶建新译．北京：中国社会科学出版社，2009

12　[英] 卡尔·波普尔．猜想与反驳——科学知识的增长．傅季重译．杭州：中国美术学院出版社，2003

13　[英] 卡尔·波普尔．客观知识——一个进化论的研究．舒伟光等译．杭州：中国美术学院出版社，2003

14　[英] 梅因．古代法．沈景一译．北京：商务印书馆，1959

15　[英] 约翰·费瑟．传递知识——21世纪的出版业．张志强等译．苏州：苏州大学出版社，2007

16　[英] 锡德尼．为诗辩护．钱学熙译．北京：人民文学出版社，1964

17　[英] 华兹华斯．《抒情歌谣集》序言．曹葆华译．见：中国社会科学院文学研究所编．古典文艺理论译丛（第一册）．北京：人民文学出版社，1962

18　[英] 王尔德．谎言的衰落．萧易译．南京：江苏教育出版社，2004

19　[英] 特雷·伊格尔顿．二十世纪西方文学理论．伍晓明译．北京：北京大学出版社，2007

20　[英] 彼得·艾克洛德．莎士比亚传．郭俊、罗淑珍译．北京：国际文化出版公司，2010

21　[法] 让·雅克·卢梭．社会契约论．徐强译，北京：中国社会科学出版社，2009

22 [法] 让-弗朗索瓦利·奥塔尔（利奥塔）. 后现代状态. 车槿山译. 上海：上海三联书店，1997

23 [法] 费夫贺、马尔坦. 印刷书的诞生. 李鸿志译. 桂林：广西师范大学出版社，2006

24 [法] 布瓦洛. 诗的艺术. 任典译. 北京：人民文学出版社，2009

25 [法] 狄德罗. 关于《私生子》的谈话. 见：张冠晓等译. 狄德罗美学论文选. 北京：人民文学出版社，1984

26 [法] 丹纳. 艺术哲学. 傅雷译. 傅敏编. 桂林：广西师范大学出版社，2000

27 [法] 雨果. 《短曲与民谣集》序. 见：柳鸣九译. 雨果论文学. 上海：上海译文出版社，2011

28 [法] 巴尔扎克. 给韩斯卡夫人的信（1834 年 10 月 26 日）. 黄晋凯译. 见：艾珉等主编. 巴尔扎克论文艺. 北京：人民文学出版社，2003

29 [法] 巴尔扎克. 《古物陈列室》、《冈巴拉》初版序言. 袁树仁译，见：艾珉等主编. 巴尔扎克论文艺. 北京：人民文学出版社，2003

30 [法] 巴尔扎克：《人间喜剧》前言及序、跋. 丁世中译. 见：艾珉等主编. 巴尔扎克论文艺. 北京：人民文学出版社，2003

31 [法] 米歇尔·福柯. 作者是什么. 逢真译. 见：朱立元. 二十世纪西方文论选（下卷）. 北京：高等教育出版社，2002

32 [法] 萨特. 什么是文学. 见：施康强等译. 萨特文学论文集. 合肥：安徽文艺出版社，1998

33 [德] 康德. 法的形而上学原理——权利的科学. 沈淑平译，北京：商务印书馆，2008

34 [德] 康德. 判断力批判. 邓晓芒译，杨祖陶校. 北京：人民出版社，2002

35 李秋零主编. 康德著作全集（第八卷）. 北京：中国人民大学出版社，2010

36 [德] 黑格尔. 法哲学原理. 范扬、张企泰译. 北京：商务印书馆，2009

37 [德] 卡尔·马克思. 资本论（第一卷）. 郭大力、王亚南译. 上海：上

海三联书店，2009

38　中共中央马克思恩格斯列宁斯大林著作编译局．马克思恩格斯文集．北京：人民出版社，2009

39　[德] 海德格尔．存在与时间．陈嘉映等译．上海：三联书店，2006

40　[德] 叔斯勒．雅斯贝尔斯．鲁路译．北京：中国人民大学出版社，2008

41　[德] 雅斯贝斯．卡尔·雅斯贝斯文集．朱更生译．西宁：青海人民出版社，2003

42　[德] 伽达默尔．真理与方法．洪汉鼎译．上海：上海译文出版社，2004

43　[德] 哈贝马斯．对话伦理学与真理问题．沈清楷译．北京：中国人民大学出版社，2005

44　[德] 霍克海默、阿多诺．启蒙辩证法．渠敬东等译．上海：上海人民出版社，2003

45　[德] 拉德布鲁赫．法哲学．王朴译．北京：法律出版社，2005

46　[德] 阿图尔·考夫曼．法律哲学．刘幸义等译．北京：法律出版社，2004

47　[德] 阿图尔·考夫曼、温弗里德·哈斯默尔主编．当代法哲学和法律理论导论．郑永流译．北京：法律出版社，2002

48　[德] 魏德士．法理学．丁晓春等译．北京：法律出版社，2005

49　[德] 霍恩．法律科学与法哲学导论．罗莉译．北京：法律出版社，2005

50　[德] 雷炳德．著作权法．张恩民译．北京：法律出版社，2004

51　[德] 卡尔·拉伦茨．德国民法通论．王晓晔等译．北京：法律出版社，2003

52　[德] 爱曼克辑录．歌德谈话录．吴象婴等译．上海：上海社会科学院出版社，2001

53　[德] 尧斯．文学史向文学理论的挑战．见：蒋孔阳主编．二十世纪西方美学名著选．上海：复旦大学出版社，1987

54　[德] 伊瑟尔．文本与读者的相互作用．蒋孔阳主编．二十世纪西方美学名著选．上海：复旦大学出版社，1987

55　[美] 帕特里夏·奥坦伯德·约翰逊．海德格尔．张祥龙等译．北京：中

华书局，2002

56 ［美］莱斯利·A. 豪．哈贝马斯．陈志刚译．北京：中华书局，2002

57 ［美］约翰·罗尔斯．正义论．何怀宏等译．北京：中国社会科学出版
社，2009

58 ［美］伯尔曼．法律与宗教．梁治平译．北京：中国政法大学出版
社，2003

59 ［美］罗伯特·P. 墨杰斯．新技术时代的知识产权法．齐筠等译．北京：
中国政法大学出版社，2003

60 ［美］威廉·费歇尔．知识产权的理论．黄海峰译．见：刘春田主编．中
国知识产权评论（第一卷）．北京：商务印书馆，2002

61 ［美］贾斯汀·休斯．知识产权哲学．杨才然、张萍译．见：刘春田主
编．中国知识产权评论（第二卷）．北京：商务印书馆，2006

62 ［美］理查德·A. 波斯纳．超越法律．朱苏力译．北京：中国政法大学
出版社，2001

63 ［美］威廉·M. 兰德斯、理查德·A. 波斯纳．知识产权法的经济结构．
金海军译．北京：北京大学出版社，2005

64 ［美］理查德·A. 波斯纳．论剽窃．沈明译．北京：北京大学出版
社，2010

65 ［美］德伯拉·L. 斯帕．从海盗船到黑色直升机——一部技术的财富史．
倪正东译．北京：中信出版社，2003

66 ［美］苏珊·K. 塞尔．私权、公法——知识产权的全球化．董刚、周超
译．王传丽审校．北京：中国人民大学出版社，2008

67 ［美］罗伯特·诺齐克．无政府、国家和乌托邦．姚大志译．北京：中国
社会科学出版社，2008

68 ［美］安守廉．窃书为雅罪——中华文化中的知识产权法．李琛译．北
京：法律出版社，2010

69 ［美］保罗·萨缪尔森、威廉·诺德豪斯．经济学．萧琛等译．北京：人
民邮电出版社，2004

70 ［美］M. H. 艾布拉姆斯．镜与灯——浪漫主义文论及批评传统．郦稚牛

等译. 北京：北京大学出版社，2004

71　［美］约翰·克劳·兰色姆. 新批评. 王腊宝等译. 北京：文化艺术出版
　　社，2010

72　［美］保罗·德·曼. 解构之图. 李自修等译. 北京：中国社会科学出版
　　社，1998

73　［美］哈罗德·布鲁姆. 影响的焦虑———一种诗歌理论. 徐文博译. 南
　　京：江苏教育出版社，2006

74　［美］亚伯拉罕·马斯洛. 马斯洛人本哲学. 成明译. 北京：九州出版
　　社，2003

75　［美］亚伯拉罕·马斯洛. 动机与人格. 许金声译. 北京：中国人民大学
　　出版社，2007

76　［日］五十岚清. 人格权法. 铃木贤等译. 北京：北京大学出版社，2009

77　［日］大木雅夫. 比较法. 范愉译. 北京：法律出版社，2006

78　［日］星野英一. 私法中的人——以民法财产法为中心. 王闯译. 见：梁
　　慧星主编. 民商法论丛（第 8 卷）. 北京：法律出版社，1997

79　［日］美浓部达吉. 公法与私法. 黄冯明译. 北京：中国政法大学出版
　　社，2003

80　［日］田村善之主编. 日本现代知识产权法理论. 李扬等译. 北京：法律
　　出版社，2010

81　［日］田村善之. 知识产权法. 周超等译. 北京：知识产权出版社，2011

82　［俄］别林斯基. 在书店里偷听到的文学谈话. 满涛译. 别林斯基选集
　　（第三卷）. 上海：上海译文出版社，1979

83　［俄］车尔尼雪夫斯基. 艺术与现实的审美关系. 周扬译. 北京：人民文
　　学出版社，1979

84　［俄］托尔斯泰. 论所谓的艺术. 见：陈燊等译. 列夫·托尔斯泰文集
　　（第 14 卷）. 北京：人民文学出版社，2000

85　［俄］托尔斯泰. 什么是艺术. 见：陈燊等译. 列夫·托尔斯泰文集（第
　　14 卷）. 北京：人民文学出版社，2000

86　［澳］彼得·达沃豪斯、约翰·布雷斯韦特. 信息封建主义. 刘雪涛译.

北京：知识产权出版社，2005

87 ［澳］彼得·德霍斯．知识财产法哲学．周林译．北京：商务印书馆，2008

88 ［澳］布拉德·谢尔曼、［英］莱昂内尔·本特利．现代知识产权法的演进：1760~1911 英国的历程．金海军译．北京：北京大学出版社，2006

89 ［西］德利娅·利普希克．著作权与邻接权．联合国译．北京：中国对外翻译出版公司，2000

90 ［瑞士］索绪尔．普通语言学教程．岑麒祥等译．北京：商务印书馆，1980

91 ［瑞士］荣格．论分析心理学与诗歌的关系．见：冯川、苏克译．荣格文集．北京：改革出版社，1997

92 ［荷］约斯特·斯密尔斯、玛丽克·范·斯海恩德尔．抛弃版权——文化产业的未来．刘金海译．北京：知识产权出版社，2010

93 ［比利时］雷佩尔曼．逻辑学与修辞学．许毅力译．世界哲学 1988（4）

94 ［爱尔兰］凯利．西方法律思想简史．王笑红译．北京：法律出版社，2002

95 ［加］迈克尔·盖斯特主编．为了公共利益：加拿大版权法的未来．李静译．北京：知识产权出版社，2008

96 ［匈］米哈伊·菲彻尔．版权法与因特网．郭寿康等译．北京：中国大百科全书出版社，2009

97 ［波］瓦斯尼基．知识、创新和经济：一种演化论的探索．仲继银等译．南昌：江西教育出版社，1999

98 中国人民大学知识产权教学与研究中心、中国人民大学知识产权学院编．知识产权国际条约集成．北京：清华大学出版社，2011

99 十二国著作权法．《十二国著作权法》翻译组译．北京：清华大学出版社，2011

四、学位论文

1 杨才然．知识产权正义论．中国人民大学，2006

2 谭玥. 著作权法语境下作品的符号学分析. 中国人民大学，2009

3 向波. 论知识产权的正当性——以利益冲突的考察为基本视角. 中国人民
   大学，2011

4 熊文聪. 知识产权法的概念解读——以事实与价值二分法为线索. 中国人
   民大学，2011

五、外文专著

1 Robert P. Merges. *Justifying Intellectual Property*，Harvard University Press，
   Cambridge，Massachusetts，2011

2 David Saunders，*Authorship and Copyright*，Routledge，1992

3 Gregory S. Alexander，*Commodity & propriety：competing visions of property in
   American legal thought*，1776 ～ 1970，Chicago：University of Chicago
   Press，1977

4 Mark Rose，*Authors and Owners：The Invention of Copyright*，Harvard Uniersity
   Press，1933

5 John Feather，*A History of British Publishing*，Croom Helm Ltd，Provident
   House，1988

6 Eric Barendt，*Copyright and Free Speech Theory*，Jonathan Griffiths&Uma Suther-
   sanen，*Copytight an Free Speech：Comparative and International Analyses*，Ox-
   ford University Press，2005

7 Catherline Seville，*Literary Reform in Early Victorian England：the Framing of
   the* 1842 *Copyright Act*，Cambridge Press，1999

8 Edwin H. Miller，*The Professional Writer in Elizabethan England*，Harvard Uni-
   versity Press，1959

9 Lyman Ray Patterson，*Copyright in Historical Perspective*，Vanderbilt University
   Press，Nashville

10 Ronan Deazley，*On the Origin of the Right to Copy：charting the movement of copy-
   right law in eighteenth-century Britain*（1695 ～ 1775），Oxford：Hart Publishing

11 David Lange，*Rethinking Public Domain*，Law and Contemporary Problems

12   Gillian Davies, *Copyright and the Public Interest*, London, Sweet & Maxwell, 2002

13   Lucie M. C. R. Guibault, *Copytight Limitations and Contracts: An Analysis of the Contractual Overridability of Limitations on Copytight*, London: Kluwer Law Inernational, 2002

14   Lord Macaulay. See Gillian Davies, *Copyright and the Public Interest*, London: Sweet&Maxwell, 2002

15   William Cornish, David Llewelyn, *Intellectual Property: Patents, Copyright, Trade Marks and Allied Rights*, London: Sweet&Maxwell, 2003

16   Paul Goldstein, *Copyright, Patent, Trademark and Related State Doctrines: Cases and Materials on the Law of Intellectual Property*, New York: Foundation Press, 1999

17   Craig Joyce, Marshall Leaffer, Peter Jaszi, Tyler Ochoa, *Copyright Law*, Matthew Bender&Company, Inc. , LexisNexis, 2003

18   Melville B. Nimmer and David Nimmer, *Nimmer On Copyright*, Matthew Bender, 1992

19   William Cornish, David Llewelyn, *Intellectual Property: Patents, Copyright, Trade Marks and Allied Rights*, London: Sweet&Maxwell, 2003.

20   Julie E. Cohen, Lydia Pallas Loren, Ruth L. Okediji, *Copyright in a Global Information Economy*, Aspen Law&Business Publishers, 2002

21   William F. Patry, *The Fair Use Privilege in Copyright Law*, Washington, DC: The Bureau of National Affairs, Inc. 1995

22   Shklovsky, "Art as Technique" . *Russian Formalist Criticism: Four Essays*, translated and with an introduction by Lee T. Lemon and Marion J. Reis. University of Nebraska Press, 1965

23   I. A. Richards, *The Philosophy of Rhetoric*, New York: Oxford University Press, 1936

24   George Lakoff & Mark Johnson, *Metaphors We Live By*, Chicago and London: The University of Chicago Press, 1980

25　Richard Harland, *Literary Theory from Plato to Barthes*: *An Introductory History*, Foreign Language Teaching and Research Press, 2005

26　Dennis J. Sporre, *The Creative Impulse*: *An Introduction to the Arts*, Upper Saddle River, NJ Pearson/ Prentice Hall, 2005

27　Roland Barthes, Image-Music-Text, Essays selected and translated by Stephen Heath, New York: Hill and Wang, 1977

28　Pierre Macherey, A Theory of Literary Production, Routledge & Kegan Paul, 1978

29　T. W. Adorno, *The Culture Industry*: *Selected Essays on Mass Culture*, Bernstein, London: Routledge, 1991

六、外文论文

1　Edwin C. Hettinger, *Justifying Intellectual Property*, Philosophy and Public Affairs, Vol. 18, No. 1 (Winter, 1989)

2　Lawrence C. Becker, *Deserving to Own Intellectual Property*, Chicago-Kent Law Review, Vol68 (1993)

3　Margaret Jane Radin, *Property and Personhood*, Stanford Law Review, Vol. 34, No. 5 (May, 1982), Published by: Stanford Law Review Stable

4　Neil Weinstock Netanel, *Copyright and a Democratic Civil Society*, Yale Law Journal, Vol. 106 (1996)

5　Rosemary J. Coombe, *Objects of Property and Sbujects of Politics* : *Intellectual Property Laws and Dialogue*, Texas Law Review Vol. 69. (1990 ~ 1991) . by the Texas Law Review Association

6　Niva Elkin-Koren, *Coyright Law and Social Dialogue on the Information Superhighway*: *The Case Against Copyright Liability of Bulletin Board Operators*, Cardozo Arts&Entertainment Law Journal, 13 (1995)

7　Michael Madow, *Private Ownership of Public Image*: *PopularCulture and Publicity Rights*, California Law Review, 81 (1993)

8　Jessica Litman, The Public Domain, Emory Law Journal, (1990) vol. 39

9   Edward Samuels, The Public Domain in Copyright Law. Journal of Copyright Society of the U. S. A. (1993) vol. 41

10   Barton Bee, *The Semiotic Analysis of Trademark Law*, 51 UCLA L. Rev. 621

11   Eric Barendt, *Copyright an Free Speech Theory*, Copyright and Free Speech: Comparative and International Analyses, Edited by Jonathan Griffiths & Uma-Suther- sanen, Oxford University Press, 2005

12   Janet Wasko, *The Magical-Market World of Disney*, Monthly Review, Apr. 2001

13   Wendy J. Gordon, *A Property Right in Self-Expression: Equality and Individualism in the Natural Law of Intellectual Property*, The Yale Law Journal, Vol. 102, No. 7 (May, 1993)

14   Immanuel Kant, *Von der Unrechtmäßigkeit des Büchernachdrucks*, erstmals erschienen in Berlinische Monatsschrift 5 (1785)

后 记

本书基于笔者的博士学位论文修改而来。而今，笔者在天津科技大学从事知识产权法教学已有三年。为了完成教学任务，笔者有时会翻阅以往求学时的笔记和课堂作业以作借鉴。翻阅时的感受可谓"震惊"——震惊于十年来自己的想象力和创造力一直在退步，目前已经退步到令人发指的地步，越来越接近"普通技术人员"。至今仍然无法忘却本科时讲授刑诉的魏晓娜老师——她曾拿着我充满错误结论的作业让那些写出"标准答案"的优秀同学学习。随着自身教龄的增长，作为"准普通技术人员"的教书匠对此感受越发地深切、越发难以忘怀。如今站在讲台上给中等以上智力的同学们讲授知识产权法，却一直对他们强调背诵的基本功，真可谓愧对九年的人大法学教育。

博士毕业时，笔者曾问博士生导师刘春田先生，"以后在大学教书有什么注意事项?"刘老师说，"要用心。"反躬自省，三年以来"用心"二字的确没有做到；反倒是践行了刘老师上山下乡时的经验"悠着点"。每每想起，愧对师生。刘老师常被誉为有"力"的人，而笔者求学时一直不知"力"为何物，至今深感"无力"方知"力"的可贵。所以，笔者非常庆幸也非常感谢刘老师灯塔般的指引和帮助。

笔者从接触知识产权到入门，再到走上知识产权的教学生涯，最应该感谢的人应该是硕士生导师李琛女士。她可以说是笔者知识产权学习的领路人。在环境如此恶劣的情形下，她向我展示了学术的魅力，不知不觉就在我内心中种下求知的愿望和方法。作为学生，笔者对李老师非常感激和牵挂。

感谢人大知识产权教研室的郭禾老师、金海军老师、王春燕老师、姚欢庆老师、张广良老师、罗莉老师和张勇凡老师，笔者的求学之路是在你们的指引下完成的。感谢王坤师兄百忙之中，拨冗作序。不论是笔者硕士论文答辩期间，还是攻读博士学位期间，王坤师兄都给予笔者很多帮助。他和笔者对知识产权法的基本理论问题都有着浓厚的兴趣。作为先行者，王坤师兄是笔者学习的榜样。

在天津科技大学法政学院教书三年以来，学院的各位老师对笔者有很多帮助和支持。尤其感谢王吉林老师，其在笔者新入职时担任指导老师，不论是日常生活还是教学科研，王老师都给予笔者莫大的帮助，如同亲人一般照顾着笔者的"成长"；感谢"共苦"的李小田师姐，对笔者多有照顾；感谢法学系的刘飞副教授、温建辉副教授、董妍副教授、李冠楠老师等十余位老师，感谢你们对笔者的关心和帮助。本书的完成，同样得益于知识产权出版社刘睿师姐和邓莹编辑的辛勤劳动和大力支持，对此笔者一并致谢。

最后，感谢远在河南小城的父母和姐姐，远游之人时常牵挂；感谢爱人丁丽博士，未来不易，与你相伴，无悔无怨。

《知识产权专题研究书系》 书目